国际中文教育
教学改革初探

黄守红◎编著

人民日报出版社

北　京

图书在版编目（CIP）数据

国际中文教育教学改革初探／黄守红编著. —北京：
人民日报出版社，2022.12
ISBN 978-7-5115-7680-4

Ⅰ. ①国… Ⅱ. ①黄… Ⅲ. ①汉语—对外汉语教学—
教学研究 Ⅳ. ①H195.3

中国国家版本馆 CIP 数据核字（2023）第 002179 号

书　　名：**国际中文教育教学改革初探**
　　　　　GUOJI ZHONGWEN JIAOYU JIAOXUE GAIGE CHUTAN
编　　者：黄守红

出 版 人：刘华新
责任编辑：寇　诏
封面设计：人文在线

出版发行：人民日报出版社
社　　址：北京金台西路 2 号
邮政编码：100733
发行热线：（010）65369527　65369512　65369509　65369510
邮购热线：（010）65369530
编辑热线：（010）65363105
网　　址：www. peopledailypress. com
经　　销：新华书店
印　　刷：三河市龙大印装有限公司

开　　本：710mm×1000mm　　1/16
字　　数：274 千字
印　　张：18
印　　次：2023 年 6 月第 1 版　　2023 年 6 月第 1 次印刷

书　　号：ISBN 978-7-5115-7680-4
定　　价：78.00 元

编委会

目录
Contents

第三部分　国际中文教育市场化道路探寻

第一部分

国际中文教育人才培养理念探讨

新时代国际中文教育如何讲好中国故事

三亚学院人文与传播学院教授　张美云

讲好中国故事，传播好中国声音，展示真实、立体、全面的中国，是加强我国国际传播能力建设的重要任务，也是国际中文教育事业的重要使命。发展国际中文教育事业，可以让世界人民以中文为桥梁，更好地了解中华文明的悠久历史和人文底蕴，促进世界读懂中国、读懂中国人民、读懂中国共产党、读懂中华民族。新时代新征程，我们要积极发展国际中文教育事业，助力提升国家文化软实力，推动中华文化更好走向世界，增强中华文明传播力影响力。

一、"讲好中国故事"研究与实践现状

（一）研究的数量与主题分布

我们党历来高度重视对外传播工作。党的十八大以来，我们大力推动国际传播守正创新，理顺内宣外宣体制，打造具有国际影响力的媒体集群，积极推动中华文化走出去，有效开展国际舆论引导和舆论斗争，初步构建起多主体、立体式的大外宣格局，我国国际话语权和影响力显著提升。同时要看到，在国际舆论场，我们"有理说不出，说了传不开，传开叫不响"的问题还在一定程度上存在。我们要继续在提高中华文化感召力、中国形象亲和力、中国话语说服力、国际传播影响力、国际舆论引导力上下功夫，既把中国事情干好，也把中国故事讲好。

从学科和文献来源看，以"讲好中国故事"为主题的文章，比较集中于新闻与传播、中国政治与国际政治等相关学科，且文章多来源于《对外

传播》《新闻战线》《青年记者》等传播类学术期刊。另外，从主题词共现矩阵中可以发现，与"中国故事"共现的排名比较靠前的主题词为"国际传播""新时代""文化自信""国家形象""思政课"等，集中于政治话语体系。与"讲好中国故事"共现的主题词则多为"新时代""主流媒体""策略研究"等。

由此可见，通过中国知网搜索文献可以发现，以"中国故事""讲好中国故事"为主题的学术研究自 2013 年开始受到学界重视，学术文章数量逐年上升。但学科分布和文献来源集中于个别领域，共现主题词也多集中于政治话语体系，对国际中文教育领域如何讲好中国故事的研究成果较少。

（二）研究与传播实践

党的十八大以来，"讲好中国故事，传播好中国声音"得到诸多领域学者的充分关注，大家从不同视角围绕讲好中国故事的现实价值、话语体系、传播路径等问题进行研究的同时，学术界、主流媒体以及政府部门也开展了大量卓有成效的实践。

从具体研究和实践内容来看，"讲好中国故事"目前大致围绕着为什么讲、讲什么和如何讲好中国故事等方面展开；同时，存在理论深度不够和实践效果不佳等现实困境。具体体现在破题立论较多、学理探索偏少，理论建构和实践经验的反思有待提升。特别是存在一定程度的理论研究与实践探索脱节的情况，在受众看来具有内容单一、传播单向、互动性特别是国别化本土互动不够等问题。

从文化特征的角度看，一方面，反映有形事物的"硬文化"，如旅游、服饰、语言、文字等易于被人们接受，传播效果较好；而反映无形事物的"软文化"，如精神风貌、价值观念、思维方式等传播难度大，不容易被受众接受。某种程度上，中华文化价值观层面的内容传播缺乏较为有效的载体和渠道，尚未得到受众完全认同和接纳。实质上，"软文化"传播以及受众的认同才是跨文化传播中重要的目标之一。另一方面，也应该看到，北京冬奥会开幕式通过"世界大同、天下一家"这一核心主题打造了一场和平友谊的盛会，诠释了"低调简约""和衷共济"的文化自信，是一次以"软文化"讲好中国故事的创新实践，也为国际中文教育如何讲好中国故事提供了典范。

但是，从某种意义上讲，当前"讲好中国故事"传播理念的形成、传播技巧的积累、话语体系的建构、技术手段的运用等与国际形势、现实需求以及时代标准相比，仍显得比较滞后。究其原因，主要还是对于"讲好中国故事"的认知存在一定的误区，特别是对外传播实践的系统性建构有待完善和提升。

二、"讲好中国故事"认知与实践误区

"讲好中国故事"，从句法结构上看，这是一个动宾结构，"讲故事"是核心要义。具体地说，"讲"和"故事"是动宾关系，"中国"是"故事"的限定成分，而"好"则是"讲"的补充说明（结果补语）。根据语义理解的一般规则，重点应放在"故事"的限定成分"中国"以及"讲"的结果"好"上。但在实际的传播实践中，人们常常存在理解上的错位，即误把"讲好中国故事"转化成"讲中国好故事"，将"好"由结果补语变成定语，对于何为"好"的标准也存在一定的理解误区。

误区一：凸显宏大叙事模式。

宏大叙事就是指以其宏大的建制表现宏大的历史、现实内容，并给出其存在的形式和内在意义，具有主题性、目的性、连贯性和统一性的特点。这种叙事方式追求完整性和目的性，包含积极的政治特质，但其注重目的性，追求完整性也比较容易造成形式上走向极端，过于强调形式而忽视内容，致使形式承载不下内容。受传统思维和政治叙事模式的影响，我国传统主流媒体的叙事风格较多采用宏大叙事，报道强调突出主题，选材注重规模，讲道理注重目的明确性，等等。

在"讲好中国故事"这一实践课题中，有人对中国故事的理解过于侧重宏大叙事，认为对外讲贴近民众的小的故事不足以塑造中国的大国形象，也不足以称之为中国故事，即使选取典型范例也是蜻蜓点水，作为宏大叙事的花絮和点缀。这样很容易导致中国故事的题材不全面、表达不真实、情节不生动，只是简单的宏大叙事、理论灌输、空泛议论。因此在向世界

讲述中国故事的过程中，一些国家的受众对于这种主题性、目的性、形式化较强的叙事方式会存在一定的误读。

误区二：求"大"喜"好"、重传统轻现代的片面选材标准

在讲好中国故事的实践中，认为只有"大"且"好"的故事、"典型传统文化"的故事才是"很中国"的故事，只有这样的故事才足以代表中国，这也是一个明显的误区。求"大"喜"好"的故事本身不能够充分、准确地展现真实、立体、全面的中国。特别是有意识打造的对外传播的传统文化元素，过于局限于传统中国元素、价值观念。比如，在国际中文教学中作为传统文化精髓的京剧、武术、剪纸、中国结等民间艺术，以及《弟子规》等蒙学经典，有时被夸大了其所蕴含的价值，让不了解情况的外国人误以为现在中国百姓也是"人人都会功夫"，这样讲故事容易忽略与现代中国形象相契合的中国价值塑造。虽然国际上有一部分受众比较喜欢这种纯粹中国的、民族的故事元素，但却难以使之成为世界的。

误区三：自说自话的单向传播方式

"讲好中国故事"面向的受众是具有不同文化背景的全世界的人民，因此不同的文化背景之间需要构建可以沟通的有效的身份认同。而真正要达到身份认同，文化认同是前提和核心要义。

当前，全球话语体系对中国叙事提出新要求。长期以来，一些西方媒体戴着有色眼镜的宣传，让西方受众对中国缺乏全面了解，对中国声音产生一种本能的防御和抵制，这种形成心理传导机制的价值观"识别装置"和文化"滤镜"在某种程度上使中国话语陷入自说自话的境地。另外，语言对文化和思维的影响也客观存在，作为"高语境依赖"的汉语，在传递信息的过程中，包含着大量隐喻信息，这些信息对于持有同一种语言的人来说是默认已知的，而对于母语非汉语的受众而言，需要重新认识文化隐喻的内涵。叙事话语的"高语境依赖"也是传播中国声音过程中的一种叙事特点。高语境传播中被传播信息通常被隐喻在文本的背景环境之中，传播内容的表达较为含蓄、隐晦，而低语境语言的大量信息已经清晰地置于编码之中，无须根据上下文所构建的情境进行解读。基于高语境的汉语文化背景之下的诸多中国故事，或许讲述者并未有"我说你听"的原始动机，但对于来自低语境语言的受众而言，极易造成讲述者自说自话的境地。对高语境的文化背景理解不到位，客观上也会造成不知所云的结果，甚至曲解误读，这也是国际中文教育事业所面临的巨大挑战。

误区四：忽视文化差异和认知偏差的单一语言表达

之所以强调讲好"中国故事"，就是因为面向的受众具有"非同一性"，不仅国家民族不同，而且具有文化差异。不同文化背景的人在感知自身和外部事物时，常常会以自身或自己所处的情境为基础，错误地判断自身文化背景以外的事物，这种现象被称为"认知偏差"，它在国际传播中也普遍存在。这种基于文化差异的认知偏差，会导致故事的编码者与译码者之间无法建构一个完全、完整意义的共同感知体验。在这个过程中，以讲故事作为叙事解释与行动的方式，编码者叙事的主观性会无可避免地呈现。而对于故事的认知，译码者会参考故事内容的连贯性，基于自己所处的文化背景，结合个体自身经历进行判定。如果我们所讲的故事并非本土化的内容传播，也就是没有达到与受众的认知体验具有相通性，而始终保持一定的文化距离，就容易产生认知和理解偏差。

在讲述中国故事的实践中，有时会忽视这种文化差异造成的认知偏差。如果直接将国内话语转向国际话语，特别是"战略""桥头堡""前沿阵地"等一些军事术语的引用，会引起周边国家的警觉与反感，从而强化歪曲基于他者认知的、与"自塑"的故事形象存在较大差距的"他塑"的中国形象，导致讲述中国故事的过程中引起外界的拒斥、排异。比如，在东南亚的有些中资企业的经营场所，用汉语贴挂各种宣传条幅，周围的群众不认识汉字，更不懂得条幅所表达的"携手共筑美好未来"的诚意。他们也没有中国人"要想富先修路"的切身体验，反而会基于其国内各种媒体的宣传对条幅内容、对企业甚至对中国产生各种猜忌。因此，国际中文教育不应该局限于海外课堂中文教学，深入了解所在国家文化并实现互动和融通，甚至对海外中资企业员工的相关培训都应该成为应有之义。

三、新时代国际中文教育讲好中国故事的系统性探索

作为世界上最大的发展中国家和世界第二大经济体，中文的国际影响

力持续扩大，国际中文教育事业也随之蓬勃发展。但我们应清醒地看到，讲好中国故事依然面临严峻挑战。因此，推进国际传播能力建设，讲好中国故事、传播好中国声音，展现可信、可爱、可敬的中国形象，提高国家文化软实力和中华文化影响力，牢牢掌握话语权，增进国际社会对中国基本国情、发展道路、价值观念、内外政策的了解和认识，把真实的中国、负责任的大国形象展现在世界面前。

（一）传播路径：用精准定位代替自说自话展现可信中国

传播主体要采用贴近不同区域、不同国家、不同群体受众的精准传播方式，推进中国故事和中国声音的全球化表达、区域化表达、分众化表达，增强国际传播的亲和力和实效性。

近年来，我国虽然通过中外文化交流、区域媒体合作、文化产品输出等方式不断扩大在世界各地的影响力，但在精准传播、适应当地传播环境建设等方面，仍存在一定问题。特别是对不同地区的传播针对性较弱、核心价值观念不集中不明确、对当地民众影响力有限等问题依然存在，严重影响了对外传播的有效性。因此，要增强对外传播的亲和力和实效性，就要根据不同地区的传播环境特征，创新针对特定区域、特定群体的本土传播策略。以东盟国家为例，与源于西方世界对中国认知的东方主义不同，同为东方范畴的东盟国家对中国形象的认知与塑造具有一定的对立性——不仅会根植于本民族的文化想象误读中国，而且会受"威胁论"影响，心生畏惧，产生对华不友好的态度。在这种复杂的对中国"他塑"认知的前提下，以"自说自话"的自塑形象讲述中国故事必然会加大误读的程度。因此，国际中文教育在面向东盟地区讲中国故事时，主题一定要定位精准，可以将"开放共享""互利共赢"等理念作为达成合作共识的基础。同时，要用民众能接受的形式讲述他们感兴趣的中国故事，体现国家亲和力，进一步取得东盟地区不同国家及民众的信任，有针对性地细化对各国的特色本土化中文教育与传播策略。通过中文教育创新东盟地区传播中国故事，还可以发挥华人纽带作用和主动性，特别要发挥相似的文化心理基础和不同民族之间的联系，体现双方平等的交流，不仅让受众听见听清，更要听懂听进，从信息推送的单向传播过渡到区别受众差异、关注受众感受、注重传播效果的双向互动。比如，被称为中国高铁海外全面合作开工建设的"第一单"的印尼雅万高铁，是中国高铁第一次全系统、全要素、全产业链走出国门、走向世界——这是从中国立场出发的讲述。虽然印尼国家层面也高度重视，但雅万高铁施工过程中受到当地政府和民众的阻挠也是不争的事实。就周围的居民现有生活状态而言，置身于建筑扬尘和交通拥堵中的他们不一定能够真正理解两国政府合力推进雅万高铁建设的重要意义，搞清楚这个问题并针对民众的疑惑和不适做好解释工作，是讲好雅万高铁故事的关键所在，也是实现精准传播的前提基础。这项"解释"工作一方面主流媒体要有意为之，同时，中文教学中也应该适当引入该话题，结合语境教学讲清楚道理，并通过学习中文的学生或学员转换成其母语传播开来，则更容易被更多人接受和理解。因此，中国故事精准传播的前提是精准定位受众以及传播内容、方法手段等。

（二）叙事模式：宏大叙事与共情叙事相结合展现可爱中国

北京冬奥会参赛者和媒体记者通过个体化的审美愉悦、道德情感、切身体验等共情叙事向他们自己的国家和人民传递冬奥会的真实信息，这次对外传播成为以共情叙事模式讲好中国故事的典范。

所谓共情，是两个以上的人在信息交流活动中相互之间产生了一种情感上和精神上的共鸣和延展，并且对信息内容的认知和理解大致相同或相近的互动现象。在国际交流中，不同国家政治与社会制度、历史与文化传统的差异成了不同特征国家之间交往难以克服的障碍，但情感却是人类共同拥有的一种生理与心理状态。中国在对外传播中要实现跨文化、跨民族、突破阻隔、直抵人心的传播效果，就要充分调动受众的情绪张力，以人类共有的情感和道德标准，在宏大叙事的同时，在讲好中国故事过程中着重刻画共情叙事模式。

语言作为民心相通的前提之一，奠定了国际中文教育事业在国际传播中的重要地位。从宏观层面，国际中文教育既是传播中华优秀文化、丰富世界文化的重要组成部分，也是推动文化交流全球化多元化的重要举措。从微观层面，国际中文教育的文化选材不应仅局限于兵马俑、长城等典型元素，北京冬奥会"二十四节气"与"折柳寄情"、上海非遗"海派绒线编结技艺"等独具中国传统文化特色的中国式浪漫，也在海外受众中产生了强烈共鸣。这些为国际中文教育文化类课程内容与讲述方式的改革提供了很好的借鉴。

（三）题材选择：用真实、立体的故事展现可敬中国

讲好中国故事、传播好中国声音，采用适当的叙事方式进行精准传播的前提和基础是故事的选材。针对特定的地区，选择不同的故事，运用恰当的叙事模式，才能真正讲好中国故事。具体什么样的故事才能承载这一使命呢？习近平总书记在2018年全国宣传思想工作会议上对讲好中国故事的题材内容作出高度概括，"主动宣介新时代中国特色社会主义思想，主动讲好中国共产党治国理政的故事、中国人民奋斗圆梦的故事、中国坚持和平发展合作共赢的故事"。这些高度概括的主题是我们在从事国际中文教育时讲好中国故事的着力点和聚焦点，承载这些主题的不是宏大的理论阐述，而是鲜活的、具体的、真实的人民实践。比如，北京冬奥会上用二十四节气向世界展示中国的大美河山、传统文化和生活情致；用五环破冰而出展示中国人用自己最真诚的胸怀，邀请全世界共赏圆月、共筑友谊地久天长；用中国结雪花引导牌诠释中国人看待世界的方式——和而不同，天下大同，尊重不同，向往和平与团结；和平鸽表演，更是中国人历来倡导的"和衷共济、守望相助"。

同时，不回避问题和困难，将真实的中国、发展的中国呈现给世界，也是非常必要的。在传播语料的选择上，扬长不避短。比如，2021年10月，时任中国驻美大使的秦刚应邀在线出席由美国美亚学会和金沙集团合作举办的"旅游和人文交流"主题论坛开幕式并发表主旨演讲，代用当时中国流行的七个"热词"向美国公众介绍了中国的最新发展情况和中国人的精神面貌。这七个热词为"人民至上、生命至上""逆行者""躺平""凡尔赛""内卷""双减"和"饭圈"，其中既有体现正能量的，也有直面社会现实敏感问题的。

正如中国俗语"人无完人"，国家也如此，不完美才更真实，努力追求完美才更可敬。

（四）语言表达：以目的语讲中国故事消解文化误读

在世界面前塑造良好的中国形象，"讲好中国故事"只是途径方法，"塑造中国价值"才是最终目标。通过"讲好中国故事"抵达"塑造中国价值"的逻辑中，语言表达是重要的逻辑节点和桥梁纽带。真正做到讲好中国故事对故事所使用的语言、语态、语气提出更高要求。在讲述中国故事的过程中，运用共情叙事的模式塑造无差别的正向价值即"通用价值"（如友情、爱情、亲情，以及勤奋、成长、拼搏、勇敢、善良、感恩、智慧等）比较容易被不同文化背景的受众所接受，实现方式方法的优化。

面对西方社会引导塑造的带有负面价值的符号或宣传，仅有"通用价值"的故事还远远不够。面对这些反向推动力，必须从根源上，从受众的认知深层去修正，即消解受众因文化差异和反向宣传而造成的对中国的误读。而要真正消解这种误读，就需要以其能够接受的方式和内容讲述中国故事。特别是面向某些基础环境差异较大地区的受众讲述时，我们所使用的汉语甚至通用的英语等非本土化的讲述语言，都无法被真正理解，无法形成对中国的完整认知。在国际中文教学中，用本土化的思维和目的语讲述中国故事，更容易带来亲切感，这也为多语种人才的培养，特别是"一带一路"沿线国家小语种人才储备带来了一定挑战。

国际中文教育的讲授主体即教师，必须以了解目的国文化为基本要求，以基本掌握目的语为努力方向。只有做到语言文化互通，才能讲好不被误读的中国故事。

讲好中国故事，传播好中国声音，展现可信、可爱、可敬的中国形象，是塑造中国价值，实现人类命运共同体的重要逻辑节点，也是国际中文教育事业的重要目标。要实现这一目标，就要选择恰当的叙事模式、精准的传播路径，选取适切的题材讲述真实、立体的中国故事，并运用本土化的传播方式消除认知偏差。在中国式现代化建设的新征程上，通过语言融通、文明互鉴等有效途径，努力消除误读、增强共鸣，让全世界的受众更充分了解中国的发展愿景。

参考文献

[1]习近平. 论党的宣传思想工作[M]. 北京：中央文献出版社，2020.

[2]王辉. 语言传播的理论探索[J]. 语言文字应用，2019（2）：20-29.

[3]李倩楠. "讲好中国故事"的研究综述与未来展望[J]. 克拉玛依学刊，2020，10（6）：73-79.

[4]徐笑一. 新时代国际中文教育文化教学研究[J]. 辽宁师范大学学报（社会科学版），2022，45（6）：8-13.

[5]胡晓菲，胡翼青. 破界、融合、创新："讲好中国故事"研究的现状与展望[J]. 传媒观察，2021（9）：5-16.

[6]陈映锜. 牢牢把握讲好中国故事的话语权和主导权[J]. 当代传播，2022（1）：71-73.

[7]杨伯溆. 宏大叙事与碎片化：全球化进程中互联网传播及其意义[J]. 现代传播（中国传媒大学学报），2019，41（11）：138-143.

[8]刘俊. 论我国国家形象塑造中的价值观庞杂困境——基于传媒艺术对外传播的示例[J]. 对外传播，2021（6）：4-7.

[9]李建军，苗昕，张玉亮. 以学术话语讲好中国故事[J]. 河南师范大学学报（哲学社会科学版），2022（1）：1-7.

[10]张美云，杜振吉. 基于媒体计算的中国形象"他塑"模型建构——以印度尼西亚等东盟国家为例[J]. 海南大学学报（人文社会科学版），2019，37（6）：150-157.

[11]李广强. 新时代讲好中国故事的路径与策略[J]. 国际传播，2021（3）：8-14.

[12]李彪，高琳轩. 中国面向东盟国家的精准传播路径[J]. 对外传播，2021（9）：7-11.

[本文系三亚学院"四新"研究与改革实践项目（SYJGSX202224）的阶段性成果。]

汉语国际教育本科专业
产教融合人才培养模式探究
——以三亚学院为例

三亚学院人文与传播学院副教授　李　浩

近年来，国家高度重视应用型人才培养，注重学生综合素养和创新实践能力的提升，要求高校育人要在理念、方法和人才培养模式等方面不断创新。其中，"产教融合、协同育人"是高校实现高质量应用型人才培养目标的重要途径。

一、产教融合人才培养模式概述

（一）"产教融合"国家政策背景

1991 年 10 月，国务院发布的《国务院关于大力发展职业技术教育的决定》中最早提出"产教结合"一词。《教育部关于 2013 年深化教育领域综合改革的意见》正式提到"产教融合"一词，当时含义接近于"校企合作"。此后相关概念不断出现在国家的重要文件和决定中：《中共中央关于全面深化改革若干重大问题的决定》《国务院关于加快发展现代职业教育的决定》《现代职业教育体系建设规划（2014—2020 年）》《教育部关于全面提高高等教育质量的若干意见》等文件均提出要采用产教融合、协同育人来实现应用型人才培养的目标。党的十九大报告明确提出"深化产教融合、校企合作"，国务院办公厅印发《关于深化产教融合的若干意见》对该要求进行细化：深化产教融合，发挥企业重要主体作用，全面推行产教协同育人，促进供需对接和流程再造，构建校企合作长效机制。2019 年 4 月，国家发改委、教育部印发的《建设产教融合型企业实施办法（试行）》，对高校开展产教融合进行新一轮部署，为学校人才培养指明了方向。

时至今日，建立产教融合人才培养模式要求高校分析当前社会对人才市场的需求，对产教融合人才培养模式进行实践与探索，既是国家政策的要求，也是高校发展的必然选择。

（二）产教融合人才培养模式相关理论及实践

产教融合人才培养模式的核心理念是协同育人、协同创新。协同论、系统论和整合论是产教融合、协同育人的主要理论依据，把学校、行业、企业和政府整合为一个有机整体，通过系统内各个子要素的整合重组，建构形成合理的结构，充分协调个体要素之间的关系和行为，使之成为一个系统，发挥系统功能，实现整体优化和协同发展，最终实现整体功能的最大化和效益最优化。各育人主体以人才培养和使用为核心目标，在合作系统内共享资源、协同互动，构建人才培养的教管结合、协作互动、实践育人的产教融合、协同育人机制，进而提高高校人才培养质量。

从实践层面看，在产教融合、协同育人方面，西方一些国家起步较早，并取得较好的成果，有代表性的为德国的"双元制"模式、美国的能力本位教育模式、英国的"三明治"教育模式、澳大利亚的技术与延续教育模式等。他们的主要举措有：企业和学校合作联办，联合制订教学目标和教学计划，从市场需求出发，确定人才培养能力目标，实施订单式人才培养；设立行业专业委员会，聘请有代表性的企业专家进行教学指导，构建各项教学模块，组织教学内容，实施教学评价；提高学生职业实操能力，重点突出未来就业岗位所需技能；实现理论教学和实习实训高度融合，学生在校期间理论学习和实习实训同步进行，毕业后获取学位证书和相关职业资格证，实现学习和就业的无缝衔接。

（三）汉语国际教育专业产教融合内涵

按照一般理解，"产"即"产业、生产"，"教"即"教育、教学"，"产教融合"的字面含义是产业生产和教育教学相融合。在实践中，产教融合是一项系统性合作工程，是学校、行业、企业乃至政府共同参与的一种融合式的人才培养模式。在这种模式下，各方立足社会人才需求，以"协同育人"理念为指导，充分调动和发挥各自的资源和优势，通过项目合作、共同培养、技术转移等方式展开合作，培养社会、行业需要的高质量应用型复合型人才。

对于汉语国际教育专业而言，产教融合的重点是人才培养要着眼当前国际中文教育的新形势、新需求，开拓国际视野，实现人才培养与国际中文教育人才需求的有效衔接，把专业育人和国际中文教学实践相结合，培养具有国际视野、具备跨文化交流能力的应用型复合型国际中文教师队伍。

二、汉语国际教育专业产教融合培养模式思路探讨

我国汉语国际教育专业设立之初，汉语对外交流和传播的国际环境相对友好。近年来国际形势发生很大变化，汉语国际交流和传播遇到一定的来自外部的阻力，对汉语国际教育专业人才培养提出了新要求。在当前形势下，汉语国际教育专业培养的人才应具有全球视野、创新意识、合作意识、发展意识和服务意识，尤其需要跨行业的整合创新能力。基于此，三亚学院着眼于对汉语国际教育专业学生进行跨学科、跨行业、跨文化的"跨界培养"，结合教学特点建构汉语国际教育专业产教融合人才培养模式，从人才培养目标、专业教学、实习实训和师资建设等多方面进行改革，实施专业教学的"三大转型"：一是教学课程从理论型向应用型转型，二是教学实习从国内实习向海外实习转型，三是教学方式从单一教学向校企合作转型。为此，汉语国际教育专业实施了"2+1+1"的人才培养方案，即学生大一、大二进行校内专业理论学习和模拟实践训练，大三到校外实习基地进行全职实习，大四再回到学校进行实习总结和经验交流，完成实习报告和毕业设计。

（一）反思汉语国际教育专业人才培养传统模式的不足

汉语国际教育专业人才培养传统模式存在的主要问题如下。

（1）人才培养模式单一：传统的人才培养模式往往缺乏对教学改革的理性思考和人才培养的顶层设计，缺乏教学实践环节，很难培养出高质量

的应用型复合型专业人才。

（2）课程体系单一：重视理论教学，淡化实训和实践；注重学科知识体系的理论性和完整性，忽视学生学习的自主性、创新性和个性化发展；课程体系相对单一，缺少专业技能课程。

（3）协同育人机制不健全：传统的人才培养模式下，汉语国际教育专业实习系统性不强，缺乏校内外协同培养机制，学生在校期间很难得到系统的实习机会，无法将理论有效转化为教学实践。

（4）实习实训质量缺乏保障：应用型复合型人才培养应立足于高质量的实习实训，传统培养模式往往缺乏高质量的实习实训环节，或者以国内中小学实习实训替代国际中文教学实践，无法给学生提供优质的跨文化背景下的实习环境。

（5）高水平"双师型"师资队伍紧缺：专业教师特别是青年教师大多缺少国际中文教学的行业背景，理论教学水平尚可但实践经验不足，教学方法上多采用灌输式，难以培养学生创新能力与学习兴趣。真正具备较高理论水平，又有丰富实践经验，能指导学生实践的"双师型"教师严重不足。

（二）确立"语言+教学+行业适应性"的人才培养目标

按照"专业设置与产业需求相对接、课程内容与职业标准相对接、教学过程与生产过程相对接"的原则，三亚学院汉语国际教育专业从目标设定、课程设置、课程适用性、海外实习基地建设、师资配置、实施效果和受众反馈等多方面进行综合分析和评估，探索适应时代要求的汉语国际教育专业"语言+教学+行业适应性"人才培养目标，培养具有扎实的汉语、英语和一门或者多门东盟国家语言基础，对中国文学、中国文化及中外文化交往有较全面了解，掌握对外汉语教学技能，具备运用目的国语言进行跨文化交际能力的，适合在国内外各类学校、机构从事对外汉语教学或文化交流推广工作的应用型、国际化人才。

（三）强化海外实习实训

汉语国际教育专业是一个应用型专业，人才培养的主要目标是国际中文教学的师资，三亚学院重点围绕在校学生的海外实习建构了"2+1+1"的人才培养方案。这有利于实现"语言+教学+行业适应性"的人才培养目标，满足汉语国际传播相关企业的专业人才（专业管理人才、专业技术人才、专业翻译等）培养需求。

需要特别指出的是，三亚位于海南岛最南端，处于"一带一路"倡议中海上丝绸之路的重要节点，具有面向东盟国家的地缘优势，因此专业重点考虑了人才培养的国别性要求，即主要针对印度尼西亚、泰国等东盟国家的汉语人才需求设定人才培养目标和方案。

（四）立足行业需求，建构校企合作语言文化传播新模式

汉语国际教育专业的设置是为了解决国际中文教育行业人才缺口，目前以孔子学院、孔子课堂为代表的国家层面的对外语言文化交流模式使很多海外汉语人才需求无法得到充分满足。以东盟国家为例，很多中资企业在对外合作和业务开展中有跨国语言文化交流的迫切需求，但是这些需求又无法完全得到满足，因此三亚学院汉语国际教育专业主动出击，积极开展校企合作，探索跨国企业构建的新的语言文化交流模式，实现产教融合。

三亚学院从教学到人才培养密切结合海外企业需求，借助国际中文教育传播企业的文化与各种理念，将语言和文化交流融入企业行为中，通过语言培训等方式推动文化合作交流，从企业员工向外辐射扩展，增强汉语语言文化的感染力和说服力。在实践中，这种模式一是服务于企业在海外的文化公关与宣传；二是建立企业文化与企业管理的文化心理认同，同时培养中外沟通的企业管理与技术人才。实践证明，这种模式是中国语言文化对外传播和交流的有益尝试。

三、汉语国际教育专业产教融合培养模式实施

（一）打造产教融合专业特色

三亚学院汉语国际教育专业坚持实施产教融合，打造专业特色，致力于培养国际中文教育人才。近几年，国际社会的汉语需求呈现出新特点，

对汉语师资有了新要求。三亚学院着眼于这些新变化，以社会需求为导向，以高质量发展为目标，优化课程设置，营造有利于应用型复合型人才的成长环境。实践证明，产教融合、协同育人是国际中文教育人才培养改革的有效路径。

文化软实力是一个国家核心竞争力的体现。当前，我们致力于对外讲好中国故事，提升文化交流的层次和水平，这是汉语国际教育专业育人的大背景。培养国际社会能用之人、有用之人，服务对外语言文化交流，是当今汉语国际教育专业的重要使命。汉语国际教育专业只有依托国际合作与交流，推动中华优秀文化走出去，深化产教融合的教育理念，才能培养出更多符合国际社会发展需要的中文教师人才，才能更好地为汉语教学和中华文化推广服务。

（二）建设高质量的实习实训基地

近年来，三亚学院与海外相关学校和机构共建专业实习基地，建立校企"互利共赢"合作平台，这是实施产教融合培养模式的关键一环。三亚学院与企业合作，为学生搭建实习和就业平台，同时聘请企业相关行业专家参与到教学实践中。目前汉语国际教育专业已经建立依托三亚学院留学生资源的校内教学实习基地，依托三亚市中小学和教育培训机构的校外教学实习基地和依托印度尼西亚亚洲国际友好学院、莱佛士学校等海外教学文化交流基地。截至 2022 年底，已经签约建立 33 个校外实习基地，其中国内 19 个，国外 14 个。

学院积极拓展海外实习基地，为学生提供真实的对外教学场景，在地处海上丝绸之路的东南亚地区建设 10 余所海外实习基地和多所"三亚学院汉语教学中心"。截至 2022 年底已经建成的海外实习基地有 14 所，包括印尼亚洲国际友好学院、印尼华裔总会、印尼莱佛士学院、雅加达华文教育协调机构、印尼环创教育集团、泰国民养村培中学校、泰北地区教学联合会下属学校、韩国岭南大学等。其中，印尼亚洲国际友好学院、印尼华裔总会、雅加达华文教育协调机构、印尼莱佛士学院、印尼环创教育集团等 5 所机构还专门成立了"三亚学院汉语教学中心"。

三亚学院每年选拔汉语国际教育专业优秀学生到海外实习基地实习，

海外实习单位委派行业导师全程负责学生的实习工作，并定期向学院反馈实习效果。同时，学生在海外实习期间需要完成教师交付的各项调研任务，并提交完整的海外实习报告。调研成果可以公开发表或者作为毕业论文选题。实践证明，海外实习工作在培养应用型复合型专业人才方面取得了较好的成效。

（三）依托实习基地建构应用型课程体系

在产教融合模式改革中，三亚学院汉语国际教育专业结合海南应用型专业转型试点建设，在专业课程中加大实践性、应用型课程比重：在大一、大二两学年中增加了实用语言类、文化实践类和教学技能类课程；在大三学年，强化了实践类课程，压缩理论课时，提高了实践课程的比重，安排学生到校外实习基地实习，实习期间专业教师全程带队指导；大四学年，学院根据实习反馈增加应用型课程，学生通过撰写实习总结，对大三的实习工作进行系统总结，教师引导学生结合所学专业理论知识完成实习报告并以此为基础确定毕业论文的选题方向及撰写内容。

在教学实践中，学院尤其注重依托海外实习基地打造与行业接轨的应用型课程体系。海外实习基地为学生实践提供了真实的语言环境和教学场景，有利于他们实现专业知识通过实践转化为综合能力。同时，海外实习提供了理论教学无法提供的隐性知识，为学生毕业从事本专业相关工作打下坚实的基础。学院充分利用海外实习基地的师资为汉语国际教育专业学生设置针对性的课程，如邀请海外实习基地专业师资在冬季学期集中为学生开设小语种课程和所在国家文化基础课程，邀请海外基地在校学生寒暑假期间到三亚学院进行文化交流活动，汉语国际教育专业学生担任"语言和文化伙伴"，提高跨文化交际能力。这些举措使海外实习基地不再是单向输出，形成行之有效的双向交流合作，提高了应用型课程的内涵和深度，有效打造专业核心竞争力。

在构建具有产教融合特色的应用型专业课程中，三亚学院汉语国际教育专业十分注重以专业团队为单位，以课程地图为抓手，课程建设强调实践性、针对性，帮助学生缩短从学校到社会、从学习到入职的时间和过程。在强调国际汉语教师知识、能力、素质的框架基础上，重点培养学生汉语教学、文化传播与跨文化交际等能力。结合"一带一路"倡议背景下国际社会对国际汉语人才的需求，利用立足海南面向东盟国家的区位优势，结合三亚学院汉语国际教育专业的师资配置，构建科学合理、富有针对性的课程体系。

(四) 校企共建双师型教学团队

为了打造符合产教融合人才培养模式的师资队伍，三亚学院进一步加大学科建设的力度，提升教师的科研和教学能力，确立了专业教师"引进来、走出去"的原则。从汉语国际教育专业来看，"引进来"指邀请印尼、泰国等海外学校的教师和管理人员为学生开设专题讲座，介绍海外中文教育的最新动态，开阔学生的视野，丰富教学内容。"走出去"是指每年选派专业教师带领实习学生到海外实习基地交流，并面向当地学校中文教师开展专题讲座，传递汉语国际教育专业最新学术成果；选派教师参加全国学术会议和各级各类教学技能比赛，积累教学经验。

在教学中，学院尽量聘用有汉语国际教育专业工作背景的教师，充分发挥他们教学实践的示范和指导作用，积极推行项目教学法、案例教学法，让学生在学习理论知识的同时进行实践锻炼。把课堂还给学生，让学生真正成为学习和实践的主人，充分调动他们学习的主观能动性，实现学以致用。

(五) 教学过程强化校企合作导向，解决海外企业具体问题

吉利集团是三亚学院的投资主体，是有代表性的跨国企业，对外合作频繁，海外业务体量大，具有语言培训和跨文化交流等多方面需求。汉语国际教育专业结合这一需求，在课程和教学中针对性地增加海外企业员工语言培训和跨文化交流的内容，为中外企业文化交流提供系统解决方案以及校企合作样本。

在人才培养过程中，学院汉语国际教育专业依托吉利集团海外业务平台，从课程到实践以及专业研究和毕业论文设计中突出海外企业语言文化需求，打造海外企业语言文化产品。具体方法包括：课程中强调企业跨文化管理的原理与实践；加强与吉利集团的联系，以吉利集团为海外企业研

究样本和教学案例，同时教学成果有效反馈到海外企业文化实践中；教学中增加以海外企业为主体，面向海外企业外国员工的汉语教学以及中国文化传播方式的内容；探索新的校企合作模式，计划与教育部中外语言交流合作中心、吉利集团瑞典沃尔沃公司共同合作建立孔子学院或者以企业为主导的中国语言文化机构；培养针对海外企业多层面多类型具有汉语传播特质的专业人才，同时为企业培养通晓汉语以及海外企业所在国语言文化的各类管理、专业技术以及翻译人才；等等。

（六）培养了一批优秀毕业生

产教融合的人才培养模式下，三亚学院汉语国际教育专业大力推进专业教学改革，使专业课堂教学质量得到很大提升，专业实用性进一步增强。海外实习环节依托三亚学院印尼研究，引导学生广泛参与印尼研究中心的各项调查和研究，实现教学和科研相结合，取得了很好的成效。很多学生在海外实习中提高了实践能力，并有效反馈到理论学习中，涌现出一批成绩优异、能力突出的优秀毕业生。有的学生以海外实习期间的调研为基础在学术刊物上发表研究类文章；所有参与海外实习的学生均以实习成果作为毕业论文选题，毕业论文的实用性、针对性和质量进一步提升；部分学生海外实习结束后，以优异成绩成为国际汉语教师志愿者或考取知名国际学校任教资格。

2022年9月，国务院学位委员会、教育部印发了《研究生教育学科专业目录（2022年）》，在"教育学"学科门类下设"国际中文教育"专业学位，可授硕士、博士专业学位。从"对外汉语教学"到"汉语国际教育"再到"国际中文教育"，名称的变化折射出该专业理念和内涵的发展变化，明确其应用型和国际化的发展方向，更具现代性和国际化的产教融合人才培养模式完全契合上述发展要求，是汉语国际教育本科专业人才培养实现高质量发展的有效路径。

参考文献

[1]刘楠，杨策. 转型背景下民办高校产教融合协同育人机制研究[J]. 吉林工程技术师范学院学报，2017，33（11）：26-28.

［2］李盛竹，李倩. 产教融合背景下的高教人才培养模式研究［J］. 黑龙江教育（理论与实践），2020（11）：5-7.

［3］吴思，吴芳芳，兰振光. 地方应用型本科院校产教融合人才培养模式——以金融学专业为例［J］. 教育观察，2017，7（13）：77-80.

［4］胡青华. 应用型大学转型背景下"产教融合、校企合作"人才培养模式的路径选择［J］. 沈阳工程学院学报（社会科学版），2017，13（2）：235-239.

［5］侯森，尹海艳. 产教融合视角下审计专业人才培养［J］. 经济研究导刊，2022，（7）.

［6］张丽娟，葛运旺，王新武. 深化产教融合的本科人才培养研究与实践［J］. 实验技术与管理，2020，37（7）：169-172.

［7］张丽娟，葛运旺，王新武. 深化产教融合的本科人才培养研究与实践［J］. 实验技术与管理，2020，37（7）.

［8］龚芬. 基于"产教融合"视角的地方本科院校应用型人才培养模式研究［J］. 长春大学学报，2018，28（4）.

［9］王秋玉. 产教融合背景下应用型人才培养实践教学模式改革研究［J］. 开封教育学院学报，2018，38（8）.

多模态视域下国际中文
教育发展新路径初探

三亚学院人文与传播学院讲师　苑　洋

从"对外汉语教学"到"汉语国际教育"再到"国际中文教育",经过一段时间的发展,更加开放包容、更加优质可及的国际中文教育新格局不断拓展。同时,国际中文教育遇到了学科创建以来前所未有的新困难与新挑战:国际中文教育实际需求与优质师资存在一定差距,人工智能时代新兴教育模式对传统教育模式的挑战,中文教学学科高质量发展与国际中文教育事业推广存在短板等,这些既是国际中文教育现阶段的困难,也为未来创新发展带来难得的机遇。

本文立足人工智能时代国际中文教育的发展需求,顺应社会智能化和教育智慧化发展的趋势,从多模态视角探究学科发展新路径,探讨国际中文教育衍生出的混合式新教学形态,预测国际中文教育的未来走向,助力国际中文教育事业的蓬勃发展。

一、人工智能背景下国际中文教育现状梳理

中国国际中文教育基金会(以下简称基金会)作为国际中文教育事业的组织机构于 2020 年 6 月在北京成立,旨在支持全球中文教育项目,促进世界人文交流,助力构建人类命运共同体。教育部中外语言交流合作中心(以下简称语言合作中心)于 2020 年 7 月经教育部批准成立,同时原"国家汉办""孔子学院总部"两个机构名称不再使用。语言合作中心是推进国际中文教育学发展的事业单位,旨在为国际中文教育教学提供教师、教材、

学科建设等资源，开展海内外中文教师考试及相关评估认定，保障汉语桥奖学金、新汉学计划奖学金、来华留学生奖学金等项目运行。

一般来说，人类社会的发展与进步基于语言文字的交流与沟通。为了更好地满足世界范围内汉语学习需求和高素质应用型汉语人才的培养需求，语言合作中心联合基金会改革传统的中文人才培养体系，融入新教学理念、制定新教学目标、优化教学流程，结合国际中文教育未来发展方向，建立高素质人才培养体系。

随着人工智能产业发展、创新业态扩展和智能产品普及，人机深度互动将成为社会生产生活的常态，传统的教育模式受到挑战。面对新挑战，传统的教育模式与多模态深度融合并逐步优化升级，"人工智能国际中文教育"的新模式逐渐形成。这一模式将人工智能的优势与传统教育结合起来，使国际中文教育渐渐打破了时间、空间的局限，为国际中文教育满足用户需求带来新机遇。

三亚学院对华文教育基地、印尼莱佛士国际基督学校（中文列为必修科目）的师生分别设计了国内教师问卷、印尼本土教师问卷、在华留学生问卷和印尼中文学习者问卷，回收有效问卷教师类 35 份、学生类 322 份。本文根据问卷结果梳理国际中文教育的现状，从多模态视角探究国际中文教育发展的新路径。

二、教学方式转变对国际中文教育的影响

在人工智能时代，国际中文教育这项跨文化、跨地区的全球性事业借助网络优势不断发展。笔者对使用线上教学方式的中文教师和学习者开展的调查发现，现有国际中文线上教学资源存在一些普遍性的问题。

（一）国际中文学习生态环境存在的问题

语言生态指的是语言与生态环境之间的密切关系，中文学习的生态环境包括母语的生态环境、目的语（中文）的生态环境。以教师的母语作为参考，国际中文教育中部分学习者来到中国接受中国教师的中文教学，最终取得的教学成果十分理想，也是常用的国际中文教育形式。

人工智能技术应用背景下，教学环境由传统课堂转变为线上多媒体，从师生之间的交流对话变为练习本上的独自训练，中文学习的生态环境发生了改变，中文学习面临着新的问题。面对面的教学课堂上，学生不仅能学习教师的中文发音，还能深刻地感知到在表达过程中教师的语言、情绪和表情。线上教学教师主要采用 PPT 播放的形式，在教学讲解过程中，学生大多凭借发音进行听说练习。有时，线上教学无法采用实时直播的形式，缺少语言交流互动的环境，录播或慕课等授课形式将教学变为教师的"满堂灌"，最终的教学成果大打折扣。

（二）线上教学对学生学习积极性的影响

在传统的课堂教学中，教师会根据学生的汉语水平，合理安排教学内容，并适当融入中华优秀传统文化等教学内容。笔者曾对 2020 年 1—6 月的线上学习情况做调查，结果显示 73.42% 的学生对线上学习缺乏参与积极性，许多海外学生尚未形成良好的学习习惯，无法保障线上教学取得良好的效果。中文作为语言类课程，注重教学过程的互动性，传统的线下课堂教学大部分的时间处于交流互动场景中，学生能够根据教师提出的问题给予适当的回应，并与其他同学进行交流互动。在完成课堂教学任务后，学生通过小组合作、自主探究的方式完成教师布置的课后作业，能够有效克服因语言差异造成的交流问题。由于国际中文教学的特殊性，教师开展远程教学会受到时差的影响，学生无法准时参加教学指导，影响互动的流畅性，无法完成复杂的课堂交流。部分教师采用录播的形式，彻底放弃互动教学的优势，导致教学变为教师一言堂，打击了学生的参与积极性。

（三）在线学习为师生互动带来新的考验

从传统课堂教学转变到线上教学，并不是简单的知识平移，教学方法、学习理念都需要随之发生改变。线上教学模式为中文教学中的互动学习带来崭新体验。视频授课、知识讲座等教学形式只是单向的知识传授，无法发挥出教学应有的引导功能。虽然网络平台都具有互动功能，但网络教学与传统的面对面教学相比，教学氛围、教学场景都无法充分满足人们日常交往的互动需求。学生无法第一时间感知语言表达过程中个人的情绪变化、表情和肢体动作，缺乏互动体验让许多教学手段无法充分开展。

（四）促进教学形式创新

从 2020 年下半年开始，国际中文教师逐渐意识到线上教学常态化趋势，改良原有的线上教学模式，进行多种新式教学尝试。截至 2020 年底，学生对线上教学的满意度由 31.87% 上升到 66.42%。线下课堂教学以教师教学讲解为主，学生在课余时间的自主练习为辅。线上教学则注重学生课下时间的合理应用，按照教师布置的学习项目完成一定量的练习任务。在线上教学过程中，教师通过网络平台指导学生查找语言学习中存在的不足之处，有效解决教学难点问题，加强学生对重难点知识内容的理解，纠正其学习误区。因此，教学安排需要统筹课上与课下两种形式，通过线上线下混合式教学的有效应用，提高学生的学习主动性。教师在中文教学中加强互动练习，并选择合适的教学问题作为引导，强化学生对关键知识点的理解与记忆。

线上教学借助信息技术的优势，整理大数据平台反馈的学习数据，有助于教师及时了解学生的知识掌握情况，灵活优化教学内容，拓宽学生的学习视野。教师能够参与学生课上学习和课下练习的全过程，起到良好的监督和指导作用。

（五）推动国际中文教学技术改革

线上教学形式迭代给国际中文教师带来新的挑战。有的教师花费大量的时间和精力从零开始学习网络平台使用方法和网络教学技术。问卷调查结果表明，84.35% 的教师对国际中文教学数字化、网络化持积极态度，认为线上教学是未来教育的发展趋势；68.27% 的教师表示要进一步提升信息技术应用能力。这些转变客观反映出线上教学是人工智能时代的通用的教学方式之一，可以体现教育的公平性、实现教育资源的合理分配。

（六）整合教学资源

近年来，许多高校在线上教学平台上传大量汉语教学慕课资源，教师可以引导学生协调好学习时间，自主选择教学内容和教学方式。线上教学需要采用信息化教学平台和互动设备，为学生搭建虚拟教学场景，要求学生利用好碎片化时间，积极争取更多的学习机会。在线上教学模式的背景下，可以将汉语教学内容划分为生词、语法、文章等多个板块，要求学生通过电脑和手机等终端自主进行知识学习，灵活的教学方式改变了传统的知识传授方式。

从学生来看，网络含有丰富的教学资源，以视频、图片等多模态形式将文字、理论等教学内容展现在学生面前。56.52% 的学生除了使用教师提供的网络平台，还会采用其他线上途径学习汉语。教师可以通过现代化技术手段，整合教学资源，优化教学内容，打破传统教学时间与空间的限制，按照学生的实际需求，将教学内容分为语言听读训练、交流互动训练、词汇应用训练、文字拼写训练等多个环节。此外，教师还可以利用备课时间和教学引导时间，梳理好关键知识点，提高教学成效。

三、国际中文教育多模态发展路径

教学方式转变虽给国际中文教育教学带来一定影响，但也提供了教学资源转化和利用的途径：线上线下混合式教学，为学生提供更多的语言交流机会，这有利于打破传统语言教学环境的限制，引导学生主动探讨教学内容，满足学生的实际需求，实现知识内化；教学资源的整合与丰富遵循兼容并蓄的原则，充分考虑国内外中文教育的差异性，明确中文在海外基础教育中的发展需求，加强与世界各国、各地区中文研究机构的沟通协作。这些影响也迫使海内外中文教师创新传统教学模式，在教学设计阶段重视信息应用技术，探究中文及中国文化的网络传播方式；丰富语言类学科的教育资源，将海量汉语资源整合到一起；运用大数据技术建立数据库、强化资源管理，满足国际中文教育的智能化发展要求。这些转化和利用，可以进一步发挥国际中文教育的引导性作用，让教学方式转变成为国际中文教育事业发展的助推器。

张德禄教授认为，一切运用听觉、视觉、触觉等知觉，并用声响、图片、语言、肢体动作或其他符号元素作为桥梁帮助沟通交流的现象都可以称为多模态。国际中文教育可从多模态视角出发，结合教学生态环境、人工智能教学新技术、交互式体验、国际中文教学库建设等四个方面具体探索发展新路径。

(一) 创建立体化教学生态环境

语言类教学重在互动和交流，交流形式可以分为面对面的原声交流、书面交流和口语表达等。人工智能时代，网络成为语言交流的主要平台，一定程度上缩小了语言使用者的交流距离。线上教学需要在语言差异的基础上，建立特殊的交流形式，打造真实的互动场景，提高学生的情景感悟能力。例如，教师可以在逛街、吃饭或购物的过程中，采取视频录播的形式向学生展示真实的社交环境，无论学生身处何处都能够体验真实的中国生活。教师需要熟练地掌握线上教学技术，为了营造真实的学习环境，可以采用虚拟技术让学生体验语言交流的全过程。但虚拟技术的开发需要较多的资金投入，并不适用于所有教学场景，因此，教师需要结合多媒体教学形式，合理运用网络交互平台为学生答疑解惑。

(二) 融合人工智能教学新技术

人工智能时代的线上教学，以互联网技术为依托，整合多方教学资源，加强中文在线课程内容建设，积极创建第二课堂，实时了解当前学生的学习情况。教师在教学设计阶段，需要结合学生的学习需求，运用多种技术手段，如云计算、大数据、区块链等，将线上教学与新技术有效融合，为学生搭建虚实结合的汉语学习环境，为学生带来丰富的互动体验。

(三) 增强线上国际中文学习的交互式体验

人工智能时代的到来改变了传统的教学观念。许多新技术应用到教育领域，改变线上教学环境，为国际中文教育发展带来新机遇。比如，教师采用线上线下混合式教学，为学生提供模拟交流场景，进而搭建一个良好的语言学习平台，丰富线上中文交互式体验。参考实体课堂的教学形式，线上教学同样要开展师生互动活动。还有，通过多元化信息科技的有效应用，教师引导学生集中注意力，并对教学内容进行深入思考，打造真实的语言教学环境，让学生深刻体验中文背后所蕴含的优秀文化，提高学生的自学能力。

（四） 构建线上国际中文教学资源库

多数高校现有的教学资源有限，这就需要教师从海量网络数据中提取出有价值的教学内容，构建线上中文教学数据库，实现院校资源共享。学生能够根据个人学习需求，选择相应的中文教学课程，并可在课余时间向教师提出单独辅导的要求。线下授课中，学生汉语水平存在明显差异，通常教师经过半个月左右的观察与实践，才能够形成相对固定的教学体系，造成大量的时间浪费。

按照中文课程种类建立教学视频库，学生可以通过线上教学平台寻找自己感兴趣的课程。还可以按照学生的学习水平，构建网络化教学情境，让学生模拟购物、就餐、办公等多种情景，结合自身的语言储备实现互动交流。需要注意的是，实践教学设计要遵循由易到难的原则，致力于打造精品中文网络教学课程，为广大学生提供优质教学服务，利用网络宣传渠道，建立高校的品牌效应，拓展中文传播途径。

人工智能时代改变了人们的生活和教育理念，在全球范围内开展线上教学为国际中文教育事业的发展带来新的机遇，并引发了线上线下教学观念的深刻变革。科技发展让国际中文教师逐渐熟悉多模态教学流程，充分认识多模态教学的重要性，促进中文教师职业技能的进一步拓展。未来随着"汉语热"不断升温，多模态教学向常态化教学模式发展是时代发展的必然要求。人工智能等技术的应用，为国际中文教育带来新机遇。加快新型教学设备的普及与应用，优化传统的教育理念，让广大教师成为人工智能时代国际汉语的优秀传播者和实践者。

四、国际中文教育事业的改革与推进

截至 2020 年底，全球将中文纳入国民教育体系的国家已有 70 多个，开设中文课程的国外大学有 4000 多所，除中国外，世界上正在学习中文的人数超过 2000 万，累计学习和使用中文的人数已近 2 亿。这些数据表明，国际社会对中文的认可度越来越高，对优质国际中文教育、优质国际中文教师的需求较为强烈。人工智能时代国际中文教育事业也将围绕国内外中文项目加持、国际中文师资培养、教育方式变革、中文教育场景教学等四个方面继续改革与推进。

（一）国内外中文项目加持

中国的飞速发展对外籍学生有着极大的吸引力，越来越多的外国学生渴望来到中国学习中文。在此基础上，国家可适当调整教育资金、教学资源向留学生倾斜，引进更多留学生到中国学习中文。在国内外中文项目加持下，人工智能技术应用为国际中文教育发展带来新机遇。正视教学方式转变初期带来的不利因素，不断优化教育形式，加强多模态教学的有效应用，积极探索知识跨界融通途径，把握课程特点制订全新的教学方案。同时，通过多元化的教学活动，教师获得真实的数据反馈，为教学工作提供优质供给。

（二）国际中文教育专业的师资培养

首先，国际中文教育专业的师资培养需要增加"国际性"内容，培育其世界眼光。一般来说，国际中文教育包括"来华留学生中文教学"和"海外中文推广"两个方面。所以，师资培养中需要增加"国际性"的内容，如各国历史文化、区域政治经济、国别化中文教学形势等。其次，"混合式"教师培养成为国际中文师资培养的常态。未来，国际中文教育应把"线上教学技能"纳入人才培养模式，使多模态教学成为未来人才培养的重要方式。最后，信息素养成为国际中文教师的必备素养之一。人工智能时代，多模态教学是国际中文教育专业发展的必然趋势。这就要求国际中文教师必须具备足够的信息意识和信息能力，较好地掌握现代信息技术，并将其应用在实际的教学中。

现在培养的国际中文教师将承担未来30年到50年的国际中文教育教学任务，所以，在培养内容和方式方法上，要着眼于未来，制定具有前瞻性的规划。

（三）国际中文教育方式变革

首先，要认识到中文教学理念具有一定的滞后性，应充分重视新知识内容，构建优质线上教学课堂，加快教学改革进程，为学生提供优质教学服务。其次，在全面开展线上教学过程中，为了有效弥补线下课堂教学和线上信息化教学之间的差异，需要高校做好顶层设计工作，结合海外中文学习者的需求，探寻科学的发展之路。比如，可以采取海内外联合培养的方式，为学生提供多种汉语学习途径。同时，校际合作要尽量避免重复建设问题。不同高校在人才培养过程中有不同的优势，通过线上平台的构建，实现对学生学习情况的实时观察，为联合培养平台的构建创造有利条件。最后，建立双向互动的资源共享平台，有利于国际中文教育事业的创新和发展。

（四）发展国际中文教育场景教学

在大规模开展在线课堂的同时，有针对性地建立场景式课堂，将教学情景构建与移动互联网有效结合。依据教学实践，教师可在专业的知识场景下解决学生个性化需求，进而建立师生之间的思维共识。在教学设计环节，注重社交环境与教学主题充分结合，与学生保持密切联系，鼓励学生掌握社交常用语，设计特定的教学主题，纳入线上常态化教学中。例如，利用场景教学，在与学生互动交流中提高教学趣味性，全面提高教学成效。

参考文献

［1］Huang L, Zhang D. Multimodal and Foreign Language Education Research［M］. 上海：同济出版社，2018.

［2］姜毓锋. 基于多模态话语理论的外语教学模式构建［M］. 北京：北京理工大学出版社，2015.

［3］苑洋. 国家治理中的应急语言服务机制［N］. 北京：中国社会科学报，2021-05-21（11）.

［4］苑洋. Research on the Teaching Reform of Comprehensive International Chinese Course Based on "Online + Communicative Tasks"［J］. Curriculum and Teaching Methodology，2022（6）：134-140.

［5］吴应辉. 国际中文教育新动态、新领域与新方法［J］. 河南大学学报（社会科学版），2022（2）：103-110.

［6］曾君，陆方喆. 国际汉语数字化教学资源的概念、分类与体系［J］. 云南师范

大学学报（对外汉语教学与研究版），2021，19（3）：28-37.

[7]杜欣，辛鑫. 谈汉语国际教育线上课程得失[J]. 现代交际，2021（3）：179-181.

[8]胡壮麟. 社会符号学研究中的多模态化[J]. 语言教学与研究，2007（1）：1-10.

[9]王珊，刘峻宇. 国际汉语词汇教学中的多模态话语分析 [J]. 汉语学习，2020（6）：85-96.

[10]张海威，刘玉屏. 疫情下的国际中文教育研究模式和方法[J]. 语言教学与研究，2021（2）：13-14.

[本文系国家社科青年项目《海南自贸港"多模态"应急语言服务体系建构研究》（编号：22CYY013）阶段性成果。]

"四新"建设背景下国际中文教育跨学科发展路径研究

三亚学院人文与传播学院讲师　金　伟

纵观国际中文教育学科发展历史，跨学科这一属性贯穿其中，而且外延不断扩大。在学科建立之初即确定对外汉语教学的理论基础为语言学、教育学、心理学、文化学、社会学及横断学科。进入21世纪，随着我国国际地位不断提升，互联网技术飞速发展，加之近年来教育生态发生了较大改变，本学科在新形势下还需与传播学、国际关系学、计算机信息技术学等学科相结合。

跨学科的重要性在名称更迭中也有一定表现，最初的对外汉语教学直观地体现了语言学、文化学、教育心理学等学科的交叉，汉语国际教育这一专业名称并入2012年之前的学科目录中，包含对外汉语、中国语言文化、中国学、华文教育等多个二级学科方向，这给汉语国际教育赋予了丰富的学科内涵，汉语国际教育学科培养方向兼顾了语言文化、华文教育、国学等多领域人才的培养，跨学科属性更加突出。2019年国际中文教育这一名称被提出。2022年，在教育部发布的《研究生教育学科专业目录（2022年）》中，正式将"汉语国际教育"硕士和博士专业名称更改为"国际中文教育"，并且一级学科归属为教育学，而汉谱国际教育本科仍归属文学学科，这种学科归属是由该学科的跨学科属性所决定的。

教育部、中央政法委、科技部等13个部门于2019年联合启动"六卓越一拔尖"计划2.0，全面推进新工科、新医科、新农科、新文科（简称"四新"）建设，以提高高校服务经济社会发展能力。"四新"建设的一大特点即学科融合，鼓励跨学科发展。在这一背景下，学者们在对国际中文教育进行解读时，不约而同地强调了学科的跨学科性质，如学者郭熙、林璃欢认为，"国际中文教育"是一个统摄概念，是一个包含不同学科、支持多路径发展的庞大事业；学者李泉、陈天琦强调应建立大学科化的框架等。

有鉴于此，当前的国际中文教育需要且有必要重新规划、设计跨学科发展路径，以适应学科自身的发展、顺应国家教育发展战略，满足新形势对国际中文教育人才的需求。

一、跨学科合作开展国际中文教育学科建设

提升学科素养是国际中文教育事业实现长远发展的关键，基于目前学科所面临的内外部环境，汉语国际教育专业的学科建设应该重视展开跨学科多层次的深度合作。环境因素一直是影响第二语言教育的重要方面，但从近几年国际中文教育的研究来看，对外部环境因素的关注度不足，这"一方面是因为外部环境因素不是语言教学研究的核心所在，处于边缘位置或可有可无的状态，另一方面则是因为外部环境变化对语言教学的影响一般是局部的、短暂的，尚未受到足够关注"。虽然学界一直非常关注内部的微观研究，但由于近几年教育生态发生较大变化，一些国际中文教育转为线上教学，对国际中文教育的内部微观研究也需转变思路。因此，目前汉语国际教育专业的学科建设需要从宏观到微观多层次展开跨学科研究。

（一）跨学科开展宏观研究

学者王辉曾从政治、经济、社会、技术等四个维度来分析宏观外部环境变化给国际中文教育带来的影响。国际政治层面的发展变化对国际中文教育的影响往往通过制定促进或阻碍中文教育发展的国家政策来体现。全球经济低迷导致当地政府或社会机构缩减用于基础教育和大学阶段中文项目的经费，从而导致当地学校、孔子学院、华文学校等削减对中文项目的投入。由于不同文化间存在一定的差异，中文教学在国际上的认可度和接受度也可能受到影响。同时教育技术革新加速，参与国际中文教育的师生分布在世界各国，网络和技术环境、学习者所拥有的设备和应用软件、网络使用费用、可获得的技术支持等都存在差异，全球中文学习者所在国之

间可能存在数字鸿沟。

基于以上四个方面对国际中文教育产生的影响，亟须开展跨学科的宏观层面的研究。例如，综合政治学、经济学、社会学等学科开展国际中文教育发展战略研究，剖析国际政治、经济、社会变化给国际中文教育带来的挑战和机遇，厘清未来国际中文教育的发展方向，构建更加开放、包容、规范的现代国际中文教育体系，让世界更加了解中国。此外，加强语言教学与教育技术信息学科的深度融合，以教育心理学相关理论为支撑，从国际中文教育面临的实际问题出发，促进中文教育数字化加速更新，分国别、分区域构建在线国际中文专业教学资源及管理一体化平台，为在线国际中文教学赋能。

（二）跨学科开展微观研究

对国际中文教育的微观研究在现有的研究中占绝大多数，且基本围绕"三教"（教育、教材、教法）问题展开，受全球政治、经济、社会、文化环境的变化影响，国际中文教育的教学生态发生较大改变，对全球各国各地区开展的国际中文教育大部分由线下转为线上，未来线上教学和线下线上混合式教学可能成为常态。因此，本学科的微观研究需要拓展范围，在"三教"问题的基础上将研究对象拓展为教师、学习者、教学方法、教学资源、教学模式和教学平台。同时，"三教"问题的深入研究需转换视角，更加关注教学形式变化所带来的影响。总的来说，目前微观研究应集中在线上教学中教师、学习者、教材、教学方法、教学资源、教学模式和教学平台等层面。

由于教学形式的变化，以上各个层面都产生了较为复杂的变化，在研究过程中也需要与其他学科合作，开展跨学科研究。具体地说，融合教育心理学对教育生态变化所带来的教师与学生的心理变化进行剖析；融合政治学、教育学、社会学等学科对国际中文师资相关政策、供需状况、职业发展等展开研究；以第二语言习得相关理论知识为基础，融合教育学、认知科学、大数据技术学等学科理论对学习者在线中文学习的习得情况以及学习策略展开研究；在此基础上，将中文教学与教育心理学、信息技术学相结合，研究适用于线上教学的教学理论和方法；从教育学、信息技术学层面对教师开展线上教学的方法和技能研究；将中文教学与文化学、社会学、教育技术学相融合，进行适应线上教学平台的、本土化教材研发；深度融合中文教学、"中文+职业"对应学科以及教育心理学、教育技术学开展本土化的国际中文线上教学模式研究；以中文教学理论为基础，从国际中文教学切实需求出发，充分考虑不同国家的网络技术条件，与教育技术学科展开深度合作，研究开发国际中文教育线上一体化平台。

二、跨学科合作培养优质国际中文教育人才

（一）跨学科视野下的复合型国际中文教育人才培养目标

《中国语言政策研究报告（2021）》指出，近年来国际中文学习需求分化明显。学者吴勇毅认为，当前来华留学生中学习的专业门类增加、学历层次大幅度提高，学历生的增加和语言生的减少是未来重要发展趋势，这意味着国际中文学习需求正在发生从普及型到专业型、从通用型到职场型的变化。学者崔永华认为，汉语学习者即汉语教学对象正在发生较大的变化，中小学汉语教学、职业汉语教学、对社会人士的汉语教学、网络汉语教学的迅速发展可以概括为"四化"：低龄化、职业化、社会化、网络化。学者邢欣、宫媛则指出，伴随着中资企业和民企"落地开花"，汉语人才需求空前高涨，"一带一路"沿线国家的民众越来越意识到，学好汉语是机会；沿线国家对人才的需求不同，汉语教学越来越多样化；参与学习的年龄层次既有低龄化倾向又有成人化趋势。

当前，国际中文教育转为线上的趋势明显。在应对教学方式转变的过程中，教师的信息素养普遍欠缺。因此面对职业化、社会化、网络化的需求，当前国际中文教育人才培养模式显得较为薄弱和单一，培养模式亟须从泛化到精准化、从单层次到多层次、从通用型到专门化、从单一化到多样化的转型。跨学科性是汉语国际教育专业的学科内涵。从学科归属来看，汉语国际教育本科专业归属于"中国语言文学"学科，该专业所培养的人才不仅要掌握汉语言文字学、语言学、心理学、教育学等相关知识，也要具有跨文化交际能力，而受全球发展形势的影响，复合型国际中文教育人

才才是社会所求、行业所需，因此当下应将培养复合型国际中文教学人才作为汉语国际教育专业的人才培养目标。

（二）跨学科视野下的"工程化"课程资源配置

课程资源配置以人才培养目标为导向，为实现人才培养目标提供内容和技术支撑。复合型国际中文教育人才培养的实现不能再依赖单一的学院资源和平面的课程设置，而需要具备"工程化"思维。学者魏辉最早在国际中文教育中提出了"工程化"思路，学者施春宏认为"工程化"是当下解决国际中文教育现实问题的一种战略选择。整个学科的"工程化"尚需进一步讨论和完善，以跨学科视角进行课程资源配置可以有效运用工程化思维。

所谓的"工程化"是指"将具有一定规模数量的单个系统或功能部件，按照一定的规范，组合成一个模块鲜明、系统性强的整体的过程，主要表现为流程规范化、器件标准化、功能模块化、技术先进化、方案最优化、系统集成化等方面"。工程化要求强化系统思维，面向应用和实践，着重各要素的集成优化，建立实现目标的优化系统。以实现复合型人才培养目标的跨学科课程资源配置，需要集成优化、强化系统思维，面向应用和实践。

为实现复合型人才的培养，课程设置应贯彻"四新"原则，整合资源、设置立体化课程体系工程。在2018年教育部发布的《普通高等学校本科专业类教学质量国家标准》中，汉语国际教育专业的基础课程包括语言学、文学、语言教育类，专业选修课程中有更加细化的语言教学类课程，如汉语语言要素教学、海外汉学教学研究等，且增加文化学、教育技术学、心理学等方面的课程。新形势下的汉语国际教育专业课程可以以这一标准为基础，在工程化思维的指导下，以实现复合型人才培养为目标，促进课程体系工程的立体化和动态化。

三、跨学科合作，"螺旋式"提升师资力量

师资队伍建设应面向未来、着眼全局，建立"螺旋式"师资建设体系。目前汉语国际教育专业师资配备主要由语言学、文学、文化学等专业教师

构成。当前的师资队伍建设应顺时而变，转变思路。一方面，面向未来，认清国际中文教育的发展方向，尤其是对复合型人才的需求；另一方面，着眼全局，不能用"亡羊补牢"的方式引进某一专业类型的人才，应在工程化思维的引领下建设师资队伍。这样的师资队伍建设不是一蹴而就的，也不是线性的，而是在一个较长时间内"螺旋式"完善起来的。

首先，要以现有师资队伍为基础，鼓励青年教师进一步学习和深造，加强与其他学科教师的深度合作，提升自身的信息素养和外语能力，努力将现有师资队伍打造成复合型、全能型师资。其次，以吸纳跨学科复合型人才为补充。虽然目前国际中文教育亟须补充外语类和信息技术类师资，但是单纯的外语专业及信息技术专业教师补充进来之后无法在国际中文教育专业中进一步提升，因此仍然应该吸纳既具备语言教学能力，又掌握外语或信息技术专业知识的跨学科人才，以促进教师自身及专业的高质量发展。最后，充分利用大数据、云计算等技术支撑下的线上师资，尤其是在现有线下师资未完成"更新换代"时，实现线上线下、国内国际师资的融合发展。

四、结语

新形势下国际中文教育面临着前所未有的挑战，同时也迎来新的发展机遇。国际中文教育应以跨学科的视野开展学科研究，寻求新的建设思路；同时，围绕"四新"建设要求，以复合型国际中文教育人才为培养目标，进行"工程化"课程资源配置及"螺旋式"师资队伍建设。

参考文献

[1]郭熙，林璃欢.明确"国际中文教育"的内涵和外延[N].中国社会科学报，2021-03-16（3）.

[2]李泉，陈天琦.论新时代对外汉语教学的"大学科化"之路[J].语言文字应用，2020（2）.

[3]王辉.新冠疫情影响下的国际中文教育：问题与对策[J].语言教学与研究，2021（4）.

［4］吴勇毅．国际中文教育"十四五"展望［J］．国际汉语教学研究，2020（4）．

［5］崔永华．试说汉语国际教育的新局面、新课题［J］．国际汉语教学研究，2020（4）．

［6］邢欣，宫媛．"一带一路"倡议下的汉语国际化人才培养模式的转型与发展［J］．世界汉语教学，2020，34（1）：3-12.

［7］陆俭明，李宇明，贾益民，等．"新冠疫情对国际中文教育影响形势研判会"观点汇辑［J］．世界汉语教学，2020，34（4）：435-450.

［8］吴勇毅．汉语国际教育本科专业建设刍议［J］．国际中文教育（中英文），2020（3）．

［9］王治敏，胡水．交叉学科背景下国际中文教育学科发展的困境与出路［J］．华文教学与研究，2022（1）：86-95.

［10］魏晖．实施国际中文教育工程化的必要性和可能性［J］．语言教学与研究，2022（1）．

［11］施春宏．推进国际中文教育工程化的若干思考［J］．语言教学与研究，2022（1）．

［本文系三亚学院校级教学改革项目"精品教研活动示范项目—国际中文教学教研室"（项目编号：SYJSY202103）及"线上线下混合式教学改革项目《语言学概论》"（项目编号：SYJKS2022036）阶段性成果。］

人类命运共同体视域下
国际中文教育的新变革探究

三亚学院人文与传播学院讲师　李　明

人类命运共同体理念彰显了中国智慧，提升了中国的话语权，塑造了大国形象。国际中文教育作为一门学科、一项事业，自诞生之日起就承担着在世界范围内传播中国语言文化，促进各国人民交流合作的使命，这与人类命运共同体的理念有一定的相关性。人类命运共同体理念为当前国际中文教育的改革与发展指明了方向，赋予其新的意义，新的使命，新的方向。

一、人类命运共同体理念与国际中文教育的关系

国际中文教育与构建人类命运共同体同向同行，厘清二者之间的关系，才能清楚地把握国际中文教育改革的新方向，进而更好地为构建人类命运共同体服务。

（一）人类命运共同体理念为国际中文教育提供内在动力

1. 国际中文教育为构建人类命运共同体服务

在构建人类命运共同体的过程中，彼此语言相通才能直抵文化深层。国际中文教育的目标之一就是向海外传授汉语，传播中国文化。

2. 国际中文教育要与人类命运共同体同向同行

人类命运共同体的构建离不开各国之间的交流对话，这些活动可以从经济发展、生态文明建设、国家安全等多方面展开，其中文化交流不容忽视。与政治、经济相比，文化活动的形式更为丰富，受众范围更广。国际中文教育可以整合多方资源，不断助力文化交流活动的开展。

3. 国际中文教育要立足中国，放眼世界

国际中文教育不能闭门造车，它不同于国内语文教学，其教学对象来自多元文化、跨越不同年龄阶层。因此，教学研究要在立足自身的前提下用世界的眼光思考：借鉴各国第二语言学习的经验成果，将其灵活地用于汉语教学，拉近师生之间的距离，优化教学效果，传递中国声音。

4. 人类命运共同体的构建为国际中文教育的发展提供更好的环境

人类命运共同体理念让世界看到一个智慧的中国、胸怀天下的中国、有责任有担当的中国，进一步增强世界对中国语言文化的兴趣，为国际中文教育的发展创造和谐的环境，注入强劲的力量。

（二）人类命运共同体理念赋予国际中文教育新使命

人类命运共同体的构建促进了国际中文教育的新发展，国际中文教育也被赋予了新使命。

1. 传播中华优秀传统文化

人类命运共同体理念是中国智慧的结晶，承载着中国对建设美好世界的崇高理想和不懈追求。新时代国际中文教育应该大力传播中华优秀传统文化，我们不能将教学内容仅停留在语音、词汇、语法、汉字层面，重要的是挖掘语言背后所蕴含的文化基因。例如，在讲解汉语中带"和"的词语时，就可以依据词义，给学生讲授中国儒家思想中"以和为贵"的理念，从 2008 年北京奥运会上用活字印刷字盘变换出不同字体的"和"字，到 2022 年北京冬奥会上破冰而出的五环，这些都是中国人独有的处世之道，是我们深入骨髓里的"和"。"以和为贵""和而不同"，在中华传统"和"文化基础上构建的人类命运共同体理念，体现了博大的天下情怀。结合这些内容，可以让学生加深对中华优秀传统文化的理解，培养其跨文化的学习能力。

2. 加强文化交流

加强文明交流互鉴，推动构建人类命运共同体。国际中文教育可以通过多种方式为中外文化交流搭建平台。当前，国际中文教育面临着诸多挑战，如传统的教学模式不能适应当前教学需求，远程教育、线上教学成为常态。国内外陆续开发各类教学平台，可以满足不同使用者的学习需求，

这也为国际中文教育的发展提供新机遇。近年来，越来越多的外国人深切地感受到学习汉语的必要性，而丰富的云端教学资源，为他们在线上学习提供可能。简言之，国际中文教育可以充分利用线上平台展开语言学习、文化交流活动，为人类命运共同体的构建贡献力量。

3. 塑造中国形象

随着中国综合国力不断增强，国际影响力日益提升，越来越多的外国人开始学习中文，了解中国文化，国际中文教育在人类命运共同体的构建中承担着传递中国声音、塑造中国形象的重要作用。对每一位对外汉语教师来说，一言一行都表达着中国声音，展现中国风采。面对不和谐的声音，可以通过讲儒家思想，塑造"以和为贵""天下大同"的中国形象；面对文化偏见，需要让他们了解现代的中国、科技的中国，塑造"文化自信"的中国形象；面对语言差异，不妄自菲薄，也不夜郎自大，客观公正地讲清楚原因，让学习者从"审视"到"接受"，塑造"开放包容"的中国形象。

4. 展示中国方案

作为一名对外汉语教师，知识储备不能局限于语言、文字等专业方面，而要具备跨学科的多元化知识体系，这样才能更好地将中国方案展示给世界各国。

二、国际中文教育的现状

国际中文教育应自觉担负起构建人类命运共同体赋予的新使命，抓住新机遇，加强各国之间的文化交流互动，讲好中国故事，展示中国方案，塑造中国形象，促进人类命运共同体理念在国际社会传播。当前国际中文教育的发展存在一定的问题，需要不断深化改革。

（一）国际中文教育事业的现状

截至 2020 年底，有 70 多个国家将中文纳入国民教育体系，这为国际中文教育的发展带来新机遇和新挑战。从新机遇来看，随着中国话语权的提升，各国民众学习中文的热情日益高涨。新兴中文教育平台快速成长，为国外汉语学习者提供了更多方便。从新挑战来看，全新教学模式暴露出一些理论与实践层面的问题，如课程理论体系亟待更新、线上教学方法需要进一步优化、线上中文教育资源的整合等。

（二）国际中文教育本科专业的现状

1981 年，北京语言学院正式开设对外汉语专业，培养对外汉语教师。从办学时间来看，该专业有 40 年多的发展历史，是一个年轻的专业。但其办学层次、办学规模实现了较快的发展。2007 年，国务院学位办设置汉语国际教育硕士专业学位；2013 年，北京语言大学增设汉语国际教育博士学位点，并在教育部备案。从办学规模来看，如今约 400 所高校设置了汉语国际教育本科专业，近 200 所高校具备汉语国际教育硕士招生资格，20 余所院校招收汉语国际教育专业博士。

1. 人才培养模式不够成熟

近年来，国际中文教育本科专业在较快的发展过程中，放松了对办学质量的要求，无形中降低了开设专业的门槛。在师资队伍方面，国际中文教育本科专业大部分课程由汉语言文学专业的教师来讲授，缺乏具有海外经历的专业教师，长此以往，学生的专业技能无法得到针对性的教学指导。在课程设置方面，一些高校会根据自身优势来开设相关课程，缺乏专业特色。比如，师范类院校，其课程设置总体偏向语文教学方向；外语类院校，外语类课程占主导；有的高校直接把汉语言文学和英语两个专业的部分课程机械地组合在一起，这样容易导致学生在专业方面形成明显的短板。

2. 学生对专业的认同感低

每个学生在选择专业时都会产生职业预期，即毕业后从事什么行业、选择哪些工作。国际中文教育专业的学生选择这一专业的初衷多是希望从事与国际中文教育或中外文化交流相关的工作。但相关统计显示，近年来国际中文教育本科毕业生就职的工作与专业完全对口的不足 10%。从外部环境来看，虽然海外对汉语教师保持着巨大的需求量，但很多国家对外籍人士就业设置了诸多限制，我国每年派出的汉语教学志愿者基本可以满足这一需求。而外派志愿者的流动性很大，多是短期工作，即使在外数年仍要面临回国再就业的问题，因而很多学生心中存在一定顾虑。从国内环境来看，国内进行汉语培训的主体是各大高校和培训机构，而高校对教师岗位的要求多为博士学位，硕士毕业生的机会很少。另外，国内从事汉语培训的机构数量有限，无法提供充足的就业岗位。专业口径狭窄导致就业率较低，影响学生对国际中文教育专业的认同感。

3. 教学实践能力培养表面化

教学实践能力是国际中文教育专业人才培养中的重要一环，它直接影响学生核心竞争力的打造。三亚学院的留学生课堂可以让国际中文教育专业的学生参与教学实践，但对于留学生数量比较少的某些地方高校来说，类似的教学实践机会较少，这样容易造成学生的实习效果并不显著。一些学生会选择在国内中小学实习，但语文教学和二语教学存在巨大差异，教学重点、教学内容、教学方法都不尽相同。比如，在讲某一个副词时，语文课堂只需告诉学生这个词的意思，但对于留学生来说更要讲清楚如何应用。多年的语感让我们在说母语时不容易出现用法上的问题，而这是外籍汉语学习者所不具有的能力，进而成为教学的重难点。

三、人类命运共同体理念下国际中文教育的变革对策

国际中文教育通过开展语言、文化教学，推进世界各国之间的文化交流，为构建人类命运共同体贡献力量。

（一）坚持深度"知己"

所谓"知己"，是指我们立足于国内的汉语国际教育本科专业和学科，针对当前存在的问题深化改革，具体包括以下几个方面。

1. 改革课程设置，优化人才知识结构

汉语国际教育本科专业在几十年较快发展过程中，培养模式和目标定位存在一定偏差。比如，教学目标过多置于教学之上，关注语言知识与专业技能的获得，忽视构建复合型人才培养体系。其实，国际中文教育是一门综合性交叉学科，在系统、扎实的语言文学基础知识之上，跨文化交际理论、双语知识、中西文化等都是学生需要掌握的内容。在课程体系、师资队伍和教学条件等方面都应充分满足这一要求。

近年来，许多中国企业在海外开展基础建设项目，这些企业不仅需要

大量优秀的翻译人员，更需要"中文+职业教育"人才，如"中文+电子信息技术""中文+铁路运输""中文+国际电商"等。

目前，在全力推进海南自由贸易港建设的背景下，国际中文教育本科专业可以重点打造"中文+旅游"人才培养模式。一方面让学生树立"中文+"的教学理念，另一方面从"中文"出发，实施"旅游汉语"的教学方法，实现复合型人才的培养。

2. 加强专业培训，提高教师综合素质

加强国际中文教育专业教师的综合素质培养，有利于中华优秀传统文化在世界范围内的传播。首先是实践能力的培养，这是人才培养中非常重要的一个环节。随着线上远程教育平台的丰富，高校应整合资源，与海外中小学或汉语培训机构建立合作机制，让学生有机会进行线上实习。其次是文化底蕴的培养。人类命运共同体的构建离不开文化认同，在教学过程中教师要自觉将中华优秀传统文化嵌进教学内容，增强教学的感染力和吸引力。例如，讲解一些词汇时，不能局限于表面含义，要将其文化内涵讲清楚，让学生"知其然更知其所以然"。以"润物细无声"的方式将中国文化浸润到学生心中，让学生通过学习语言文字爱上中国文化，爱上中国。在教学实践中，教师往往注重武术、剪纸、中国结等文化元素的教学。这种教学缺乏对中国文化的深层次解读，长此以往，容易让学生对中国文化产生一定程度的误解或刻板印象。最后是现代教育技术的应用能力。线上教学对教师的综合素质提出新的挑战，一直以来国际中文教师培养中缺少与教育技术相关的课程和训练。为此，高校应开设相关课程，加强实操训练，提高教师运用现代教育技术的能力。

3. 运用现代技术，丰富汉语教学资源

近年来，国际中文教育教材建设取得长足进步，但在结构和质量等方面仍存在一些问题：虽然很多国家已将汉语纳入国民教育体系，但缺少适合其本土教学的国别化教材；教材的内容和形式都较为落后；教材的结构较为单一。因此，充分运用现代教育技术，向数字化资源转型成为国际中文教育教材建设的必选项之一。一般来说，数字化资源较为灵活，能更好地把握时代潮流，贴合学生的生活；数字化资源承载量较大，是传统教材的外延，可以将趣味练习、文化知识的传播、语言能力测试等融入其中，打造立体的教学资源。同时，利用现代教育技术进一步强化教材的"动态化"设计，有利于教师更好掌握教学进度，引导学生自主学习。

（二）坚持系统"知彼"

国际政治形势、经贸合作情况、文化政策等因素对国际中文教育事业的发展影响较大。开展对各国政治、经济、文化等相关政策的研究，精准把握国际中文教育的未来走向，为制订国际中文教育改革方案提供理论依据和支撑。

从传播学领域来看，国际中文教育属于语言文化层面的传播，可以运用传播学领域的相关视角来看待中文传播的相关问题。例如，传播历史、国别传播的差异、传播体系建设等，这些内容对于提升我国软实力、塑造中国形象具有重要的意义。另外，全球有很多经典的中文项目，这些项目在多年的实施过程中，促进了中文在世界的影响力。其中一些经验同样值得我们去研究借鉴，如我们在传播中国语言文化时，缺少对"他者"的了解，很容易从"自我"的角度去确定传播内容和方式，但这未必适合外国语言学习者，有时甚至会引起反感。在人类命运共同体理念下，主体和客体之间是平等的交往关系，充分汲取"他者"的优秀经验，完善对"他者"的认识，从而实现主客体之间的相互理解、平等对话。

（三）构建话语体系

在构建人类命运共同体的大背景下，国际中文教育教学应成为讲好中国故事、传播好中国声音的重要途径。对此，要从多维度、多路径挖掘中国故事的内容。在这一过程中，不仅要认识自己和受众，更要倾听受众的声音，了解他们对我们的认识和评价，对国际中文教育的态度、看法，这样才能制订更有针对性的教学方案。对此，通过田野调查的方式了解海外汉学家和外籍中文教师的现状，完善"他者"认知；搜集国外主流媒体上关于国际中文教育的内容，建立语料库，展开多模态话语分析，探究"他塑"形象，进而提出构建话语体系的策略。

参考文献

［1］崔希亮. 汉语国际教育与人类命运共同体［J］. 世界汉语教学，2018（4）：435-441.

［2］李宇明，唐培兰. 国际语言传播机构发展历史与趋势［J］. 世界汉语教学，2022（1）：2-18.

［3］施春宏. 推进国际中文教育工程化的若干思考［J］. 语言教学与研究，2022（1）：3-7.

［4］王辉. 新冠疫情影响下的国际中文教育：问题与对策［J］. 语言教学与研究，2021（4）：11-22.

［5］赵杨. "自我"与"他者"视角下的国际中文教育主体间性研究［J］. 民族教育研究，2021（5）：170-176.

［6］李泉. 论汉语国际化规划［J］. 辽宁大学学报（哲学社会科学版），2021（1）：121-129，2.

［7］李丹. "一带一路"：构建人类命运共同体的实践探索［J］. 南开学报，2019（1）：136.

［8］苏文兰. 人类命运共同体理念下的汉语国际教育变革及走向［J］. 武汉理工大学学报（社会科学版），2020（3）：125-129.

［9］耿直. "构建人类命运共同体"对国际汉语教材建设的新挑战［J］. 云南师范大学学报（对外汉语教学与研究版），2018（5）：12-17.

［10］赵世举. 汉语国际教育类专业的困境与出路［J］. 中国大学教学，2017（6）：46-49.

国际中文教育"中文+职业技能"线上教学模式探索

三亚学院人文与传播学院讲师　刘雅丽

国际中文教育线上教学模式的出现，优化了汉语教学模式，是学校和汉语教育机构线下教学的很好补充。如何开拓优质学习资源、拓展教学合作渠道，维护学生的合法权益和切实利益，推动学科可持续发展是亟须思考和解决的问题。同时，制订和实行好新型发展目标和计划，实现与网络技术的有效融合，保障育人水平和教学质量有效提升，多渠道教学、多元化发展，不断调整、转型、优化学科发展是当务之急。

一、国际中文教育发展现状

目前，国际中文教育线上教学不断发展，成为与线下教学并存的一种教学模式。探索适合国际中文教学的线上、线下教学并行的模式，能更加有效地促进国际中文教育事业的发展。未来，优化学科发展，探索"中文+职业技能"的特色教学，推动数字课程建设高质量发展成为大势所趋。

（一）国际中文教育高质量发展

随着中国的影响力不断扩大，汉语教学被很多国家和地区纳入国民教育体系。新兴的网络授课、线上教学持续推动国际中文教育的发展，并衍生出更多便捷、高效的教学方式和学习方式。同时，一些专家、学者及一线教师纷纷探索新的"中文+职业技能"教学模式、课程设置、教学方法等。国际中文教育学科起步较晚，经过几次专业更名，在教育目标、教学方式、教材研发、课程设置以及办学模式等方面得到不断完善。

目前，国际中文教育进入提质培优、增值赋能的高质量发展阶段。这就要求我们加快建设高质量教育体系，培养更多国际中文教育专业的优秀人才。

(二) 互联网教学改变汉语教学的整体面貌

线上教学模式使国际中文教育在教学设备开发、学科建设、课程设置、师资队伍培养、教学模式、教学方法和教学管理等方面发生了较大改变。学习通、腾讯课堂、雨课堂等多家教学软件平台整合优质资源，推动国际中文教育可持续发展。

(三) 数字教育特色凸显，"中文+职业技能"优势学科吸引力增强

面对未来数智时代的教学，我们应致力于建构线上线下、课内课外多维互动的课程资源体系，开发基于网络特别是移动端的数据教学软件，实现人机互动、师生互动、生生互动。同时，基于互联网技术采用线上与线下相结合的教学模式，开发物联网、云计算、大数据、人工智能等方面的国际中文教育学科，促进研究数据收集的网络化和移动化，凸显国际中文教育学科优势，发展为更具象、更多元化的学科。

二、"中文+职业技能"发展存在的问题

(一) 课程特色不明显，"中文+职业技能"专业化、本土化教材较少

随着"一带一路"倡议的持续走深走实，中国对外交往不断扩大，线上、线下教学模式互补的发展趋势日益彰显，各国对国际化人才的需求持续增加。

遵循人类命运共同体理念、与社会发展形势相适应的同时，国际中文教育也面临一些问题和挑战："线上教育与在地教育"多途径发展受阻；学科教材不精准、不具体，存在同质化问题；缺乏研发"中文+职业技能"学科教材的专业师资队伍。因此，如何建设"中文＋生物医药""中文＋电子商务""中文＋网络物流""中文＋计算机"等实用学科，促进专业多元化拓展，是国际中文教育专业发展需要解决的实际问题。

（二）线上授课模式对教师掌握现代教学技术提出更高的要求

在一对多的线上教学实践中，由于无法实现师生面对面的互动，远距离授课让教师难以有效实施个性化教学。此外，线上教学有时也存在音频和视频不同步、摄像头故障等客观问题，或多或少干扰教学实践，影响教学效果。

人工智能技术改变了传统的师生面对面的互动模式。如果教师无法熟练操作网络教学软件，就不能实时掌握学生云端学习的进度。线上授课重构了学习者、教授者、教学工具、教学手段等方面的关系，加强了多维度、网状的互动，最终转变成教师、人工智能软件、学生多角色参与教学的模式。线上授课时必须熟练操作各类学习软件，这对于国际中文教育专业的教师而言是一项全新的挑战。

（三）生源结构复杂，学生学习动机迥异，培养目标不够明确

面对学生汉语水平参差不齐的情况，教师需要针对不同年龄段、不同汉语水平的学生设计难易程度不同的"中文+职业技能"教案。由于学生学习动机不同，对中华优秀传统文化存在认知差异，加之培养目标不够明确，导致教学内容不能完全满足学生的要求。

目前，许多国家和地区的中小学将中文列为必修课程，学生对博大精深的中华优秀传统文化有深厚的兴趣，但教师无法以线上教学的方式展示全部内容。此外，在职业教育阶段开设商务汉语、旅游汉语、中医汉语、工程汉语、酒店汉语等课程，语言学习与专业学习承接不够，缺乏专业性和针对性，这些都将对国际中文教育专业发展产生不利影响。

三、建立"中文+职业技能"线上教学模式的途径

（一）推动线上线下教学模式的融合，探究"中文+职业技能"学科理论，促进专业多元化拓展

人工智能技术改变了师生互动模式，转变成教师、人工智能软件、学

生多角色参与的教学模式。随着钉钉、腾讯会议等软件的深入研发，线上授课改变了线下授课的单一局面，对国际中文教育教学起到了一定的推动作用。教师应充分考虑学生国别、文化、学习需求和动机等方面的差异，丰富教学资源，因地制宜，根据人才市场需求，加大学生的专业化培养力度；教师应充分发挥主导作用，充分调动学生的主观能动性和学习积极性；因材施教，提高学生学习中文的兴趣，进而提高其语言沟通能力。比如，学生计划今后从事商务工作，教学内容则应该在商务口语与商务知识方面有所侧重；如果学生打算毕业后进入旅游行业，则可以偏重历史、文化、地理等方面。

语言教学应加强语言服务的性质，对国际中文教育学科体系和师资队伍建设做出新的调整，按"汉语+多种学科"选择新的发展路径。同时，打通线上线下研究通道，为国际中文教育的高质量发展探索出科学的发展模式。发展国际中文教育"中文+职业技能"的学科理论，开发专业教材，储备专业师资队伍，建设"汉语 + 生物医药""汉语+旅游""汉语 + 电子商务""汉语 + 网络物流""汉语+计算机""汉语+高铁""汉语+航空航天"等实用学科，促进专业多元化拓展，完善国际中文教育的理论体系，深入理论研究，加强综合性和应用性探究，是国际中文教育专业高质量发展的要求。

（二）因地制宜，开发"中文+职业技能"特色教材，实现本土应用功能和实践功能

教材是知识学习的载体，是教学内容的直接体现，在教学中起着关键作用。研发具有针对性的教材，对中文学习者创业、就业、来华发展或与中国建立联系等方面大有帮助。同时，在学科建设、教材编写架构和内容取向等方面应体现学科发展方向，符合中文国际化进程。

随着国际中文教育教学的发展，教材在国情、社情、主题选择、文化介绍等方面应更具特色。教材在版面设计、教学内容、单元练习等方面应更加科学合理，同时适当考虑当地学习者语言、文化等方面的差异。教材编写还应满足海外中文教学的多样性和中文教师培养的专业性，准确把握共性和个性的辩证关系，适应人才需求多样化、学生发展多样化的基本特点，加快人才培养模式多样化改革，鼓励各办学单位发挥优势特色，实现特色发展。利用目前具备一定优势的职业或技术学科，在以专业书籍如刘月华编写的《实用现代汉语语法》、胡裕树编写的《现代汉语》、朱德熙编写的《语法讲义》为参考的基础上，编写适合第二语言为中文的学生参考的专业书籍，如《中文+中医学》《中文+云计算》《中文+生物医药》《中文+电子商务》《中文+物联网》等教材。

（三）研发"中文+职业技能"的专业课程，增强中文优势学科吸引力

由于学习者所处的学习环境不同，其在地域特色、学习资源、本土文化等方面存在很大的差异，线上中文教学模式由"成人+中文+高校+课堂"逐渐发展为"青少年+职业中文+社会+网络"。教师在中文教学的过程中，应充分了解学生认知水平和能力，了解当地文化特色，优化自身知识结构，改革教学方法，探索出本土化和国际化相结合的道路。因此，课程设置要充分考虑学习者的个人需求和社会需求，开设更加符合市场需求的专业课程，如中医汉语、工程汉语、商务汉语等。

专业应依据时代发展的要求适时调整，确定不同层次的教学目标，编写差异化的教学内容。采用因材施教的教学方式，为不同国家培养运用中文的优秀人才，为实现各类语言沟通、文化交往、经济往来做出贡献。中文的学习能够使学生获得一定的"人力资本"，在个人职业发展等方面获得更多机会和晋升空间。因此，应该根据学生需求以及就业方向，开设专门的汉语课程，研发专业的汉语教材，促进国际中文教育高质量发展。

国际中文教育应着眼当地经济社会发展。例如，在医疗条件较为落后的部分非洲国家，国际中文教育可以与当地医疗卫生培训结合起来；在旅游业发达的地区，可以将国际中文教育与旅游服务和旅游经济结合起来，实现中文的应用性价值；在开展工程项目较多的地区，国际中文教育可以与工程学科、机械操作结合，增强学习者的获得感，提高工程项目合作的效率。还有，依托中文"互联网+"国际教育云平台等软件，加强"中文+生物医药""中文+电子商务""中文+物联网"等专业建设。

（四）优化师资力量，培养"双师型"教师和跨学科人才

线上教学为国际中文教师拓展了新的教学和研究领域，也对教师提出了更高的要求。在国际中文教育教学方面，教师肩负起文化交流的重任；在职业技能培训的过程中，承担跨文化、跨语境知识传授的责任。如何做到两者兼顾，需要教师在教学过程中创新教学设计，开发新的教学资源，突出语言的应用性，促进语言学习以及多元文化融合发展，这些对教师在文化基础知识、技能培训、教学能力以及教学实践经验等方面都提出了更高的要求。

在授课内容的选择以及课后实践等方面，教师应不断优化教学内容，准确了解学生的学习状态以及学生对教学内容的掌握程度，及时了解其学习效果。

国际中文教育肩负着培养高质量中文教育者的使命，兼具培养不同国家中文学习者的任务。夯实学科基础，提升人才培养质量，以学科学术成果为支撑，优化国际中文教育的师资力量，培养"双师型"师资队伍和跨学科人才，才能增加学科优势和吸引力，推动国际中文教育的高质量发展。

四、结语

在人类命运共同体理念和"一带一路"倡议下，国际中文教育不再是简单的"中文+语言教学+跨文化交际"学科，而是"中文+N"具有无限可能的学科。

近年来，随着数字技术的快速发展，各类学习平台持续涌现。国际中文教育教学理念、教学内容、教学方法不断取得新的成果：紧跟跨文化交际、应用语言学、现代教学技术、二语习得等各个学科领域的最新研究成果；充分研判专业发展方向，构建合作共赢的教育共同体，在实践调查的基础上，研发专业化、本土化教材；进一步优化国际中文教育教材编写，调整教辅资料选择、课程设置、教学方法。促进"双师型"优秀教师的培养，提高教学效果和学习效果，是立足新变化、新趋势，积极探索"中文+职业技能"发展的最佳方式。

参考文献

[1]刘珣. 对外汉语教育学引论[M]. 北京：北京语言大学出版社，2000.

[2]张美云，杜振吉. 基于媒体计算的中国形象"他塑"模型建构——以印度尼西亚等东盟国家为例[J]. 海南大学学报（人文社会科学版），2019，37（6）：150-157.

[3]习近平. 在哲学社会科学工作座谈会上的讲话[M]. 北京：人民出版社，2016.

[4]李泉. 非学历汉语教学的学科属性与学科地位[J]. 国际汉语教学研究，2014（1）：12-21.

[5]李晓琪. 应用语言学学科现状的调查与思考[G]∥北京语言大学对外汉语研究中心. 汉语应用语言学研究（第2辑）. 北京：商务印书馆，2013.

[6]李欣瑶. 2018年"一带一路"高校联盟生态文明主题论坛开幕[N]. 甘肃日报，2018-09-25（6）.

[7]刘月华. 实用现代汉语语法[M]. 北京：商务印书馆，2001.

[8]胡裕树. 现代汉语[M]. 上海：上海教育出版社，1995.

[9]朱德熙. 语法讲义[M]. 北京：商务印书馆，2004.

[10]卢光盛，王子奇. 后疫情时代中国与东盟合作的前景与挑战[J]. 当代世界，2020（8）.

第二部分

国际中文教育『三教』改革探索

"互联网+"背景下国际
中文教师教学能力提升研究

三亚学院人文与传播学院副教授　胡冬智

近十年以来，互联网技术发展迅速，互联网的创新成果与社会各领域深度融合，在推动经济发展的同时，极大地影响和改变着人们的生产生活方式。2015 年《政府工作报告》首次提到"互联网+"行动计划。同年 7 月国务院印发《关于积极推进"互联网+"行动的指导意见》，"互联网+"受到社会广泛关注。而"教育"作为 21 世纪的热门关键词之一，自然也成为"互联网+"话题下的热点。

2018 年 4 月，教育部印发《教育信息化 2.0 行动计划》，提出到 2022 年基本实现"三全两高一大"的发展目标。整个行动计划落地涉及基础设施建设、资源开发、应用开展等多方面工作，反映出教育信息化全方位的转段升级。同年 9 月教育部发布《关于加快建设高水平本科教育　全面提高人才培养能力的意见》，针对高水平本科教育建设的重点难点问题，提出"新时代高教 40 条"。其中引人注目的一个措施就是要建设大规模、高水平的慕课。受此影响，各大高校开始了进一步的教学改革和精品课程建设。

2019 年 2 月，中共中央、国务院印发《中国教育现代化 2035》，重点部署了面向教育现代化的十大战略任务。2020 年 7 月，国家发改委等 13 个部门联合印发了《关于支持新业态新模式健康发展　激活消费市场带动扩大就业的意见》，提出数字经济新业态新模式 15 个重点方向和支持政策，其中排在首位的就是大力发展融合化在线教育。2021 年 7 月，教育部等六部门联合印发《关于推进教育新型基础设施建设构建高质量教育支撑体系的指导意见》，提出到 2025 年，基本形成结构优化、集约高效、安全可靠的教育新型基础设施体系。教育新基建强调应用人工智能、虚拟现实、区块链等技术，提升教、学、管、评、研的智能化水平，实现更加灵活、个性化的服务。可以预见的是，随着教育新基建的推进落地，教育领域将发生较大变革。

一、互联网与国际中文教育的结合

互联网带来的教育变革，在国际中文教学中体现明显，这与国际中文教育的特殊性有直接关系。众所周知，国际中文教学的主要授课对象是母语非汉语的外国人，以及母语或第一语言非汉语的华侨华人及其后裔。采用的教学方式往往是外国留学生来华学习，或者我国的教师到海外合作院校进行中文授课。而不管是哪一种形式，空间距离都会给教学带来一定的不便。于是作为常规教学的补充，一些中文教师尝试使用网络远程在线授课。如果说最初的线上授课带有尝试创新性质，那么 2020 年后，受新冠疫情影响，互联网教学则成为整个国际中文教学工作得以正常开展的重要渠道和有效保障。受疫情影响，各国出台管控政策，全球人口流动性大大降低，国外学生无法来华学习，我国的中文教师也不方便到其他国家授课，国际中文教学遭受较大冲击。在这种情况之下，国际中文教学被迫全面由线下转移到线上进行。虽然应对比较仓促，但也算在危机中探索出一条新的出路，保证了疫情期间国际中文教学的稳定性及持续性。特别是经过三年的实践，国际中文教学已经慢慢摸索出一套行之有效的教学方法，教学效果不断提升，可以说"互联网+"为国际中文教学创造了新的机遇和发展空间。

对于国际中文教育来说，互联网线上教学有其不可小觑的优点。第一，空间距离不再是问题，有网络即可上课，摆脱了线下课堂教学的时空限制。以往必须在固定的时间、固定的学校、固定的教室上课，课堂人数受到限制。而互联网教学打破了物理空间的限制，线上虚拟空间可以满足较多人同时上课的需求。而如果是采用幕课式的学习，则时间更加灵活。同时，教学环境的差异将不复存在。优质中文教学资源可以共享，学习者可以在网络上便捷地寻找到需要的学习资料。第二，"互联网+"让精准教学、差异化学习成为可能。国际中文教学由于对象不同，语言基础不同，对中文的接受程度和理解能力也不同，因此迫切需要差异化教学。而基于大数据分析的信息化教学手段，给线上国际中文教学提供了精准教学的利器。教师可以通过平台对学生学习过程进行数据监控和追踪，进行学情分析，了解每个学生的学习基础、学习特点、学习速度、学习需求，从而有针对性开展教学。学习者也可以根据自身学习能力打破固定的学段划分，获得更加丰富多元的学习内容。第三，互联网的科技创新技术不断为国际中文教学提供更加便捷高效的师生交流与协作创新条件。以当下热议的教育元宇宙为例，三维虚拟仿真场景，可以将需要想象力的历史和人文科学复活重现，在方便交流的同时，让教学内容更容易被国外学习者理解接受。

二、"互联网+"对国际中文教师教学能力提出新要求

有机遇就会有挑战。教学是一个系统工程，学习环境的改变，带来教学模式、教学资源、教学内容、教学评价、教学管理等多方位变化，这些都给国际中文教师专业能力提出新要求。

2022 年 8 月 26 日，基于国际中文教育的发展变化和国际需求，《国际中文教师专业能力标准》（T/ISCLT 001—2022）（以下简称《标准》）由世界汉语教学学会发布。《标准》对国际中文教师专业能力指标进行了详细分类和说明，包括专业理念、专业知识、专业技能、专业实践和专业发展等 5 个一级指标，职业道德、专业信念、教育知识、中文和语言学知识、中华文化与中国国情知识、第二语言习得知识、中文要素教学、中文技能教学、跨文化交际、教育技术、课堂教学计划、教学资源选择与利用、课堂组织与管理、学习评估与反馈、教学反思、专业发展规划等 16 个二级指标。

对照《标准》，会发现在"互联网+"时代国际中文教师至少需要在以下几个方面加强学习、不断提高。

第一，课堂组织与管理。这包括帮助学习者理解学习内容和学习任务、采用恰当的教学手段和策略、组织有效的教学活动、合理安排教学环节和

步骤、有效管理时间、注重课堂互动与反馈、提高教学效率等。而在线上远程教学中，以上内容的正常实施并取得好的效果绝非易事。过去，线下面对面授课要激发学生学习兴趣、提高参与度，最常采用的一个方法就是互动，互动式教学在语言教学中至关重要。而如今远程在线学习则是一个时空分离的课堂，如何在新的环境中形成有效的互动教学模式，确实是线上国际中文教学面临的一大挑战。此外，应当如何实施《标准》中提到的组织课外活动，拓展课外学习，也需要进一步探索和实践。

第二，信息技术。《标准》中多次提到信息技术，要求国际中文教师掌握教学所需的信息化技术，具备设计、制作课件等教学资源的能力；能够检索、采集、选择网络教学资源，具备在教学中运用资源库的能力等。由于线上教学需要借助互联网平台，其对软硬件设施的要求比传统线下课堂要求更高。国际中文教师要能够及时处理计算机操作和网络使用过程中可能出现的各种问题。同时，需要了解"全球中文学习平台""中文联盟""庞帝智能""赛酷雅""唐风汉语""中文路"等在线学习平台，能够熟练使用腾讯会议、钉钉、雨课堂、超星、谷歌课堂等教学平台，以及微信、抖音、快手、推特、脸书、油管等多种社交工具。此外动画课件制作、个性化视频剪辑、微课录制、数字资源库建设等也都对国际中文教师信息素养水平提出更高要求。

第三，专业知识功底。师者，传道授业解惑也。无论线上线下，扎实的专业知识功底决定了教学的高度和深度，是教学顺利开展的保障，也是师生良性关系建立的基础。开展国际中文线上教学，教学对象多是来自不同国家和地区、不同文化环境的中文学习者，师生间无法面对面地交流，语言学习环境较之以往也受到影响。教学内容讲解不到位、不熟练，学生提出的问题得不到科学、及时的解答等，都会影响甚至中断中文学习者对国际中文教师的信任感及学习热情。同时，国际中文教学虽然以语言教学为主，但语言本身就是一种文化现象，国际中文教师要具有文化阐释的基本能力，尤其是在互联网线上课堂中，要用对方听得懂、能接受的方式来讲好中国故事，这就需要扎实的专业功底和良好的沟通能力。

三、"互联网+"时代国际中文教师教学能力提升路径

有挑战就要有应对，根据"互联网+"对当前国际中文教学提出的新要求，需要从教学观念转变、信息素养提升、以科研反哺教学等多个方面提高教师的教学能力。

（一）转变教师教学观念

教育的变革不仅仅是技术的变革，也是人的思维的变革。只有人的观念更新了，教学方式才会随之改变，教师教学的主动性才能调动起来。对于国际中文教学来说，教师要摒弃传统的课堂教学不可替代的观念，不断探索在新的教学环境下的教学方法。正如《国际中文教师专业能力标准》所要求的，教师要具备反思意识、具有自我发展意识和终身学习理念，要加深对国际中文教育的理解，提高教育教学能力。对于国际中文教学来说，互联网远程教学已经是大势所趋，在这种情况下不必过分纠结线上教学的不足，需要做的是顺应这种趋势，找到方法扬长避短。当然，在积极拥抱互联网的同时，还需要避免产生另一种认知，即过分夸大技术的作用，认为有了网上的课程资源和学习平台就不再需要教师的参与。事实上，教师的作用是不能被取代的。虽然从知识传授的角度来说，互联网课程可以解决一部分问题，但教学是个系统工程，教学的组织与管理、教学的反馈与评价、教学内容的设计与编写都离不开教师的积极参与。当然，这些也对教师提出了更高要求。

（二）提升信息化素养与技能

必须具备信息化素养与技能是近年来线上教学带给国际中文教师最直观的感受。要培育国际中文教师的计算机网络信息能力，可以考虑以下几点。

第一，形成定期培训的机制。鉴于信息技术升级换代速度比较快，因此定期开展培训非常必要。培训的形式灵活多样，可以在寒暑假开展集中的线下培训，也可以利用网上优质课程资源进行在线培训，还可以报名参

加社会化的相关课程学习。教育主管部门和学校要建立长期的可持续发展的培训制度，根据国际中文教师专业能力指标体系中教育技术的要求，以多媒体课件、慕课、微课制作为主要内容，对教师进行多层次、多渠道的培训。同时可以将定期培训结果列入教师考核的范畴，增强教师的紧迫感，以适当的外部压力，督促教师不断进步。当然，在这个过程中，作为制度的制定者，需要充分考虑教师的实际需求，采用最切实可行的实施方式，而不是让培训变成一种浮于表面的形式。

第二，鼓励国际中文教师参加各级各类信息技能竞赛。比赛和平常教学不同，总是伴随着压力、竞争。教师精心备赛的过程其实也是一个不断充实提高的过程。而竞赛最重要的并不是结果，而是通过竞赛达到以赛促学、以赛代练、以赛提能的效果。作为一次非常难得的交流与学习的机会，来自不同院校、不同地区的教师汇聚一堂，最新、最优的教学信息技术得到展示。通过竞赛角逐出的优胜者具有模范带头作用，引领其他教师在今后的教学工作中不断进取。同时，比赛一般都有专家学者进行评价解读，对参赛教师来说，不失为一个答疑解惑的机会。而信息技能比赛也可以暴露参赛者的不足和缺陷，多参加比赛，能够在技术、心理、临场发挥各方面得到充分锻炼，为以后教学工作顺利开展奠定坚实的基础。

第三，在数字化课程建设中加强信息技术学习。当前的国际中文教学主要是线上远程教学，急需各种数字化优质课程资源。以微课视频制作为例，仅仅是后期制作可能使用的软件就包括剪影、智影、动画大师等。因此加大数字化课程资源建设，使教师参与到课程资源整理、脚本撰写、课程拍摄、视频的剪辑加工制作中，不仅有益于国际中文教学，也将促进国际中文教师信息素养的提升。

（三）以科研反哺教学

科研与教学相辅相成、相互促进。教学内容要讲得透彻生动，需要对学科知识进行长时间的深入研究；知识传授不落伍，需要融合最新的科研成果；教学效果要达到目标，更需要充分地调查研究学生基本情况。简言之，教师要想提高教学能力，科学研究肯定不能偏废。特别是在"互联网+"时代，国际中文教师科研能力更需要提高。现代汉语的语音、词汇、语法、汉字的文化内涵、二语习得理论等都有进一步深入研究的价值和必要。只有把内容钻研透了，教师在教学中面对学生的疑问才可以从容应对。

除了教学内容的继续探索外，教学对象、教学方式、教学方法、教学技能、教学平台等问题也需要继续研究。教师应以自己的教学实践为基础，深入开展调查和实证研究。鉴于国际中文教学对象的特殊性，还可以开展区域国别研究，了解各个国家的教育政策、教学体系、中文教学成果、社会需求等，以便今后的国际中文教学更有针对性。此外，科研也可以促进教师信息技术能力的提升。在传统文科中，语言学和计算机人工智能关系比较密切。语言研究中经常使用的定量分析多借助大数据抓取、计算机软件处理与分析来完成。除了以上的微观研究外，国际中文教师还应该提高站位，从宏观上思考国际中文教育的内涵发展和学科建设问题。只有对国家战略和学科发展有较清晰的认知，才能在思想和行动上不断提高、不断进步。

总之，科研和教学对于国际中文教师来说就像两条腿走路一样，缺一不可。国际中文教师要在教学实践中去发现问题，不断钻研探索，用研究成果去解决问题、支撑教学，提升教学效果。

（四）加强交流学习

互联网教学作为一个新兴事物，发展时间不长，而国际中文教学可供借鉴的资源也不够丰富，故而加强交流学习就显得尤为重要。开展交流的规模可以根据实际需要来确定，可以是同一单位、同一机构，也可以是同一地区，还可以是全国甚至全球范围。而交流的形式更是多样，可以实地参观座谈，也可以网上交流访谈，还可以通过教学科研会议等途径加强交流。同时交流的对象也不局限国际中文教学领域，还可以和企业、政府进行深度交流。

交流的过程，也是学习的过程，学习先进经验，了解前沿信息，熟悉社会需求，促进自我反思。当然，在交流的基础上，还可以进一步加强合作。合作进行教学资源共享、教学平台开发、实习基地建设、国际中文教材编写、国际中文教师培训等。同时，还可以建设一个专供国际中文教师交流的开放平台，国内外的中文教师都可以在平台上自由交流、共享信息。

国际中文教师通过对话、交流、研讨、合作，实现教学能力的不断提升。

当前互联网教学已经成为国际中文教育非常重要的授课方式，在创造新机遇的同时，也对教师提出更高要求。国际中文教师只有主动迎接挑战、切实转变观念、进一步夯实专业知识和教学功底，不断提升信息化素养和能力，并在持续不断的科学研究中发现问题、解决问题，才能切实提高教学能力和水平，成为国际中文教育需要的专门人才。

参考文献

[1]吴应辉，梁宇，等. 全球中文教学资源现状与展望[J]. 云南师范大学学报（对外汉语教学与研究版），2021（5）：1-6.

[2]陈丽，郑勤华，徐亚倩. 互联网驱动教育变革的基本原理和总体思路——"互联网+教育"创新发展的理论与政策研究（一）[J]. 电化教育研究，2022（3）：5-11.

[3]李宝贵，庄瑶瑶. 后疫情时代国际中文教师信息素养提升路径探析[J]. 语言教学与研究，2021（4）.

[4]崔希亮. 世界格局剧烈变化背景下的国际中文教育[J]. 天津师范大学学报，2022（4）.

[5]胡范铸，张虹倩，陈佳璇. 后疫情时代中文国际教育的挑战、机缘和对策[J]. 华文教学与研究，2022（2）.

[6]翟雪松，楚肖燕，等. 教育元宇宙：新一代互联网教育形态的创新与挑战[J]. 开放教育研究，2022（1）：34-42.

国际中文教师培养模式研究浅论

三亚学院人文与传播学院讲师　寇军强

三亚学院学生中心　陈小旭

2022 年 8 月，国家主席习近平复信马耳他圣玛格丽特中学"中国角"师生，鼓励更多马耳他青少年积极参与中马人文交流。习近平主席指出，天下大同、协和万邦是中华民族自古以来对人类社会的美好憧憬，也是构建人类命运共同体理念蕴含的文化渊源。人文交流是国际中文教育事业的核心任务之一。高校作为国际中文教育人才培养基地，承担着不可推卸的历史责任和光荣使命，应在人才培养中不断完善课程体系、培养模式以适应人文交流的需要。

一、国际中文教育学科专业现状

汉语国际教育作为本科专业，属于中国语言文学类，毕业授予文学学士。其实，汉语国际教育专业抑或与汉语言文学专业区别不大，只是汉语国际教育专业名称中有"国际"二字，昭示了授业面向。完成四年学业，少数毕业生能考取国际中文教师证书，但以公派或者志愿者身份出国工作的并不多。人多有志于教师职业的学生，以考取国内语文教师资格证为主，但目前国内中学招聘语文教师时，对专业要求基本以汉语言文学专业为主。

2022 年 9 月，教育部发布的《研究生教育学科专业目录（2022 年）》和《研究生教育学科专业目录管理办法》明确指出，汉语国际教育正式更名国际中文教育，隶属于一级学科教育学，授予教育学学位。笔者认为，汉语国际教育以隶属于教育学、属于师范类专业为佳，国际中文教师培养模式参照现行的中文师范生培养模式，区别在于外派国家的文化等课程。从学科发展考量，国际中文教育是教育学、心理学、中国语言文学、新闻传播学等学科交叉的复合型学科。从国际中文教师培养模式角度考量，建议本科至研究生教育阶段学科隶属统一，优化课程设置和培养体系标准，让学生有专业归属感。这样既有利于明确中文学习在国际中文教师职业中的基础性作用，又有利于学生理解国际中文教师职业的教育本质。

二、国际中文教师国内培养

在本科层次的汉语国际教育人才培养中，从培养方案来看，国内高校大同小异，基本由公共基础课、学科专业基础课、专业核心课、专业方向课、创新创业课以及实习、实践课等组成；从具体课程设置看，国内高校也区别不大，基本上有语言类课、文学类课、文化类课、教师教育类课、跨文化类课等；从就业看，少部分公派或者以志愿者身份出国教授中文，大部分留在国内工作。从就业反思教学和专业建设，笔者认为，作为汉语国际教育专业教育从业者，需重新审视新形势、新要求，反哺人才培养模式，培养带有中国标识、高校印记的国际中文教师，以服务国际中文教学之需、国际人文交流之需。

教学是教与学两个过程的合称，教学目标的达成既取决于教也依赖于学。不管是教师的教法还是学生知识习得过程，教学基本理论依然适用。当前，线上教学的广泛应用，既保障正常教学的开展又给传统课堂以有效补充，同时给国际中文教育改革提供新方法、新思路。

（一）国际中文教师基本知识储备

一是沟通和语言能力的培养。根据服务对象或者外派国家教学需要，增加本科生在校期间外语教学课程门数、课时安排，重点加强口语表达能力培养，考核安排以说为主兼顾听、读、写。二是掌握基本的教育教学原理，如教育学、教育心理学、教学法、学与教的心理学、教学设计、教育技术学等。三是语言类课程、文学和文化类课程的学习。语言类课程，重点研究现代汉语、古代汉语、语言学概论等课程；文学和文化类课程，重点研究古代文学、现当代文学、中国文化通论等课程。四是中文教师海外生活能力的培养。在校期间开设跨文化交际、海外文化、风俗习惯、饮食特色等方面的课程，为开展国际中文教学工作打好基础。五是课堂场域中具体实操环节，微格教学、教案撰写、幻灯片制作等。

（二）国际中文教师基本教学技能培养

1. 校内实训

修完相关课程，安排专门的指导教师，组织、指导学生撰写教案并给予评阅，合格后方可进入微观教学实训室。在录课阶段，要以教师的标准要求学生着装，注重仪容仪表、言谈举止等方面。录课完成后按照既定的规则和流程评课，指出学生实训上课期间的优点与不足，引导学生开展教学反思，告诉其"应该怎么样，为什么这样"。学生充分消化后再次出镜录课，直至全部达标。

2. 以赛代练，组织学生参加教学技能比赛

以汉语国际教育专业为依托，组织教学技能大赛，设置相应的奖项，要求全员参加。这样不仅可以丰富学生的课余生活，使其个人能力得到全面展示，还可以给学生提供锻炼机会，提升教学技能。

3. 参与校内留学生中文教学

较之海外国际中文教学，在校内母语环境中对留学生开展中文教学可以充分了解学生的诉求，并对教学方案进行有针对性的改进，为海外教学提供经验积累和教法支持。

4. 校外教育实习

参照国内师范专业培养模式，实习计划周期一般以一个学期为宜。在具体实习组织上，学校要安排专人带队并参与实习全过程、各环节，以及与实习单位协调管理等事宜。在实习的内容上，不局限于课程的教授、教学技能的锻炼，还要包含参与班级管理、实习单位教研活动以及学生管理工作。在实习制度安排上，带队教师借鉴"导师制"，做到每个学生都有指导教师，全流程参与整个教学过程。总之，校外实习要做到带着任务去，带着成果回，师生全面参与实习单位的教学及管理。

5. 外派国家线上教学观摩

在国际中文教师教学基本技能培养环节，外派国家实际教学场景、学生情况、教学过程、教学环节、教学管理等准备工作需在校内完成。在具体实操中，受费用、学生学业安排等情况制约，可以协调国外授课单位，通过线上的方式进行观摩，以第二课堂的方式单独进行。观摩结束后学生撰写观摩报告或者学习心得，指导教师做出批阅，并记录成绩。

（三）校内国际中文教师资质认定

完成国际中文教师国内培养后，面向汉语国际教育专业学生，组织教师职业资格认定。具体实施过程可以参考国内教师职业资格认定流程，免除教育教学理论课的考核环节，以专业课中相关课程的考核成绩作为依据。考核合格视为通过，不通过无法取得教师资格；教育教学理论课考核合格，进入说课和答辩环节，答辩通过取得教师资格，作为公派或者志愿者海外执教的准入条件之一，不通过，无法取得教学资质，不能到海外任教。

三、国际中文教师国外培养

（一）海外实习单位选择

海外教学实践是国际中文教师培养的重要环节，关乎国际中文教师培养质量。要保障实习效果，实习单位的选择是首要因素。就地域而言，首选东南亚地区，该地区与我国山水相连，文化相近，文脉相通，利于教学活动开展；就具体实习单位而言，首选一贯制学校，以初等教育学校为主，其他类型的国际中文教育机构兼顾，同时实习单位应有一定规模且管理规范，无安全隐患。

（二）外方落实实习计划

参照《国际汉语教师标准（2012 年版）》，分别就汉语教学基础、汉语教学方法、教学组织与课堂管理、中华文化与跨文化交际、职业道德与专业发展五个一级标准拟定实习标准，重点关注教育教学全流程、全过程参与，所学知识的实际应用，导师制的落实，第二课堂活动的开展以及人文交流。

（三）建立实习沟通机制

1. 指导教师与实习学生的沟通机制

落实实习细节，沟通机制必不可少，尤其是微观操作层面需建立指导教师与实习学生的紧密沟通机制。一则可以了解学生实习中存在的问题，及时满足实习学生的需求。同时可以查找课堂教学中存在的不足，优化教学计划。二则可以掌握实习学生非教学层面的精神需求。身在异国，可能会出现实习以外的其他困惑。指导教师应充分了解并尽可能满足学生的情感需求，使之更以饱满的精神状态完成实习工作。就形式而言，可以通过线上会议的形式进行，一周一次为宜。

2. 外方实习单位与派出单位的沟通机制

单位之间的沟通，以实习学生管理为根本内容，主要关注学生在海外是否遵纪守法，生活和工作条件的落实情况，如薪资待遇是否落地、出入境手续的办理等。通过与外派实习单位的沟通，学校可以及时掌握学生实习以外的其他状况，有利于及时发现和处理问题，有利于改进学生管理工作，为后续学生外派做准备。就形式而言，可以通过线上会议的形式进行，一月一次为宜。

（四）教学研讨与教学延伸

1. 教学研讨

教学研讨是教师职业成长的阶梯。教学研讨既是教学经验的分享也是教改成果的孵化。定期开展外派实习学生、外派实习单位、派出单位、指导教师及相关人员的教学研讨会，有利于促进实习学生的个人成长，有利于相关单位的沟通，有利于国际中文教育学科的发展。

2. 教学延伸——第二课堂开展

教室是教学的主要场所，是学生知识习得的阵地。第二课堂是传统教学的延伸，是师生交流和相互了解的窗口。在实习单位，开展"中国角"等形式的主题活动，让国际学生了解中国、了解"一带一路"倡议，了解"人类命运共同体"，讲好中国故事，激发国际学生对学习中文的兴趣，以便更好地开展国际中文教学。

四、综述

汉语国际教育作为本科专业，隶属于中国语言文学一级学科。在国际中文教师的培养中，通常按中文教师培养，学好外语即可，但这与《国际汉语教师标准》以及国外汉语教学实际相去甚远，导致学生海外就业难以及专业认知的迷失。随着中国综合国力和国际影响力持续增强，国际中文教师需求不断增加，作为汉语国际教育专业的从业者，必须直面问题，从供给侧发力，优化课程设置，创新人才培养模式，促进学科的健康发展。

就国际中文教师培养模式而言，笔者认为，首先，调整培养方案，体现课程设置的科学性与实用性。其次，协同"国内"和"国外"两个方面，开拓"国内"和"国外"两种资源，促成优秀国际中文教师的培养。最后，在国内培养期间，对照国内师范院校师范生培养的规格和标准，抓微格教学，抓国外教学线上观摩，抓教育实习，抓教师资质自我认定；在国外顶岗实习（国外培养）期间，抓协同，抓教研，抓落地，形成品牌，凝练特色，以促进国际中文教育专业健康发展和人才培养质量提升。

参考文献

[1]潘玉华. 国际比较视野下的汉语教师标准与素质研究[D]. 北京：中央民族大学，2015.

[2]吴应辉，梁宇. 交叉学科视域下国际中文教育学科理论体系与知识体系构建[J]. 教育研究，2020（12）：122-123.

[3]王治敏，胡水. 交叉学科背景下国际中文教育学科发展的困境与出路[J]. 华文教学与研究，2022（1）.

[4]胡范铸，张虹倩，陈佳璇. 后疫情时代中文国际教育的挑战、机缘和对策[J]. 华文教学与研究，2022（2）.

[5]蔡武. 近十五年国内外国际中文教师研究：回顾与展望[J]. 云南师范大学学报（对外汉语教学与研究版），2022，20（4）.

新媒体技术加持下
汉语国际教育发展路径探析

三亚学院人文与传播学院副教授　张　玲

改革开放以来，我国综合国力不断提升，在国际上的影响力日益扩大，中国文化以其悠久的历史、丰富的内涵和包容多元的特性，引起众多海外人士的兴趣和关注。同时，随着中国在全球化浪潮中的参与程度不断加深，让世界了解真实、立体、全面的中国成为汉语国际教育专业肩负的历史使命。

作为汉语国际教育的官方机构——教育部中外语言交流合作中心，在汉语国际教育和中国文化的国际化推广方面做出巨大的努力。该中心一方面依托孔子学院和孔子课堂，向海外输送大量汉语国际教育专业人才，助力各国中文教育发展，让更多的外国人能够近距离接触汉语和中国文化。另一方面，通过招收海外留学生，吸引世界各地学子进入中国高校进行汉语和中国文化的学习。

从 2004 年韩国首尔落地第一家孔子学院至今，世界各地孔子学院和孔子课堂陆续建立。截至 2021 年 12 月，通过中外合作的方式已经有 159 个国家和地区建立孔子学院和孔子课堂共 1500 多所，累计培养各类学员达 1300 多万人。除此之外，汉语教育还以其他多元的合作形式，在世界各地生根发芽。据统计，有 180 多个国家开展了中文教育项目，76 个国家的国民教育体系中加入了中文项目，而各国中小学中开设中文课程的学校超过了 7.5 万所。截至 2022 年，世界各国（不含中国）学习汉语的人数超过 2500 万，海外学习和使用汉语的累计人数已经超过 2 亿。

新媒体主要指基于数字技术、网络技术及其他现代信息技术或通信技术的，具有互动性、融合性的媒介形态和平台。相较于传统的媒体形式，新媒体具有传播范围广、传播效率高、传播成本低等优势。各种新媒体平台随着互联网特别是移动互联网的发展迅速走进千家万户。汉语国际教育在某种意义上也是一种传播活动，将其融入新媒体传播，能解决很多传统教学模式无法解决的问题。

一、各类新媒体平台为汉语国际教育的线上教学提供便利

当下，汉语国际教育面临挑战与机遇并存的局面。主动转变教学模式，将传统的线下教学转向线上，是汉语国际教育发展的必然选择之一。

全球性的新媒体线上教育平台近几年实现了跨越式发展，不仅出现一系列如腾讯会议、钉钉等线上教育直播平台，也涌现出大量学习应用程序、慕课等多种多样的汉语线上课程资源。直播平台中，钉钉和腾讯会议因其操作的便利和强大的功能成为众多汉语国际教育线上直播的首选平台。而在慕课类在线课程方面，汉语国际教育的内容更为丰富，可以满足多元化的学习需求。比如，清华大学制作的《对外汉语》，作为汉语国际教育的国家级的精品慕课，在 2018 年的全球慕课排行榜中名列前 50。而北京大学制作的"汉语教学慕课资源库"系列课程，更是以内容细致全面而闻名，包括 6 大板块合计 17 门课程，并根据相应的汉语学习水平设计了一系列的练习内容，被部分学习者戏称为"保姆级教程"。除此之外，北京师范大学、北京语言大学等高校也推出了针对不同汉语学习需求的线上慕课内容，为学习汉语的学生提供了极大的便利。与此同时，各类汉语学习数字平台纷纷上线：专注于汉语口语训练的 Aha Chinese，提升读写能力的 Level Chinese，做汉语分级阅读的 I Chinese Reader，等等。

这些线上平台极大地减少了客观环境对汉语国际教育的负面影响。首先，汉语国际教育利用直播、慕课等各类新媒体平台进行汉语教学，打破了空间的限制，使远隔重洋的留学生可以通过线上学习中文。其次，这些丰富的线上平台也削弱了时差对于汉语国际线上教育的影响，让学生能够

利用碎片化的时间完成汉语的学习。有的应用程序设置个性化功能，让学生能够根据自身的学习水平进行有针对性的练习，达到较好的学习效果。最后，大量的线上平台内容是免费的，或者费用较低，降低了学生学习汉语的经济成本。

二、通过新媒体搭建文化交流的桥梁

传播中国文化，让更多不同文化背景的人认识、接受并喜欢上中国文化，同时让更多的外国人来到中国，把他们的文化带进来，让更多的中国人看到丰富多彩的世界，从而实现文化的双向交流，这是汉语国际教育的重要使命之一。

因此，在传统的课程设计中，汉语国际教育的教师一方面会通过带学生写毛笔书法、听中国传统戏曲、做传统手工艺品以及尝试汉服表演等方式，来激发学生对中华优秀传统文化的兴趣；另一方面，也会让学生在课堂上展现自己国家的文化艺术特色。在这个过程中，不同文化间的交流、比较、碰撞，让学生形成丰富的文化认知。这样的文化传播活动无疑是有趣和有益的。从教师的教学经验来看，这种教学方式的确起到了良好的教学效果。但是，随着教学环境和教学方式的变化，之前的这些教学手段显然无法达到相应的教学目的。如何解决这些问题？近年来，新媒体传播中的众多成功案例，为这些问题的解决提供了一些新思路。

2018 年，一个普普通通的四川女孩开始走红网络，她拍摄的中国农村生活视频以"四季更替，适时而食"为主题，包含大量中国传统美食和手工艺品的制作过程，画面唯美、清新，在展现袅袅烟火气的同时又表达了田园生活纯净质朴的野趣。这个女孩就是李子柒，她从 2015 年开始进行视频创作，最初在美拍发布，2016 年开始在各大视频平台传播，受到越来越多的人关注。2017 年，李子柒的部分作品浏览量过千万，点赞数十万，同时其作品还在海外视频平台 YouTube 上播放，向全世界展示中国传统文化的魅力，受到广大海外网友的追捧，粉丝量迅速过百万。2018 年，李子柒获得 YouTube 白银创作者奖牌。

作为交换生来中国留学的挪威小伙子克里斯，用自己的方式向大家展示了文化交流传播的另一种可能性。克里斯和同学何建宏共同运营的账号"老外克里斯"，以中外文化差异为切入点，将挪威文化介绍给中国网友，也把中国文化传播给北欧大众。他们制作的视频不仅有趣，而且有料，能让大家捧腹的同时，领略到不同的文化之美。央视新闻评价其视频"让更多的人看到不同的文化，不同的背景"，挪威媒体也对其在文化传播方面所取得的成绩给予肯定。

短视频作为当下融媒体的主流产品，在承袭新媒体社交、分享、互动等属性的同时，给予用户更丰富的感官体验，这些特性奠定了短视频在当下"流量王者"的地位。因此，用短视频的方式来进行文化的交流和传播，往往能取得事半功倍的效果。在这些视频中，制作者将文化信息实物化、动态化、场景化，让曾经只停留于文字描述或者图片展示的内容，以动态的形式生动地呈现在新媒体用户面前，使这些内容可体验、可触摸、可对话、可亲近，这样的方式，让这些传统的文化内容不再是故纸堆里冷冰冰的文字，而是具有生命力和烟火气的生活日常。因此，短视频所带来的内容体验，是很多媒体形态无法实现的。

当然，新媒体传播方式不仅仅限于短视频，文字、图片、声音等各种媒体形式都可以通过新媒体平台进行广泛的传播，这让不同文化交流互鉴成为可能。

三、汉语国际教育的新媒体线上教学面临挑战

毋庸置疑，汉语国际教育将新媒体技术引入教学中来，解决了一些教学问题。同时，在新媒体环境中，汉语国际教育的教学活动也面临新的挑战。

首先，汉语国际教育的生源分布广泛，往往涉及多个时区的国家和地区，这会让学生面临学习和生活之间的冲突，影响学生的在线学习效果。一些远在异国的学生不得不开启深夜课堂的学习模式，严重影响学生的日常生活，使其无法保证学习效果。另外，不同国家和地区的基础设施配套

水平有差异，有的留学生所在的地区因为基础配套不足，经常出现停电、断网等情况，使其无法保证上课时间。

其次，线上课相关配套不足，影响线上授课效果，主要表现在两个方面。一是一些线上教育平台的教学内容开发不足，不能完全满足国际中文教育的线上授课需求。虽然目前线上教育处于风口位置，各种直播和慕课的平台层出不穷，但是这些平台具有的功能仍不能完全满足教学的需要。对于国际中文教育来说，最直观和突出的问题就是线上平台互动性功能不足，无法满足课程教学中师生之间进行多方互动的需求。另外，课程考核以及课堂管理也因平台功能所限，不能得到很好的保障。二是实施线上教学对网络和设备有一些基本要求，不同国家和地区的互联网普及与应用水平存在差异，缺少智能手机、电脑这些基本的网课设备会使部分学生不得不放弃线上课程的学习。

最后，教学模式单一，不能达到良好的线上教学效果。从授课方式来看，线下的课堂教学，教学内容按照教学计划有序推进，以教师讲授为主、学生课堂练习为辅的方式进行。传统的线下教学模式保证了教学内容的饱满，教师能够通过与学生面对面的交流和课后作业情况获得教学反馈，并根据这些反馈及时调整教学方案，以求教学效果的最大化。

线上教学因其具有跨时空教学的特性，如果照搬线下课堂的授课方式，是无法达到良好的教学效果的。一方面，线上教学如果以教师教授为主，学生面对屏幕，课堂参与感降低，缺乏学习热情，师生互动不足。另一方面，教师无法得到学生学习情况的实时反馈。虽然师生也能通过语音和文字进行交流，但是教师无法及时了解学生的表情、动作以及实时的学习状态，更不用说根据课堂的具体情况及时进行内容和教学方式的调整。

四、汉语国际教育未来的发展路径

汉语国际教育和互联网的结合是大势所趋。如何利用好互联网技术，发挥其在汉语国际教育中的优势，弥补线上教学中存在的不足，是汉语国际教育思考未来发展的必答题。现阶段来看，有以下几方面的工作要做。

（一）进行教学改革，适应线上教学新模式

针对线上教学学生参与度低、互动性弱的情况，教师需要对教学方式进行及时的调整，需要将线下课堂中的"以教师为中心"转变为"以学生为中心"。教师在线上教学当中要及时转变思路，加强指导和督促。教师在课程开始前可以适当提前进入"线上课堂"，利用这段时间了解学生到课情况，并进行课前必要的交流，适当弥补线上课程情感沟通不足和课堂氛围缺失的问题。在教学内容上，针对线上教学的特征，形成层级性、实操性、系统性的内容结构，即以课程目标为导向，以总目标、分目标为层级的课程内容安排；结合层级内容安排具体可实施的操练任务，并给予明确的评价和反馈；任务和任务间形成并联或推进整体任务线或任务面的逻辑关系，从而构成一个完整的学习闭环，达到良好的学习效果。

（二）完善线上平台配套，促进线上教学的长期健康发展

在越来越多的人感受到线上学习的优越性后，必然会有更多的汉语学习者采用这种方式来进行学习，线上线下相结合的教学方式也是未来汉语国际教育的主流。

汉语国际教育有其教学的特殊性，目前线上教学平台的功能设计是通用型的，考虑的是一般线上教学的共性需求，这就导致汉语国际教育的线上教学常常需要跨平台操作，直播的时候用钉钉，线上辅导时选择微信或者其他社交功能更强大的软件。如果涉及不同年龄段的汉语学习者，平台的选择就会更加复杂。现有的平台只能满足汉语国际教育基本的教学需求，无法将线上教育的优势最大化，只有对平台功能进一步优化，或者有针对性地开发出相关的软件，才能有效地促进汉语国际教育线上教学长期健康发展。

随着"一带一路"建设不断推进，中国和沿线国家的联系越来越紧密。这些国家和地区的汉语国际教育项目呈稳定增长的态势，孔子学院、孔子课堂以及各类教育项目数量都在不断增加，汉语国际教育未来的发展空间广阔。当下，汉语国际教育的从业者需要不断提升教学水平，为汉语国际教育的发展贡献力量。

参考文献

[1]刘东青，李晓东.新冠肺炎疫情背景下的"一带一路"汉语国际教育发展策略[J].黑龙江教育，2022（5）：10-13.

[2]刘力，夏宇华，余傲然.国内外汉语国际教育现状研究及"1+2"构想[J].科技视界，2020（14）.

[3]高金波.汉语国际教育线上教学模式优劣势分析与应对研究[J].空中美语，2021（6）.

[4]吕军伟，张丽维.基于"互联网+"的汉语国际教育在线互动教学平台建设现状研究[J].前沿，2017（8）.

[5]陈菁菁，陈磊.反思新冠肺炎期间汉语国际教育线上教学的利与弊[J].教师，2020（11）.

[6]崔希亮.汉语国际教育与人类命运共同体[J].世界汉语教学，2018（4）.

教育数字化背景下汉语国际教育专业选修课程创新实践

——以三亚学院国际幼儿教育课程为例

三亚学院人文与传播学院讲师　罗　芳

一、引言

随着新一轮信息技术革命和产业变革的深入推进，数字化技术深度融入教育行业，重塑教育的形态。《教育部 2022 年工作要点》提出，实施教育数字化战略行动，强化需求牵引、深化融合、创新赋能、应用驱动，积极发展"互联网+教育"，加快推进教育数字化转型和智能化升级。在此背景下，学科建设应创新数字化技术应用与教育教学的深度融合，突出专业特色、优化课程设置，走出一条创新发展之路。

心理学和语言学的研究认为，儿童语言习得的最佳年龄是 3 至 6 岁。随着全球化进一步发展和我国国际影响力逐步扩大，汉语国际教育市场需求呈现低龄化的趋势。同时，无论是发达国家还是发展中国家，国际中文教育的低龄化趋势呈现加快发展的特点。据统计，海外学习汉语的学生低龄化水平可能已达 50%，一些国家甚至达到或超过 60%。

国际幼教事业的发展在呼应教育数字化战略的同时，更要满足社会发展需求，重点培养数字时代的高素质幼儿教师和低龄教育执业人员。为满足我国语言推广事业的需求，2022 年三亚学院人文与传播学院在汉语国际教育专业中开设国际幼儿教育人才培养课程，以数字化技术为驱动，以课程建设为载体，引入汉语国际教育优质教育机构，采取校企合作的手段，在选课机制改革、课程平台升级、学习资源建设等方面逐步优化，走出了一条行之有效、特色鲜明的创新发展之路。

二、选修课程体系改革，支撑多元化人才培养

（一）选修课程建设改革的需求研究与创新点

课程是人才队伍建设的关键要素，课程品质一定程度决定了人才的培养品质。选修课程是应用型大学专业课程体系中的重要组成部分，对于提升大学生的核心素养、知识面及综合素质具有重要意义。但现实中高等教育阶段选修课设置上仍普遍存在相对课时量少、师资配备不足、场地设备欠缺、教学内容不一致、教学方式单一等问题。

与必修课程相比，选修课课程内容与职业技能等级证书紧密相关，其教学方式和方法灵活，考核机制多元化，课堂教学自由度高。国际幼儿教育课程的设置与优化以需求为核心，逆向分析整个国际低龄教育市场的需求，从课程设定、评价制度、教学策略、课程网络资源等多个方面设计教学体系。

（二）选修课程建设的基本要求

选修课程建设的前提条件是既要确保学科发展、知识结构完整，又要支持学生的持续发展和个性化发展。

一是课程建设始终围绕人才培养目标。课程建设要在人才培养方案的总体框架下统筹规划布局，服务于培养符合要求的师资。据不完全统计，各国核心素养架构中较为共性的提议包括创业创新素质、批判性思考、解决问题能力、学习培训能力、社会公民素养、交流合作能力、自我提升与自我约束、科学素养等。

二是通过有效评价保障师资培养的质量。回答这个问题，需要先回答评价的出发点是侧重教师教了什么还是学生学了什么。国际幼儿教育课程设置改革的目标之一是建立含有元认知元素的三级评价体系，可以从低阶到高阶了解学生的学习效果，以保证学习的有效性。元认知元素的三级评价体系包括"陈述性元认知（是什么）""过程知识的元认知（如何做）"

"条件性知识（如何使用知识）"三个元素。在选修课教学改革中，运用含有元认知元素的纵向三级评价体系，有意识地培养学生从"学会"到"会学"的过程，提高运用知识的能力，从而确认学生的元认知水平。

条件性知识对教师的培养有积极意义，如增加过程性评价，课程嵌入式测试、效果评价、态度评价等新的多样化的评价方式对于增进学习效果有正向作用。建立含有元认知元素的评价体系对学生自主学习的意愿有积极正面的导向性。学生就学习过程进行反思与表达，多维度、多角度地观察与反思是体验学习过程的重要环节。

评价体系中对元认知元素的设计可以辅助学生进行元认知反思。含有元认知元素的三级评价体系的横向三个维度是教师对学生的评价、学生对课程的评价与学院对课程的评价。中期增加学生对学生、企业对课程内容的评价；中后期增加课程流量的数据作为评价指标。评价并不是考核课程的唯一指标，只能作为阶段性的参考指标，在多维评价的支持下，逐步迭代优化选修课课程的有效性、实用性和引领性。

三是通过对心流理论的应用，对课程内容的任务化设计，从不同的认知角度为多元化的人才培养提供学习支持。心理学家米哈里·契克森米哈赖定义"心流"为一种将个体注意力完全投注在某种活动上的感觉；心流产生的同时会有高度的兴奋及充实感。米哈里·契克森米哈赖提出使心流发生的活动有以下特征（见表2-4-1）。

表2-4-1　心流发生的九个活动

1. 我们倾向去从事的活动
2. 我们会专注的活动
3. 有清楚目标的活动
4. 有立即回馈的活动
5. 我们对这项活动有主控感
6. 在从事活动时我们的忧虑感消失
7. 主观的时间感改变，如可以从事很长的时间而不感觉时间的消逝

8. 我们对于所从事的活动是力所能及的，且具有一定挑战的，我们可以通过不断的练习来提升能力跨越更高的难关
9. 可能带来心流的活动，如有棋类活动、对抗竞技、舞蹈、攀岩、编程、绘画、游戏。认真专注地进行任意一种活动，以上项目不必同时全部存在才能使心流产生

针对多数学生对持续学习选修课意愿度低的问题，多名学者强调，在智慧学习场景中，应用心流理论能够提升学习愉悦感和学习效率的有效性，能够帮助学生保持持续学习的意愿。

导入心流理论，将真实职场问题融入学习中，以完成任务或解决问题的方式引导学生思考的创新设计，为国际幼儿教育人才培养提供新的课程改革方向。

四是"跨学科"课程资源建设有一定的正面心理暗示作用，积极的心理暗示能将优势学科的学习成果转移至不擅长或者有挑战的学科。

首先，选修课教学改革中，需要结合优势理论和多元智能理论挑选课程资源，这样的课程资源建设才能有助于学生构建心理优势，大大提升学生对学习的意愿度、自信心。有研究证明，在多元智能理论下，教学过程中使用积极心理暗示能有效地规避缺乏学习主动性的问题。

其次，选修课在"交叉学科"课程资源的选择中，课程多样性本身形成了不同维度的心理暗示方式。学生在多维度选修课中总能找到自己的优势学科。对于优势学科的愉悦感，较为容易在持续的课程评价中得到累积与强化，从而建立正面的心理暗示。这种积极的、愉悦的心理暗示可能在一定程度上将学生在优势学科的学习效果转移至不擅长或者有挑战的学科。

最后，当今的国际幼儿教育专业毕业的学生不一定从事幼教工作，其他低龄段的教育相关机构，如儿童博物馆、托育早教机构、儿童玩具公司、教育软件开发公司等儿童产业链上、中、下游的各个终端都有可能是他们的职业方向，单一维度的课程资源是无法合理支持学生多维度的职业选择的。从选课角度上，选修课实质上并不是强制性的学分课程。这种将强制选择改为有限选择的心理效应，让学生从心理上感觉拥有更多的选择权，能对自己的学习生活有更多的掌控。有限的选择能带来积极的效果，学生对自己的选择也会更加满意。

选修课程的教学改革建设为多元化人才培养提供广泛的教学支持，在改革中初步尝试重构国际幼儿教师培养的教学生态环境，为国际幼儿教育人才培养高质量发展造就个性化、沉浸式体验的教学与空间。选修课程设计者通过现有在线学习平台的组合或者积极主动接触新的智慧学习平台产品，结合校园内的技术资源、师生资源、环境资源、本地文化资源，跨学科、跨专业自主创新教学模式；同时，结合市场需求和学生成长发展的需要，为"学历证书+若干职业技能等级证书"的项目实践提供新的课程设计改革方向。

三、基于"互联网+"视域下的线上教学系统

（一）人工智能交互课程模式，基于激励理论的智能工作场景模拟

对在线学习中交互行为的研究发现，课程内容情境化、课程模式体验化与学生问题解决能力、逻辑思维能力、创新能力和迁移能力等高阶能力有正向相关性。在开放鼓励的学习环境中，学生有机会发挥自主意识，就有能力在学习的过程中，将新的学习内容和自己的已有知识建立联系，从而构建意义。内部动机有助于增加学生在多媒体学习过程中的认知投入，单纯依靠国内外优质慕课平台大量单一输出的课程很难保持学生学习的兴趣，更难帮助学生完成学习的闭环管理。比如，线上课程被赋予真实工作场景中的故事线索能够更好地帮助学生"知其然，更知其所以然"。在课程设计初期，将交互叙事运用到选修课中可以提升课程的趣味性和真实性，部分问题解决型课程，还能通过树状叙事结构，针对同一知识点，设计出几套难易度不同的内容。这样有利于实现将不同学习水平的学生分流到与其学习能力相匹配的课程模块中，以确保其学业水平能够完成当前教学难度，进而实现高效学习。

（二）"云课堂"教学模式的探索

在选修课课程体系里，SPOC+慕课堂相对单向输出的教学形式存在一定

不足，国际幼儿教育选修课课程教学中尝试融合"SPOC+慕课堂+腾讯会议+微信群"四位一体的云课程教学模式。

　　针对本科阶段理论学习容易让学生感觉枯燥的问题，一部分选修课程的学习会以具体工作场景模拟现实中的幼儿园，用真实发生过的案例建立学习任务，帮助学生从结果出发，自主学习新的知识技能。根据关于学习动机的研究，课程只有吸引学生的注意力，学生才能进行有效的学习。因此，包括在教学材料中添加有趣的词汇、声音和图像这样的激励策略，通常被教学设计者用来激发和保持学生在课堂上的兴奋感和参与度。

　　研究还发现，情绪反应对学生动机具有普遍影响。在云课堂管理平台上，从交互设计时期就关注情绪及其与动机的内在联系的教学改革，合乎当代学生心理特征的线上"学习意愿开关"。另一些"选修课"创新课程会在网络平台项目里以每日任务书的方式不断提醒，积极暗示，正面引导学生先尝试了解真实的问题，根据问题寻找解决方案。学生在主动领取任务书的过程中，会用自己的方式弥补所欠缺的基础知识，并进一步整合新知识，从而逐步完成目标任务。

　　创新考评方式，采取"招投标式"项目论文答辩和论文公开路演能够进一步提升学生综合能力。从论文立项到项目团队预置再到项目团队协作，从项目的前置需求分析到创业项目的形成和发布，每一个学习动作都可以清楚体现学生的高阶能力。教学改革后的在线选修课模式，更有利于扩大学生专业能力的深度和广度，还能协助学生快速自主获得相对应的专业技能，规避师资短缺、场地不足等短时间内无法兼顾的现实问题。

（三）虚拟场景打造，探索元宇宙时代的未来教育

　　在教学应用领域中，元宇宙教育所需要的沉浸感和互动性是虚拟技术最突出的特点。可以利用虚拟现实、增强现实、云计算、大数据和人工智能等先进技术，为国际幼儿教育课程打造终身学习社区。虚拟技术的合理应用可以有效地增强学生学习过程中的体验感。例如，应用虚拟现实技术可以系统培养师范学生检测注意缺陷多动障碍的能力。展望高等教育的未来，元宇宙教育生态中学校与学生、网络世界与现实社会的交互融合等特征，有利于教育元宇宙创新人才培养模式的构建和进一步发展。

基于"互联网+"视域下的线上教学系统，在选修课的教学内容设计上，尝试开发人工智能交互课程模式，帮助学生从被动学习到主动探索；在选修课的云课堂平台选择上，关注能够提升学生学习意愿、保持学生注意力的管理平台或者组合平台；在选修课的课程资源选择上，通过产教融合项目的优势，借助企业的科技力量，为学生创建前沿教育科技的学习机会。从"互联网+"的维度创建具有前瞻性和创造力的就业技能体系，融合校内外课程资源，构建国际幼儿教育人才培养中的选修课程体系。

四、逐步深化产教融合服务，建立开放的选修课学习生态圈

在选修课程的教学改革中，学校与合作伙伴成立专项课程教研组，共同研讨如何借鉴各国职教实践经验；在创新选修课体系的探索中，探讨互联网时代国际幼儿教育人才培养的可行性，探索产教融合创新生态系统下的课程建设。产教融合、校企合作是高质量应用型人才培养的重要一环。

通过选修课程的教学改革，三亚学院整合市场上拥有优质内容的学习资源，协同搭建覆盖职前及继续教育多层次的课程体系，为国际幼儿教育人才培养赋予终身职业发展的网络资源和服务平台。

五、结语

数字化和国际化的双重背景下，汉语国际教育的选修课体系改革扩展了教育学关于教育范畴和教学内容选择的基准与范围。通过数字化技术驱动、产教融合机制整合需求，企业基于经济发展的"功利性"目标与学校基于个性发展的"公益性"目标能够有机集成和互补。三亚学院发展以产学研用结合为途径的人才培养模式，以选修课为课程改革的切入点，协同学院附属幼儿园等相关行业企业共同建设具有高水平专业化的产教融合实训基地和创新创业实验中心，逐步打造和形成面向海外需求的国际幼儿教育人才培养标准体系和职业标准体系。

参考文献

[1]田秀玉，严仲连．动机理论下幼儿教师持续学习的激励研究[J]．早期教育，2022（7-8）．

[2]陈举．新时代师范生专业知识的生成逻辑与融合路径[J]．黑龙江高教研究，2022（7）．

[3]雒亮，祝智庭．元宇宙的教育实践价值与目标路径辨析[J]．中国远程教育，2022（6）．

[4]施渊吉，黄小东，吕冬明，等．职业教育现代化建设背景下基于知识生产新模式的产教融合创新生态系统构建[J]．产业与科技论坛，2021（20）：225-226．

[5]陈莉，张吟．国际中文教育的学习者需求特征分析[J]．扬州大学学报（人文社会科学版），2021（6）：111-119．

[6]谭天美，欧素菊．基于工作坊学习的教师教育教学模式改革——以《教育学》课程为例[J]．高教论坛，2020（8）：38-41．

[7]邓映峰，谢宾．高职院校公共选修课课程体系的构建与课程开发[J]．中国多媒体与网络教学学报（中旬刊），2020（8）．

[8]王丽彬．基于体验学习理论的Scratch信息技术课程教学设计与应用研究[D]．昆明：云南师范大学，2020（1）：113．

[9]李宇明．积极应对海外汉语学习者低龄化带来的挑战[A]．商务印书馆有限公司，2019：266-267

[10]张松才．论"互联网+"背景下通识教育网络选修课的误区——基于团组教学的思考[J]．长江工程职业技术学院学报，2019（1）：22-25．

[11]李宇明．海外汉语学习者低龄化的思考[J]．世界汉语教学，2018（3）．

[12]丛晓芳．高职院校通识选修课教学改革的困境与出路[J]．机械职业教育，2017（4）．

[本文系课题"AI时代国际幼儿教育人才培养产教融合创新生态系统的构建研究"阶段性研究成果。]

汉语国际教育专业英语课程教学研究

三亚学院人文与传播学院助教　刘　聪

随着全球化深入发展，各国对中文学习的需求持续旺盛。在中外各方面共同努力下，国际中文教育蓬勃发展，有力促进了中外人文交流、文明互鉴、民心相通，彰显了语言学习交流在推动构建人类命运共同体中的重要作用。

然而，目前汉语国际教育专业的英语课程教学实践中出现英语课程教学重点有失偏颇、对学生学习需求出现理解性偏差等问题。本文透过专门用途英语视角，从英语课程和汉语国际教育专业的联系出发，分别从教师和学生的角度对汉语国际教育专业中英语课程的不足进行探讨，探寻英语教学改革的新路径。

一、英语课程与汉语国际教育专业的联系

（一）专门用途英语与一般用途英语的区别

一般用途英语即 EGP（English for General Purpose）。这种类型的英语教学方式主要针对中学的基础英语教学，内容包括基本的语音、词汇、语法等知识的讲授。大学阶段，各大高校普遍开展的公共基础英语课也属于一般用途英语的范畴，或者从专业角度来说，也可以称其为学术英语（English for Academic Purpose，EAP）。与一般用途英语相对应的是专门用途英语（English for Special Purpose，ESP），指的是具有专业用途并且和某种特定职业有关的英语，这个概念是由学者韩礼德在《语言科学与语言教学》一书中提出的。专业用途英语和一般用途英语的主要区别在于学习者对英

语学习的目的不同。学习者在英语学习的初期会倾向于一般用途英语教学法，目的是奠定良好的英语学习基础。为了满足学习者继续深造等需求，他们的学习目的逐渐专业化和精准化，因此大部分学习者从一般用途英语过渡到专业用途英语的学习中。

（二）汉语国际教育专业英语类课程的作用

汉语国际教育专业是一门需要同时熟练掌握汉语和外语的学科。教育部发布的《普通高等学校本科专业类教学国家质量标准》对本专业的要求是，以马克思主义为指导，积极传播优秀的中华文化和语言，以培养社会所需的人才为目标，树立学生正确的思想，落实以汉语教学和研究为主要内容的专业培养。《外国语言文学类教学质量国家标准》提出，学生通过学习可以树立正确的人生观和价值观，拥有良好的爱国情操、社会责任感和广阔的国际视野。外语类课堂则是汉语国际教育专业学生了解国内外形势，学习异域文化的一种有效方式。因此，发掘现阶段本专业外语课堂中存在的问题并提出解决方式，将课程创新落实到课程改革中去，将对汉语国际教育专业的提升带来正面的积极影响。

（三）汉语国际教育专业专门用途英语课程的特点

汉语国际教育专业中的英语课程存在三个特点，即直观性、人文性和实用性。学生拥有扎实的双语基础知识和实际运用能力是本专业的教学目标之一，大部分学生毕业后的职业规划是从事国际汉语教学、推广工作，或是在国内外的相关文化企业从事双语型、复合型、实践型的工作。而对本专业学生外语培养的要求则是在听、说、读、写、译这五方面进行全方位提升并且具备可以灵活使用该门外语进行生活和工作上的交流。

目前，各大高校的汉语国际教育专业外语课程计划通常会安排综合英语或大学英语、英语视听说、西方文学概况、英语阅读和写作等课程。学生通过相关课程的学习，提高各方面的英语综合能力，体现了课程的直观性。同时，学生可以通过英语视听说和英美概况等课程了解和学习西方国家的人文风情、文化习俗，包括生活、学习、工作等方面不同的理念，并将这些理念与实际的课堂内容紧密结合起来。但由于文化环境和历史背景不同，学生对课程中的文化知识以及英语实际使用会存在一定的距离感，这也是汉语国际教育英语课堂教学中需要攻克的难点之一。

(四) 汉语国际教育专业师生英语能力的要求和标准

为促进汉语国际教育事业的发展、适应课堂教学的需求、规范教学人员的专业标准，国家汉语国际推广领导小组办公室组织编制了《国际汉语教师标准（2012年版）》（以下简称《标准》）。该《标准》对汉语教学工作者提出了语言知识与技能、文化与交际、第二外语教学与策略以及综合素质等多方面的要求，这些要求和标准也是为培养"涉外型、复合型、实用型"汉语言对外教学人才的体现。其具体的内容则表现在学生具备良好的外语听、说、读、写、译能力，在工作和生活场景中熟练使用英语，可以自如地使用英语来介绍中华优秀传统文化与中国的基本国情。该《标准》的提出，不仅对提升英语教师的专业能力指明了方向，同时为汉语国际教育专业英语课程的内容设置点明了重点。

二、教师在汉语国际教育专业英语课堂中的困境

(一) 英语水平和教学能力不足

目前，各大高校中汉语国际教育专业的英语教师多为纯英语文学专业方向，缺乏一定的汉语和师范教育背景。因此，学校应根据本专业英语教师的实际需求，为其提供专项培训，以此提升教师在专业用途英语上的能力和素养，从而更好地满足学生对汉语国际教育专业英语教师的需求。

除了教师英语教学能力不足以外，教学过程还存在方法单一的问题。由于高校英语课堂受教材、学生人数、考核方式等影响，一般依据以"教师为中心"的原则，而不是将学生放在主体地位，导致学生参与双语课堂训练的机会较少。因此本专业的英语教师需要更新教学方式，转变课堂主体，使学生能够在课堂上进行大量的口语训练和教学实操，熟练运用英语完成教学任务和提高跨文化交流的交际能力。

(二) 课堂安排不合理，实用性不强等问题

一般来说，国际中文教师需要良好的沟通和交际能力，这种能力需要

通过大量的专项口语训练才能获得。根据目前培养方案来看,专门针对英语听说训练的专门用途英语教学课程普遍偏少,而以综合英语为主的一般用途英语教学课程仍然占据了汉语国际教育专业外语学习的主体地位。

当前,汉语国际教育专业英语课程使用的教材以阅读类为主,在教学方面以提高学生的文献查阅能力为主。尽管阅读类教材内容可以帮助学生了解海内外的文化差异,开阔眼界,但是和汉语国际教育专业直接相关的内容并不多,学生的双语操练无法实施,这种情况可能导致有的学生外语成绩很好,但是无法进行实操授课的局面。与此同时,汉语国际教育中的英语课属于特殊用途英语,相比于一般用途英语在教学过程中有统一的检验标准,特殊用途英语更偏重于实用性。所以,在教学设计上不应该采用以理论知识传授为重点的翻译法,而是应该采取情境教学法、任务型教学法、听说法等多种形式相结合的讲授方式,使学生主动地获取知识并在学习过程中运用知识,以此提高语言的实用性。

三、汉语国际教育专业学生英语能力培养

(一) 学生的英语学习需求

汉语国际教育专业学生的英语学习需求受到英语学习动机、专业理论知识需求和英语技能使用需求三方面的影响。从学习动机上来看,占半数的汉语国际教育专业学生是为了毕业后从事与本专业相关的工作或考取英语能力证书,如大学英语四六级、专业英语四八级等。仅少数比例的学生是因为自我兴趣或是专业必修课等原因选择学习英语。由此可见,本专业学生学习英语的动机大多是以实用性为主,这恰好符合了汉语国际教育专业的英语课程属于特殊用途英语的特征。

从英语专业知识的角度上来看,学生对英语的实际运用技能和英语词汇知识需求较多,而对语法知识和语音知识的需求较小。这反映出受教育者在基础教育阶段的一般用途英语学习中已经对基础的英语语法和语音知识有了一定的了解,在过渡到目前的特殊用途英语后他们更需要自如地使用英语。因此,各高校在课程安排上可以根据学生的实际需求做出课程内

容和计划上的调整，以此满足学生的需求。在英语运用技能需求这一板块上，大部分学生对提升听说能力的需求最高，倒数前三的需求分别是英语阅读能力、英语翻译能力和英语写作能力。这个结果再次印证了"实践性"和"实用性"是汉语国际教育专业英语课程的重要属性。因此，教师在课堂上除了提高学生的英语理论知识储备外，还应多提供学生使用英语的机会，以此来加强他们的综合运用英语的能力。

（二）英语听说课程设置对学生英语能力的影响

《普通高等学校本科专业目录和专业介绍》对汉语国际教育专业的学生提出了外语方面的能力要求，即"较全面的听、说、读、写、译能力"。受教育者从基础教育初始阶段受到一般用途英语的应试教育影响，普遍在英语的阅读、写作和翻译能力方面表现较好，而英语的听力和口语表达能力相对较弱。在特殊用途英语阶段，由于实用性在英语课堂需求上占据主要地位，学生应该加强英语听说方面的训练。但由于课程设置方面的原因，高校英语听说课程安排较少，且没有专门针对汉语国际教育专业设计的英语听说教材。大多数高校在汉语国际教育专业中使用的教材为一般用途英语的大学英语听说教材，这种情况导致教学内容无法和学生的实际需求相贴合，不利于学生的专业化发展。

除此之外，听说课程的不足势必会导致学生的英语表达能力欠缺。英语的听力和口语是相互作用、相互影响的，如果不在教学初期将学生的语音语调打好基础，以至于养成错误的发音习惯，那么后期不仅会导致他们无法正确地表达想要阐述的内容，而且会无法听懂正确发音所要表达的句子。这将会在他们走上教学岗位后造成工作上的困扰。

（三）文化导入对汉语国际教育专业学生的影响

语言作为文化的载体，在外语学习过程中会潜移默化受到不同文化带来的影响。在英语课程中，文化导入是以英语为母语的西方国家基本生活场景、学生未来工作对象国的背景以及中国的历史、文化概况为主。这些文化渗透会影响日常生活中的各个方面，如我国的时间表达是以"年、月、日"的顺序进行表达，而在英式英语和美式英语中分别是以"日、月、年"

和"月、日、年"的顺序进行表述，在这些方面学生容易混淆，教师就应当进行详细的讲解和区分。其次，在汉语广受欢迎的东南亚地区有自己的风俗习惯。比如，泰国的水灯节，这不仅是一个祈求平安的日子，同时也是泰国传统的情人节。此时教师就可以引导学生将水灯节和我国的七夕节进行对比，并给学生增加一些相关的词汇知识。中华优秀传统文化学生都比较清楚，因此在文化导入学习的过程中，本专业学生主要的任务是能够用英语把我国的历史和文化表述出来。

四、汉语国际教育专业英语课程改革启示

（一）创新课堂形式，提升学生英语综合能力

汉语国际教育专业中的英语课程作为一种特殊用途英语，大部分高校仍然采用一般用途英语的教学方式，因此不能满足本专业学生对英语实用性和实践性的需求，只有通过创新课堂教学形式，才能使学生的英语综合能力得到进一步提升。

尽管目前针对汉语国际教育专业英语课程的专用教材不多，但是教师可以充分利用 ESP 网络平台共享资源，搜集与专业教学内容相关的听力和口语资源并进行整合，用于第二课堂微课程或是以作业的形式留给学生课后完成，尤其是时间短小的微课堂形式十分适合展现英语课程中的口语知识，如发音技巧、口语锻炼、场景听力练习等内容。手机上的一些 APP，如小咖秀、英语趣配音等软件，利用流行的欧美影视剧片段，让学生不仅可以听到影片原声，还可以进行跟读或是选择去除原声，自己配音，系统随后进行打分，学生不仅可以使用这些软件进行英语听读的训练，还能从中提高英语学习的兴趣。上述方式不仅能够提高学生相对薄弱的英语听说能力，还可以弥补高校听说课程课时不足的问题。

（二）提升教学能力，加强英语师资队伍建设

加强师资队伍建设，提高对外汉语教育专业英语教师的专业能力和教学能力是提高学生英语综合能力的根本因素，也是培养汉语国际教育人才

的重要因素。为此，学校应该根据实际情况，为本专业的英语教师不定期举办培训班、学术讲座和研讨会等活动。另外，为了鼓励教师自觉提高自身的专业水平和教学水平，应将其职务晋升和薪资水平与学术能力挂钩。除此以外，学校可以有计划地提供"走出去"和"引进来"的机会。"走出去"旨在加强海内外高校的校际合作，选派教师到优质高校吸收先进的理论知识并接受实践教学活动指导，以此达到学术交流的目的。"引进来"则是邀请海内外相关领域的知名专家、学者到校来进行学术讲座，让更多的教师能够学习和借鉴前沿研究成果。

（三）改革教学方式，创造学生实践实习机会

目前，英语国际教育包括对外英语教学、英语为第二语言教学、英语为外语教学和英语为国际语言教学。与汉语国际教育相比，尽管它们的发展阶段和目标大相径庭，但是我们可以借鉴英语国际教育的经验来解决汉语国际教育发展中遇到的相似问题。

海外对外英语教学专业学习者通常会在学习阶段把理论知识转换为实践教学，在当地的中小学班级里深入课堂，更好地体验从学生到教师的身份转变，从实践中总结出语言教学中的不足，在之后的学习过程中进行弥补。而我国汉语国际教育专业学生本科学习阶段很少有机会进行实践操作，大部分学生只是进入校园进行观摩学习。因此，学校应该加强对外联系合作，开展针对汉语国际教育专业的对外交流项目，并多为学生提供各地孔子学院的招聘信息。另外，高校应加强与本地的企业合作，例如培训机构、国际学校等平台，为学生提供更多的实践机会。

五、结语

英语课堂作为汉语国际教育专业中不可缺少的一环，依然存在诸多有待加强的方面，如教师的专业素养和教学能力亟须提升、课程设置安排不合理、学生缺乏实践实习机会等。各大高校应该根据实际问题找出解决方案，并借鉴英语国际教育等相似学科发展过程中取得的成果推进汉语国际教育的改革，坚持以英语语言能力发展为基础，以提高英语使用能力为目

标，为社会培养适应行业发展的汉语国际教育人才。

参考文献

［1］冯娟. 基于 ESP 理论的高校汉语国际教育专业英语教学的教师准备研究［J］. 课程教育研究，2018（49）：103-104.

［2］王丽娟. 高校专门用途英语教学：现状、运用与前景［J］. 外语教学. 2014，35（4）：59-63.

［3］孔桂英，陈映芝. 汉语国际教育专业英语类课程思政育人新途径——以体验式教学团队实践为例［J］. 梧州学院学报，2022，32（1）：73-78.

［4］徐雷方，傅超波. ESP 视角下国际汉语教师英语能力建设初探［J］. 文化创新比较研究，2020，4（4）：191-192.

［5］李琳，李远霞. ESP 需求分析视角下汉语国际教育专业学生英语能力培养研究［J］. 湖北经济学院学报（人文社会科学版），2019，16（5）：150-153.

［6］邵文佳. "互联网+"视角下汉语国际教育专业英语听说课程教学探索［J］. 林区教学，2018（6）：66-68.

［7］魏红. 汉语国际教育"一带一路"国际化人才培养探究［J］. 教书育人（高教论坛），2020（30）：18-21.

国际中文教育读写一体化教学探究

三亚学院人文与传播学院讲师　敖敦胡

　　读和写不仅是相对独立又相互依存的技能，也是语言学习者必备的基本能力。而对于非母语学习者来说，汉语的读与写比听与说困难。在国际中文教学中先"听说"后"读写"成为共识，因而"读写"教学变得略显逊色。一些学者意识到读写一体化的重要性，进而提出重视读与写相结合的一体化教学理念。学者徐承伟在《论对外汉语与写作课程的教学一体化》一文中不仅强调读与写的本质关系，且提出建立读与写一体化教学模式的重要性和迫切性。学者王志芳在《国际学校对外汉语读写一体化教学设计研究》中提出，用阅读和写作结合教学的方法来刺激外国学生用汉语进行思维活动，汉语就会成为被其大脑所熟悉的语言，汉语思维活动才会在汉语阅读理解和写作过程中出现。

　　2021 年，教育部和国家语言文字工作委员会发布的《国际中文教育中文水平等级标准》为国际中文教育读写教学提供了重要的考核依据。本文基于新的读写标准来探究国际中文教育读写教学，探索读写相结合的一体化教学模式和方法。

一、国际中文教育读写标准

　　20 世纪 80 年代以来，一些国际中文教育领域的从业者致力于研究制定汉语水平等级标准和等级大纲。其中，对汉语读写水平的等级划分经历了不断完善的过程。1988 年，中国对外汉语教学学会汉语水平等级标准研究小组编制了《汉语水平等级标准和等级大纲（试行）》。其中分别为一级、二级、三级描述了听、说、读、写（第三级包括了译的部分）的标准。虽然没有明确分类标准，但大致从话题内容、语言范围、言语能力等三个方面进行粗略的阐释。1996 年，国家对外汉语教学领导小组办公室汉语水平考试部修订并编制了《汉语水平等级标准与语法等级大纲》，其中对《汉语水平等级标准和等级大纲（试行）》的一级、二级、三级标准进行了修订，并补充了四级和五级标准。《汉语水平等级标准与语法等级大纲》不仅明确对划分话题内容、语言范围和言语能力等"三要素"进行描述，也将汉语水平等级进一步划分为一级和二级为初等，三级为中等，四级和五级为高等。其中体现出话题任务内容渐多、言语能力要求具体和语言量化指标增多的特点。2021 年，国家语言文字委员会发布了《国际中文教育中文水平等级标准》，从之前沿用近 30 年的《汉语水平等级标准与语法等级大纲》中的三等（初等、中等、高等）五级（一至五级）细化到三等（初等、中等、高等）九级（一至九级）标准。不仅对每一等的汉语水平进行界定和描述，也对每一级的汉语水平做出精细化阐释。形成了每一级都从语言材料、社会交际、话题表达、交际策略、中国文化与跨文化交际能力、语言量化指标等角度说明的，具有汉语独特性、继承性和具备可量化标准的科学的《国际中文教育中文水平等级标准》。

《国际中文教育中文水平等级标准》中言语交际能力的读写技能体现出以下特点。

（一）实用性

语言是人类最重要的交际工具之一。《国际中文教育中文水平等级标准》十分重视语言的交际性和实用性。在读和写标准中，根据初学者的实际情况，提出切合生活实际的考核标准以满足学习者的日常使用需求。譬如，初等一级的阅读标准要求学生"能够识别日常生活中最常见的标识，从简单的便条、表格、地图中获取最基本的信息"，初等一级的写作标准要求学习者"具备最基本的书面表达能力，能够使用简单的词语和常用单句，填写最基本的个人信息，书写便条"。生活是语言的源泉，充分利用学生的生活素材和身边的故事进行语言积累，是提高他们汉语读写能力的重要方法。

（二）阶梯性

《国际中文教育中文水平等级标准》中读的标准从初等级的"理解文章大意和细节信息"，中等级的"能够厘清语言材料的结构层次，准确理解内容，撷取主要论点和信息；能够通过上下文猜测词义、推断隐含信息"，到高等级的"熟练掌握中文的思维与表达习惯以及准确理解文章的思想与社会文化内涵；阅读技巧方面从初等级的初步具备略读、跳读等阅读技能、中等级的速读、跳读、查找信息、概括要点等阅读技能到高等级的掌握各种阅读技能，基本能够独立地检索、查找所需信息；基本了解所涉及的文化因素、基本理解所涉及的文化内容到准确且深刻理解文章的思想与社会文化内涵"，在阅读理解、阅读技巧、思维训练以及文化因素等方面提出由浅到深，由表及里考核标准。在写的标准中，从具备基本的书面表达能力、正确撰写应用文，到能够完成学位论文及多种文体的写作并且做到观点明确、格式正确、表达得体、逻辑性强。

（三）关联性

读和写是一体的，也是个体共同认知能力的体现。在汉语教学实施过程中，听说教学和读写教学的不平衡往往导致学生听说能力和读写能力的不协调，甚至出现脱节的现象，造成汉语读写技能成为学习者诸项语言技能中的短板。《国际中文教育中文水平等级标准》不仅充分体现汉语读写技能的重要性，而且注重读写标准之间存在的关联性。这种关联性既体现在音节、汉字、词汇、语法等"四维基准"，也体现在语言交际能力和话题任务内容中。从初等一至三级的标准来看，阅读标准要求学习者"能够识别日常生活中最常见的标识，从简单的便条、表格、地图中获取最基本的信息""能够从介绍性、叙述性等语言材料中获取具体的目标信息，基本读懂一般的通知、电子消息""能够理解简单复句，读懂叙述性、说明性等语言材料，理解文章大意和细节信息"；与此相对应的写作标准要求学生"具备最基本的书面表达能力，能够使用简单的词语和常用单句，填写最基本的个人信息，书写便条""介绍与个人生活或学习等密切相关的基本信息""能够进行简单的书面交流，在规定时间内，书写邮件、通知及叙述性的短文等"。

由此可见，《国际中文教育中文水平等级标准》明确规定，初等级的学习者需要具备在常见的语言材料中获取基本信息的能力和通过文字实现基本交际的能力，充分体现了读写相辅相成、相互衔接、整体推进的密切关系。

二、初等读写一体化教学的探索

从上述读写标准的特点可知，读写标准的关联性得到注重和体现。这不仅是读写相结合的教学理念的具体实现，也是国际中文阅读与写作教学的重要进步。学习者最初接触汉语阅读与写作学习，即初等级的读写学习，是其奠定汉语学习的基础。因此，如何有效提升学生的读写兴趣、如何合理安排教学内容、怎样调动课堂气氛以及如何设计完善的教学环节等非常重要。

（一）教材内容

教材是学生学习和获取知识的重要材料，也是教师系统教学的主要依据。自20世纪50年代以来，专家学者陆续编写出版了一系列国际中文教育教材。譬如，1958年由邓懿等编写的《汉语教科书》成为此后几十年编写基础汉语教材的蓝本；李培元编写的《基础汉语课本》、鲁健骥等人编写的《初级汉语课本》、陈灼主编的《桥梁：实用汉语中级教程》、刘珣主编的《新实用汉语课本》等，均成为较为优秀的国际中文教育教材。

进入21世纪，国际中文教育教材数量大增，话题内容多元化，所涉及的理论、文本、教育技术、版式等方面均得到空前的发展。比如，宋乐永主编的《初级汉语读写教程》、朱志平等主编的《走进汉语初级读写》、万莹等主编的《汉语读写入门》、卢福波主编的《会通汉语读写》、李泉主编的《发展汉语初级读写》等多种教材，主要以国际中文教育中的读写技能训练为主要教学目标，虽然在内容、结构、体例等方面各有所长，但其中大家普遍认可的优秀教材不多。

2021年《国际中文教育中文水平等级标准》的发布，意味着应基于该标准开发新的课程、编写新的教材。北京语言大学刘英林教授表示，"在国际标准引领下开发课程标准和课程大纲，编几套有代表性的、典范性的统编教材是非常重要的。在此基础上，我们提倡各个国家、地区根据具体情况与中国有关机构合作编写教材，也可以自己编写本土教材，形式可以是多样化的"。

无论是统编教材还是校本教材，应该按照《国际中文教育中文水平等级标准》要求，在充分研究原有教材的基础上，明确编写理念，突出教学特色。在话题内容方面，应体现日常起居、饮食习惯、兴趣爱好、基本社交、家庭生活、旅游经历、课程情况、文体活动、节日习俗等。同时，在课程设置上注重训练第二语言学习者的读写能力。读写课从表面上来看是与教学中的读和写两项技能相关的课程，但深入探究后可知，它实际上是一门涵盖语音、语段、词汇、语法、汉字以及书面表达的综合性课程，也是第二语言学习者的必修课。因此，教材中的每一课应涉及汉字读写训练、应用话题任务、跨文化文本阅读以及书面表达等内容。

（二）教学目标

在教学中，教学目标的制定不仅有助于教师进行教学策略和评估，而且能够预期学生的学习效果，进而选取符合实际情况的科学的教学策略。在《国际中文教育中文水平等级标准》中，对国际中文教学初等级的言语交际能力、话题任务内容以及语言量化指标提出了明确的要求：在言语交际能力方面要求学生"能够基本理解简单的语言材料，进行有效的社会交际"；在话题任务内容方面要求学生"能够完成日常生活、学习、工作、社会交往等有限的话题表达，用常用句型组织简短的语段，完成简单的交际任务。能够运用简单的交际策略辅助日常表达。初步了解中国文化知识，具备初步的跨文化交际能力"；语言量化指标方面要求"完成初等阶段的学习，应掌握音节 608 个、汉字 900 个、词语 2245 个、语法点 210 个，能够书写汉字 300 个"等。因此，在国际中文教育初等教学中，教师应明确该等级的教学目标，并以培养学生的基本言语交际能力为主要方向，在初步掌握《国际中文教育中文水平等级标准》要求的音节、汉字、词语和语法点的基础上，具备日常交际能力，以及初步了解中华优秀传统文化。

关于国际中文初等读写教学一体化的教学设计不仅要体现音节、汉字、词汇、语法四维基准要素，同时要呈现言语交际能力、话题任务内容以及语言量化指标三个维度的教学目标。

1. 四维基准

通过反复练习让学生准确掌握所学字词的拼音、声调；通过详细介绍生词的笔画、笔顺以及偏旁部首，使学生掌握生字词的正确书写规则；通过教授字词的所属性质和固定词组等，使学生掌握汉语词汇并完成造句的任务；通过例句的反复练习，使学生掌握课文中出现的语法点，并在生活场景中灵活运用。

2. 言语交际能力

听：能够听懂教师的授课语言，能够跟上教师的语速，听懂每分钟80～180音节以上的内容。

说：能够对所学词汇进行准确发音，准确复述教师所讲内容，看图说话、互问互答以及简要地表达自己的想法。

读：能够跟随教师复读词汇，根据课文情景对话以及通过查词典、请教教师等方式阅读课本，且阅读速度不低于每分钟100字。

写：准确书写所学新词并完成课文中的填空题、改写句子、组句等练习，并能仿写简单的应用作文。

3. 话题任务内容

课程中所涉及的任务内容包括个人信息、日常起居、饮食、交通、兴趣爱好、基本社交等。

4. 语言量化指标

每一课时学生能够掌握10个音节、10个汉字和词汇、5个语法点。

（三）教学方法

俗话说，"教学有法，教无定法，贵在得法"。国际中文教育读写教学方法存在多样性，采用何种教学方法取决于教师和学生的实际情况。具体包括以下四类教学方法。

（1）呈现法。通过情景再现、图片或幻灯片展示、视频播放等方式，呈现部分课程内容，吸引学生的注意力，使学生以直观的方式领悟所学知识。

（2）实践法。通过真实的情景主题中实践练习，达到操练话题语言和提升交际能力的目标。

（3）发现法。在教师的引导和启发下，学生能自主探索和发现汉语的读写规律，进而培养其语感。

（4）强化法。教师在强化训练过程中，对学生的正确行为和表现及时给予奖励。这种奖励是对正确学习行为的结果表示肯定，因此使学生感到愉快，并激起继续学习的兴趣，促使他们进一步得到奖励。

（四）教学流程

教学流程由课文导入、表达训练、课文讲授、布置作业等部分组成。

（1）课文导入。首先，教师以轻松愉悦的心情进入课堂，并调动学生的学习气氛和积极性。教师在批阅学生上节课课后作业的基础上，纠正和点出易错易混的字词、句子等，引起学生的注意。同时，教师还可以通过提问、抢答、视频播放、音频聆听等方法导入课文主题。

（2）表达训练。围绕个人信息、日常起居、饮食、交通、兴趣爱好、基本社交等话题，在确保话题内容的实用性、互动性、灵活性和趣味性的同时，达到充分进行读写训练的目的。

（3）课文讲授。教授新课时，教师应采用读写相结合的一体化教学方法，不仅带领学生阅读拼音、生词、句子、课文，也要引导学生准确书写生字的笔画、笔顺、偏旁以及所学短语、句子和简短文章。

（4）布置作业。教师根据课堂学习情况，布置课后作业，如抄写生词、情景表达、改写句子、看图说话、书写应用文、语法例句练习、拓展阅读、话题作文等。学生可以根据自身特点，独立完成教师布置的课后作业。

三、结语

总的来说，读写相结合的一体化教学模式是国际中文教育读写教学的必然选择，也是符合第二语言学习者认知结构的有效方法。在《国际中文教育中文水平等级标准》的推动与引领下，编写国际中文读写一体化的统编教材或校本教材，运用读写相结合的一体化教学方法是改善"先听说，后读写"这一状况的有效措施。

参考文献

［1］国家语委语言文字规范标准审定委员会. 国际中文教育中文水平等级标准：GF 0025—2021［S］. 中华人民共和国教育部，2021：1-8.

［2］徐承伟. 论对外汉语阅读与写作课程的教学一体化——对外汉语教学模式研究之一［J］. 廊坊师范学院学报（社会科学版），2009，25（2）：98-101.

［3］王志芳. 国际学校对外汉语读写一体化教学设计研究［D］. 南京：南京师范大学，2014.

［4］李亚男.《国际中文教育中文水平等级标准》解读［J］. 国际汉语教学研究，2021，29（1）.

［5］刘英林.《国际中文教育中文水平等级标准》的研制与应用［J］. 国际汉语教学研究，2021，29（1）.

国际中文教育混合式教学的现状与实施

三亚学院人文与传播学院助教　王　宇

了解国际中文教育的教学发展现状，探究传统教育模式的利弊，为混合式教学方法应用于国际中文教育提供新的思路，有利于提出国际中文教育的改革方案。

一、国际中文教育的发展现状

（一）国际交换，本土教学

截至 2020 年，孔子学院已有注册学员 210 万人，中外专兼职教师 4.6 万人。每年孔子学院从社会和高校选拔优秀的汉语国际教育专业人才。以上海师范大学为例，该校分上下半年分别选派在校教职工和应届生到孔子学院从事汉语教学志愿工作。2019 年共选派 37 人从事国际汉语教学工作，其中 21 人到博茨瓦纳大学孔子学院、2 人到日本福山大学孔子学院、14 人到美国密苏里大学孔子学院。他们大多承担一学年的国际汉语教学任务，让很多没有能力或机会来华学习的海外学生感受到了中国文化的魅力。

来华留学事业是我国教育事业的重要组成部分，一直得到党和国家高度重视，为共建"一带一路"提供了有力支撑，也为提升我国教育国际影响力、增进中外人民的相互了解和友谊、帮助发展中国家培养社会经济发展所需人才做出了积极贡献。2019 年共有来自 202 个国家和地区的约 40 万名各类外国留学人员在 31 个省（区、市）的 811 所高等学校、科研院所和其他教学机构中学习。北京、上海、浙江位列吸引来华留学生人数省份前三位。来自 182 个国家的 4 万人享受中国政府奖学金在华学习，占来华生总数的 10.21%，其中研究生比例为 68.01%。

传统的国际汉语教育模式，强调面对面开展教学活动，注重切身体验和直观感受，注重课堂师生交流互动。无论是教师赴任国外教学，还是外国学生来华留学，这两者的共性在于教育者和受教育者双方进行面对面的交流，缩短时空的隔阂与距离，完成国际中文教育线下教学目标。但需要注意的是，传统的国际汉语教学模式也有一些不足，如经费预算较高，师生双方在异国他乡容易产生不适感等。

（二）线上教学转向

1. 在线教育的发展

由于缺乏优质的平台，以往的在线教育的教学效果不尽人意。但是，随着经济社会发展和科技进步，一批优质的在线教育软件不断出现，如钉钉、腾讯课堂等。这些软件让在线学习成为一件比较容易的事情，也为国际中文教育教学方式改革提供了有利条件。

2. 教材编写的转向

由于教育方式的变化，国际中文教育的教材编写注重结合线上教学的需要。比如，在注重师生互动的同时，偏重编写在线上即可完成的教学任务。

3. 教师培养的转向

国际中文教育在教师培养方面注重培养教师使用网络教学设备的能力。同时，教师应更加注重线上教学中的实践性内容。

4. 教学方法的转向

在国际中文教育的教学实践中，教师应进一步重视在线教育过程中学生的知识掌握情况，不断发掘在线课堂的优势，如在线测试、在线共享资料等。

国际中文在线教育较为突出的优势就是促进教育公平。以往，传统的国际中文教育资源有限、受教育成本较高，很多不具备条件的学生无法接受中文教育。但是，国际中文教育线上教学可以将录制好的课程传播给对中文有兴趣学生。采取线上教学的方式有益于资料共享。传统线下授课会发放纸质资料，但是在线上授课时，在线资源的展示与寻找不再是教师的特权，学生同样可以在虚拟课堂中共享自己的学习成果。当然，在线教育也有它的不足，时差带来的课程安排问题，教师无法面对面获知学生的学习感受，学生无法感受教学氛围等，都是国际中文教育线上教学的弊端。

二、国际中文教育混合式教学方案

（一）混合式教学的发展历程

2004 年，学者何克抗首先将西方的"混合式教学"引入中国。何克抗关注混合式教学的理论研究，着重批判建构主义教学理论与人本主义教学理念的弊端，赞扬混合式教学是对学习方式的转变，是教育思想与教学观念的大提高、大转变。学者黎加厚主要聚焦混合式教学的理论研究，学者李克东结合电子化学习、面对面学习研究混合式教学的教学模式。受技术局限的影响，这些研究是对混合式教学模式的初探，具有思想上的开拓意义。

学者余胜泉、路秋丽、陈声健在 2005 年发表的《网络环境下的混合式教学——一种新的教学模式》一文提供了混合式教学研究的新视角。该文从教学环境构建、教学方案实施、课后在线答疑、全面教学评价等方面，全方位建构了一套混合式教学的方略，极大地丰富了中国混合式教学的工具库。这套混合式教学沿用至今，体现了其在混合式教学领域的前瞻性与教学方法论建构的完整性。值得注意的是，由于当时缺少可利用的网络教学平台，这套理论在教学环境构建方面存在不足。

21 世纪第二个十年，中国学界对混合式教学的研究呈指数级增长，出现多学科参与，英语专业和计算机专业研究成果突出的特点。同时，也出现结合其他理论研究混合式教学特点的文章，如将翻转课堂理论与混合式教学理论相结合进行教学改革。在平台建设方面，不仅有远程教学系统，还有慕课平台、"雨课堂"平台的研究。在教学实践方面，出现结合具体教学案例进行分析的研究，证明混合式教学已经开始与实际教学相结合。

2020 年以来，国内的课程平台搭建初具成效，如清华大学研发的"雨课堂"，超星平台的"学习通"等平台已经在很多高校普及；参与慕课制作的教师人数也有大规模的增长；学生的网络学习习惯逐步养成。多方合力为混合式教学搭建了良好的教学生态。当前，教学改革最大的困难不再是硬件、软件设备供给不足，而是教师的教学惯性与教学思维。

国外对混合式教学的研究相对较早。2000 年左右，国外有学者在建构主义教育模式下发展出混合式教学理念，但最初仍是以电子化学习为探索对象，以计算机和光碟为学习路径，并结合课堂讲解与小组合作，此后逐步过渡到学习平台建设。自 2000 年至今，西方学术刊物发表的相关文章主要包含以下几个方面。

（1）对混合式教学的研究。例如，2002 年瓦利亚桑发表的《混合式学习模式》。在这篇文章中，瓦利亚桑尝试建立一套混合式教学模型，这套模型以技能驱动模式、态度驱动模式、能力驱动模式为框架支撑，每一个二级模型下又包含若干具体标准与实施技术。

（2）对混合式教学参与主体的研究。2013 年塔亚比尼克发表的《混合式学习还是电子化学习》一文主要研究学生的学习体验、学生之间的互动以及学生与教师的互动。混合式学习可以被认为是一种有效的远程学习方式，并有可能成为未来主要的教育模式。

（3）对混合式教学未来的展望。2018 年查莱斯等人发表的《混合式学习：一种新的模式和先锋的技术》研究探讨在信息通信技术交互日益加强的世界，高等教育中混合学习的结果、影响和可能的未来方向。尽管混合式教学发展理念的产生先于现代教学技术的发展，但它的进化将不可避免地与当代信息通信技术联系在一起，这些技术正在逼近人类思维过程的某些方面。

总的来说，西方对混合式教学的思考角度要更加全面，不仅有支持者，也有批判者。在理论、实践教学、平台建设、教师思维转变等方面较中国发展的速度更快。因此，有必要在研究开始之前对西方混合式教学进行更加细致的梳理。

在世界范围内来看，无论东方还是西方，都在持续进行混合式教学的改革，正如查莱斯所说，这条教育改革路径"正在逼近人类的思维过程"。正是因为混合式教育符合以教师为主导，尊重学生的主体地位的教育规律，顺应时代技术发展的总体潮流，才会受到不同国家的教育工作者、学者重视。教育工作者才会自觉克服教学惯性，朝着混合式教学的方向前进。因此，可以说我们国家的混合式教育改革进展虽然缓慢，但有着光明的未来。

（二）国际中文教育混合式教学的具体实施方案

1. 建设线上课程数据库

在课程开始前，利用超星学习通等平台初步建设课程数据库，确定课程基本信息、班级人数规模、章节信息目录、课程使用模块等部分。完成课程资料的初步上传，包括电子教材资源、网络课程资源等。扩充课件、教案、章节、资料、通知、讨论、作业、考试、题库、知识点等栏目。

2. 组成班级

在线下课程开始之初，应在线下班级的基础上组建线上班级，学生主动加入线上班级并共享数据库内的学习资源。组建好线上班级后，任务的发布者不再仅仅是教师，学生也可以上传优质的学习资料与同学分享。在数据库的讨论界面提出的问题，不仅教师可以回答，所有学生也可以共同讨论。

3. 上传小组合作成果

教师不再是课堂的信息与资源的绝对占有者，完成线下小组合作后，学生的研究成果也成了课堂资源的一部分。小组合作成果能够以论文、幻灯片、视频等形式上传至数据库，供所有学生参考借鉴，小组合作成果的生命在线上被延长了。

4. 课前完成线上预习，上课完成线下练习

课前的线上预习与翻转课堂相似，但又有所不同。翻转课堂是让学生在课程开始前以视频形式完成新知识点的学习。语言学习与其他学科不同，是一门实践课程。因此，线上预习的重点应放在了解本节课的主要任务、语法规则等知识点上，在线下课堂中用更多的时间进行语言练习。

在充分利用课程数据库的基础上，组建班级，师生共建、共享学习资源，学生成果同时成为课程学习资源，达成课前充分了解课堂任务，上课充分进行语言练习的目标。这样的线上、线下混合式学习才有可能发挥国际中文教育在传统线下课程与新兴线上课程上的优势。

三、国际中文教育混合式教学实施效果评定维度

一堂师生共商、共建、共享的课程，一堂以学生为主体、教师为主导的课程，必然要包含两个重要的参与主体——学生与教师。从参与者的角度来看，应包含对学生满意度的分析与教师成就感的分析。课程的设置不仅是为了让参与者获得良好的情感体验，而是应在教学过程中有所收获。故从过程上看，应包含对课堂参与互动的分析；从结果上看，应包含对学业成绩的分析。对"教师、学生、课程、学业成绩"这四个部分的分析构成了"师生课业"教学效果分析的四个主要维度。

对教师而言，一堂课的成功可以让教师收获成就感，激励着教师不断完善教学内容、改进教学方法，促进师生之间积极的教学互动，让教师更喜欢课堂，更喜欢与学生交流。因此，国际中文混合式教学的教师评价应该重视教师在课堂中的成就感维度，将教师成就感、获得感纳入一堂课的评价体系之中。

对学生而言，学生是一门课的参与主体，是课堂的主人公，学生满意度是评定一节课是否成功的重要维度。目前，通常采用的测验方法是分析学生对这门课的满意度调查问卷。例如，北京大学开展过"混合式学习的学生满意度及影响因素研究"，采用相关性和线性回归分析，得出混合式教学获得了多数学生认可的结论。

对课程而言，重点应关注本堂课内容准备是否充分、翔实，难易度是否合适，趣味性、知识性是否能够有机结合等方面。这一维度主要通过对教师的教学方案和课堂效果等方面进行评定。

对学业成绩而言，应摒弃以往过于注重结果的观念，转变为注重教学过程。结合课程数据库的建设，学生在课程开始前的预习效果有好有坏，部分学生课前努力，预习充分，课堂收获较大。这一努力可以直观地反映在数据库后台对每名学生浏览次数与学习时长的记录上。故学习的努力程度在数据库中被量化了，最终成绩的评定也应参考学习过程成绩这一维度。

"师生课业"构成了国际中文教育混合式教学实施效果评定的四个维度，这四者相互支撑、密不可分，共同促进一堂好课的形成。

四、结语

国际中文教育教学不仅要吸取传统国际中文教育模式的优点，也要发挥好线上教学的优势。在师生线下交流的基础上，师生共商、共建、共享课堂。于是，课程数据库的建设就显得尤为重要。数据库既是教学资源存储的平台，也是供师生交流的线上课堂。此外，在国际中文教育混合式教学组织与实践的过程中，如何评定一堂课的好坏成为评定这种教育方法成功的关键所在。"师生课业"四个维度评价体系的建立，为国际中文教育混合式教学提供了评价依据。

参考文献

[1]陆俭明，崔希亮，张旺熹，等."新冠疫情下的汉语国际教育：挑战与对策"大家谈（下）[J].语言教学与研究，2020（5）：1-16.

[2]何克抗.从 Blending Learning 看教育技术理论的新发展（上）[J].电化教育研究，2004（3）：1-6.

[3]余胜泉，路秋丽，陈声健.网络环境下的混合式教学——一种新的教学模式[J].中国大学教学，2005（10）：50-56.

[4]赵国栋，原帅.混合式学习的学生满意度及影响因素研究——以北京大学教学网为例[J].中国远程教育，2010（6）：32-38.

[本文系三亚学院校级中青年教师专项培养项目（教学类）"中国现当代文学史课程混合式教学效果研究及课程数据库建设"（项目编号：SYJPZQ2022037）阶段性成果。]

古代汉语文选教学与传统文化的体认

三亚学院人文与传播学院教授　刘兴均

先秦经典散文蕴涵着深刻的人生哲理，也蕴藏着大量的传统文化元素。所以，古代汉语教学应重视先秦经典的讲解，先秦典范散文的教学是让学生直观感受古代汉语魅力的有效途径。然而，时过境迁，这些文化元素已远离现实生活，成为学生阅读的障碍。于是，把古代汉语文选教学与传统文化的体认有机结合，方能达到文选教学的良好效果。

先秦散文尤以儒家的经典为其楷范。儒学是经由孔子创立、孟子发展、荀子集其大成，在春秋战国时期成为显学，在汉代以后成为中国思想文化主流的一个学术流派。儒家经典是中华文化核心思想的载体。《周礼·天官·大宰》职云：

以九两系邦国之民：一曰牧，以地得民；二曰长，以贵得民；三曰师，以贤得民；四曰儒，以道得民；五曰宗，以族得民；六曰主，以利得民；七曰吏，以治得民；八曰友，以任得民；九曰薮，以富得民。

郑玄注："儒，诸侯保氏，有六艺以教民者。"

"以道得民"的"道"，是先王（尧舜禹汤文武）的古道，孙诒让《周礼正义》引郑玄《礼记·儒行》云：儒之言优也，柔也。能安人，能服人。又儒者，濡也，以先王之道，能濡其身。

由此看出，儒家思想在汉代占有中国古代思想学术正统地位由来已久。儒家以六艺（礼、乐、射、御、书、数）教人，涵盖文、武两科，主张德、智、体、美全面发展，这在中国教育史上所彰显的价值和意义历久弥新。经由孔子删订整理的《易》《诗》《书》《礼》《乐》《春秋》，完整地保存了先王的古言古道，后来又成了读书人安身立命、经世致用的常典而垂宪万世。王力主编《古代汉语》其文选首选儒家"十三经"中的《春秋左氏传》是有独特眼光的。

讲好古代汉语文选课，不仅能让学生直观感受古代汉语的魅力，同时对学生安身立命，做人做事走正道，实现人生理想不无裨益。

古代汉语文选的教与学得法，学可以把通读与精读结合起来。首先是通读，通读可只管文选原文，不涉古人的注疏，更不要看教材的注。在通读的基础上勾画出原文中重要的章节，然后有选择性地精读。《论语》《孟子》里的部分名篇还要做到背诵如流。精读不仅要细读原著，还要细品前人的注疏，再比对今人（教材）的注，真正做到字词句落实，章句义理兼通。

做到字词句落实，看似容易，其实较难。有的词句从字面上看，没有多大问题，可它的实际内涵却是一般人看不出来的。例如，《孟子·滕文公上》："夫以百亩之不易为己忧者，农夫也。"有人是这样注的："以田地种不好为自己忧虑的人，是农夫。易，治。"这一注释从表面看没有问题，其实是错误的。错在不懂上古农田有轮耕制度。古代一夫受田地百亩，不是这一百亩田地每年都要耕种，而是拿一部分田地休耕不种，只种其中的一部分，土质好的田地为不易之田，就是不需要休耕的田地。农夫一心想的是把自家的田地弄好，让其土质变得肥沃起来，可以不休耕，这样就可增加收成。所以，"不易"才为治。"易"反而不是治，是轮耕的意思。田地因不易而治，这才是农夫要操心的事。

因此，古代汉语的文选教学一定要与对传统文化的体认结合起来。文选教学至少在以下几个方面离不开对传统文化的体认。

一、古代汉语文选教学与古代祭祀文化的体认

我们知道，中国古代国家有两件大事，一个是祭祀，另一个就是战争。祭祀有祭祖先神灵的、祭天地山川的，还有祭草木百兽的。凡此种种祭祀都有一套严格的仪式。儒家的创始人孔丘年轻时就做过司礼这一职业，《孔子世家》记载他自幼好礼，"为儿嬉戏，常陈俎豆，设礼容"。《礼记·礼

运》也讲他参与蜡祭时司仪的行业。因此，以孔子为创始人的儒家学派是很注重祭祀礼仪的。儒家经典中也对此多有记载。

例如：

《论语·乡党》：孔子于乡党，恂恂如也，似不能言者，其在宗庙、朝廷，便便言，唯谨尔。

《论语·颜渊》：仲弓问仁。子曰："出门如见大宾，使民如承大祭。"

《论语·卫灵公》：卫灵公问陈于孔子。孔子对曰："俎豆之事，则尝闻之矣，军旅之事，未之学也。"明日遂行。

《孟子·离娄上》：天子不仁，不保四海；诸侯不仁，不保社稷；卿大夫不仁，不保宗庙；士庶人不仁，不保四体。

《礼记·中庸》：宗庙飨之，子孙保之。武王未受命，周公成文、武之德，追王大王、王季、上祀先公以天子之礼。……父为大夫，子为士，葬以大夫，祭以士。父为士，子为大夫，葬以士，祭以大夫。

这里面涉及的"祭或称祀""宗庙""俎""豆""社""稷"等词都与祭祀文化有关。不懂古代的祭祀文化，在阅读中就会遇到许多障碍。

其中"宗庙"一词用得最多。值得一提的是，"庙"在先秦一般是指祖庙，《说文·广部》云："廟，尊先祖皃（貌）也，从广，朝声。"段玉裁注云："尊其先祖而以是仪皃之，故曰宗庙。""宗庙"之名，得名于尊（宗）先祖之仪表容貌，和我们今天讲的佛寺之庙是完全不同的。中国有极为严格的宗法制度，十分讲究血脉亲情。祭祀祖先从天子到庶民都是不可或缺的，只不过天子诸侯祭祀祖先远比庶人复杂烦琐。《礼记·王制》云："天子诸侯宗庙之祭，春曰礿，夏曰禘，秋曰尝，冬曰烝。"也就是说，一年四季都要祭祀先祖，还形成了一套专门的祭名。这套祭名在殷商时代就有了，到了周代就改成春曰祠，夏曰礿，秋曰尝，冬曰烝。宗庙的规格数量是依子孙的爵禄地位而定的，根据《礼记·王制》的记载，天子有三昭三穆，再加上太（始）祖庙，合为七庙；诸侯二昭二穆再加太祖庙，合为五庙；大夫一昭一穆加始祖庙，合为三庙；士一般只有一庙，上士可有二庙。庶人无庙祭于寝。周代宫廷建筑的布局有五门：由外到里是皋门、雉门、库门、应门、路门。库门与应门之间，左边为昭、穆，右边为社、稷。

昭穆即宗庙。社是土地之神庙，稷为谷物之神庙。宗庙、社稷是都城的重点保护单位，宗庙、社稷被毁，这个国家就不复存在了。所以，宗庙、社稷成了国家政权的代名词。

古代祭祀大多都要杀牲，以牛、羊和猪作为牺牲较为普遍，《礼记·王制》记载："天子社稷皆大牢，诸侯社稷皆少牢。"所谓大（音太）牢，是指牛、羊、猪三牲俱全的祭祀。天子祭祀土地神和谷物神需牛、羊、猪三牲俱全；而诸侯只能用羊和猪二牲，称"少牢"。

祭祀祖先，则应有"尸"，"尸"指的是代替死者接受祭拜的人，即死者的替身。《礼记·曲礼上》："君子抱孙不抱子，此言孙可以为王父尸，子不可以为父尸。"郑注："以孙与祖昭穆同。"这说明，死者的替身不是谁都能做的，如果是男性死者，只有同姓同昭穆的子孙才能做。比如说，爷爷这一辈是昭，父亲这一辈就是穆，到己身又是昭，到儿子这一辈又是穆。如果要祭祀死去的爷爷，那就只有自己这一辈才有资格充当其替身，受到包括父亲这一辈人的拜祭。如果是祭祀死去的父亲，那就只有自己儿子这一辈才有资格充其替身，受到包括己身的祭拜。作为死者替身的，就称为"尸"，其甲文字形作"⊋"，象端拱而坐之形。既有庄重的形象义，同时也有崇高的形象义。因此，《礼记·学记》云："当其为尸，则弗臣也。"天子诸侯在两种情况下，不能把对方当作臣僚，一是某人在作为死者替身的尸受人祭拜的时候，一是作为教师正在教学的时候。可见，古礼对"师"与"尸"都给予了崇高的地位。这体现了"死者为大"的观念。而女性死者却规定异性同昭同穆的人才可以充当其替身。但同时规定，异姓是指的与夫家异姓，因此，孙女虽嫁为异姓之妇，但也不能为死去的祖母为尸，只有死者的孙媳可以，而且是嫡长之孙的正妻，妾也不可以为尸，因其地位卑贱。祭必有尸，无尸之祭，称为"厌祭"。"厌祭"一般是祭未成年而夭折的人。成年而死的祖先，祭祀时一定要有尸。这一文化习俗一直保留到春秋时期。《孟子·滕文公上》记载，孔子死了以后，弟子们为他守丧三年，三年期满，各奔东西之前，有一个叫子夏的弟子提议，让长得与孔子相像的"有若"来做先师的替身——"尸"，大家对着他行祭礼。这个提议遭到曾子的坚决反对才作罢。后来人们以木牌代替祖宗的灵位，这一文化习俗才逐渐消失，但其文化心理却还完整地保存在今人的心中。今天有一种"奇怪"的社会现象——"隔代亲"，也就是爷爷奶奶疼爱孙子远远超过父母疼爱儿子，人上六十，就盼着抱孙子。其实抱孙子，抱的就是自己。要解释这种社会现象的成因，可以追溯到这一文化渊源。

对祖先要祭祀，对死去的教师同样也要服丧祭祀。《礼记·学记》："大学始教，皮弁祭菜，示敬道也。"这里所说的"祭菜"，是指儿童发蒙，要向先师行"释菜"之礼。

古人以为万物都有灵气，因此，他们除了祭祀祖先外，还要祭祀各种各样的神灵。《礼记·礼运》记载："昔者仲尼与于蜡宾，事毕，出游于观之上。"其中的"蜡"，就是古代天子或诸侯年终举行祭祀八种神灵的仪式。有发明种庄稼的人以及冥冥中司掌农业作物的神，还有祭猫和老虎的。祭猫神是为了减少鼠害，祭老虎是为了减少豕（野猪）害。猫吃老鼠，虎食百兽，其中也包括祸害庄稼、伤害人的野猪，所以成为古人年终祭祀的对象；甚至昆虫也成了受祭的对象，这体现了人类与自然界的密切关系。腊祭其实在民间还保留这种习俗，就是腊月初八，南方的人们要吃腊八饭，北方的人们要喝腊八粥，就是腊祭的遗存。《礼记·郊特牲》说腊祭是"岁十二月，合聚万物而索飨之也"，腊八饭以八种干腊食物合在一起，与米共煮一锅，正有合聚万物之意。所以，吃腊八饭正是腊祭的保留，只不过是由宫廷走向了民间。"宾"指助祭的人。这个意义其实是"傧"的借字。《说文》有"傧"字，解释为"引导宾客的人"，就相当于今天所说的"司仪"。也就是在祭祀时，为诸侯导引宾客。而"宾"字本身没有这个意义。

古人把祭祀看得十分神圣，祭祀之前都要进行占卜。殷商时，人们占卜的主要工具是龟版，把经过钻凿的龟版放在火上烧，看其上面的裂纹即兆象，视其兆象来判定卦象，由卦象来推测祭祀的日子、牺牲的品类数量等。周人改用千年蓍草，由五十根蓍草的分配组合推出阳爻阴爻之数，据此得到卦象，再根据卦象来占断吉凶。周人也用龟卜，《周礼·春官》有"龟人"一职，是专掌选龟、杀龟、制作龟版的。古代一般是在秋天选取龟，取"万物皆成"之意。而在春天杀龟，杀龟时以上等的龟祭祀卜人的先师。杀龟的时候还要为被杀的龟举行隆重的祭祀活动，有时杀一只龟，要用三头牛来作它的牺牲。杀龟之后，剔尽其肉，留下背壳和腹甲，然后将背壳和腹甲抛光打磨，刮治整洁之后，有规则地钻凿一些坑窝。藏于椟中，以供占卜时使用。不了解这一点，我们读《论语·季氏》第一章"虎兕出于柙，龟玉毁于椟中，是谁之过与?"就只能是囫囵吞枣。龟版在古人眼里看得同玉瑞（圭）一样珍贵。这是因为龟版在祭祀昊天上帝、先王先公的重大活动中有着不可替代的重要作用，而且龟版的得来也不易。

占卜是与祭祀活动分不开的。殷商时人们遇事必祭，每祀必卜。因此，有专门从事占卜这一职业的人，在甲骨卜辞中称为"贞"的这类人，就是专司此职的。《周礼·春官》中"大卜""龟人""卜师""菙氏""簭人"等也是从事这一职业的职官。他们以灼龟（实际烧的是刮治好的龟版）的方式来判断吉凶，虽是巫卜之类的职事，却拥有较高的社会地位。

古人祭祀还有一个重要的对象就是社，《论语·八佾》："哀公问社于宰我。宰我对曰：'夏后氏以松，殷人以柏，周人以栗。'"句中的"社"就是指作为土地神的社。"夏后氏以松，殷人以柏，周人以栗"是说夏商周三代社神所在地栽种的树木是不一样的。社字在甲文中作"⌂"，就是在地上放置一土块，来表示土地神位，供人们顶礼膜拜。郭沫若《甲骨文字研究》指出"土"就是社字。土块容易风化，后来人们就在土台上种植一棵树，作为土地的神主。《周礼·地官》大司徒之职云："设其社稷之壝而树之田主，各以其野之所宜木。遂以名其社与其野。"郑注："社稷，后土及田正之神。……所宜木，谓若松柏栗也。"《说文·示部》："社，地主也，从示土。《春秋》传曰：'共工之子句龙为社神'。《周礼》'二十五家为社，各树其土所宜之木'。"（按：《说文》所引《周礼》文，今传世本《周礼》无此条文字，故段注疑为《周礼》注家之说。）二十五家也就是一个自然的村落，每一个村落都有社，社为土台，其上种植树木这个文化习俗在邻邦韩国还完整地保留下来，韩国的每一村落都有这种形式的社。

祭祀是上古人们政治生活中的大事，可以从司掌此职事的部门官员之多看出一斑，《周礼》六官中的春官70个职官有三分之二的职位都与祭祀占卜有关。分大宗伯和小宗伯，都是掌管宗庙祭祀等事。大宗伯是掌管场面比较宏大的祭祀，而小宗伯掌管小范围的祭祀。在大的祭祀场面上，小宗伯是大宗伯的助手。祝也是掌管祭祀祈祷之事的职官，主要的职责是祭祀时向神灵作祷告。不懂这些基本的文化常识，学生在文选的学习中就如同读天书，教师不把相关的文化常识讲透彻，这样的古代汉语文选课就如同嚼蜡。

二、古代汉语文选教学与古代军事文化的体认

古代除了把祭祀作为国家的大事以外，还把战争作为"国之大事"。《左传·成公十三年》："国之大事，在祀与戎。""戎"就是战争。儒家五经中的《春秋》，其实就是一部各诸侯国之间相互征战和内部发生军事政变的历史。为这部经书作传的有三家，其中《左氏传》记载了春秋时期各种类型的军事行动达 483 次，其中大型的战争就有 14 次。军事词语多达 533 个。《周礼·夏官》中的 70 个职官均为军事指挥员，其中的大司马总管周天子的军政事务。《尚书》中的《汤誓》《牧誓》等篇其实就是宣战书。《诗经》中的《秦风·无衣》，更是具有赳赳武夫之气。古代汉语文选课教学同样离不开对古代军事文化的体认。

古代打仗所用的兵器与今天有很大不同。进攻性的武器有斧、斤、戈、弓、矢、剑、戟等，防御性的武器有盾、铠。盾又有干、革、藩盾等异称，干有用犀牛革做成的，也有用金属浇铸的。把盾称作革，与制作的材质有关。藩盾是排列众多的盾在一起，以成遮拦的盾墙。儒家经典中的"兵"，多是指的兵器，有时也称作"器"。《左传·隐公五年》："鸟兽之肉不登于俎，皮革、齿牙、骨角、毛羽不登于器。"其中的"器"指的就是兵器。"登"是附着在上面的意思。皮革、齿牙、骨角、毛羽都与制作弓箭有关。古代打仗最常用的进攻性的兵器是弓箭，这是因为古代是以车战为主。在战车上杀敌，多为远距离射杀，故弓箭的使用比较频繁。

由于是车战，所以才有"千乘""百乘"的说法。《左传·哀公十四年》："千乘之国，不信其盟，而信子之言，子何辱焉？"所谓"千乘之国"是指能出得起 1000 辆战车的大国。当时衡量一个诸侯国的军事实力，就是以能出多少兵车作为标准。一辆兵车配甲士 3 人，步卒 72 人，千乘之国的

军事力量除了拥有千辆以上战车，还有 3000 以上的甲士，72000 以上的步卒。《左传·隐公元年》记载郑庄公为打败他的弟弟叔段动用的部队是"二百乘"，实际的兵员就是：甲士 600 人，步卒 14400 人。

能完整地体现古代打仗车战特点的是《左传·成公二年》记载的齐军和晋军在鞌这个地方打的一场恶战。"邴夏御齐侯，逢丑父为右。晋解张御郤克，郑丘缓为右。"齐军的领兵统帅是齐顷公本人，为他驾车的是齐国大夫邴夏，为他作保镖的是逢丑父。晋军的领兵统帅是跛脚将军郤克，为他驾车的是晋国大夫解张，做保镖的是郑丘缓。这就交代了两军主帅战车上的三位甲士。

晋军的领兵统帅郤克一交战就受了箭伤，他的驭手解张也受了箭伤。

解张受箭伤据他自述的情形是"矢贯余手及肘。余折以御，左轮朱殷"。对"矢贯余手及肘"，我们也要结合当时的特定环境来理解。解张是驭手，两手持缰绳，敌军的箭是从对面射过来的，那就很有可能是从解张的手部进入，一直射入他的肘部。故"及"就不能讲为"和"，而是"到"，这句就应理解为：射到我的手，一直贯穿到胳膊肘。下文才讲"余折以御"，由于射得深，不能拔出箭，就把露在外面妨碍驾车的箭尾折断，继续驾车。

"左轮朱殷"，点明了解张所处的位置是在战车的左边。古代车战，上面的甲士三人的位置是有规定的。如果是主将的车，主将居中，驭手居左，右边站立的是做保镖的甲士。如果不是主将的战车，驭手居中，攻击手居左，保镖仍在右。晋国大夫韩厥在这次战争中担任司马，不是领兵统帅，按说应该在左边的位置上。但他死去的父亲给他托梦，让他第二天避开左、右的位置，所以他与驭手交换了位置，站在车的中间，躲过了齐顷公射来的箭。

"伐""侵""袭"作为军事进攻的战术名词，在儒家经典中含义不同。《左传·庄公二十九年》指出："凡师有钟鼓曰伐，无曰侵，轻曰袭。"可见，"伐"是大张旗鼓地去攻打别国，还要找一些"尔贡包茅不入，寡人是征"这样一些冠冕堂皇的理由。而"侵"却是偃旗息鼓地进攻别国。"袭"就带有偷袭的味道，不仅不能击钟鼓，甚至为了防止士兵讲话，还要用一根近似筷子的木棍让士兵衔在口中。《周礼·夏官》大司马之职云："徒衔枚而进。"郑玄注："枚如箸，衔之，有繘结项中，军法止语，为相疑惑也。""衔枚"这一军事术语是指在行军中为了防止士兵说话、影响军事行动而采取的一项措施。

在古代汉语文选课教学中，我们还应知道古代的军队编制往往又是与行政单位相呼应的。只不过户籍管理与行政单位是四进制。《周礼·地官·小司徒》载："九夫为井，四井为邑，四邑为丘，四丘为甸，四甸为县，四县为都。"按一夫（成年男子）耕田百亩（折合今25亩多一点），则一井的土地有九百亩，农夫有九家，36家为一邑，144家为一丘，576家为一甸，《司马法》有乘马之法，则规定一甸就需出兵车一乘，也就是车一辆，马四匹，甲士三人，步卒72人。而这些甲士和步卒都是在农闲之时训练出来的，因此古代有以打猎来习武的制度。《左传·隐公五年》："故春蒐、夏苗、秋狝、冬狩，皆于农隙以讲事也。"其中的"蒐"是天子春天打猎习武的仪式；"苗"是天子夏天打猎习武的仪式；"狝"是天子秋天打猎习武的仪式；"狩"是天子冬天打猎习武的仪式。打猎习武，一般都是在农事不忙的时候进行的。

了解并掌握古代军事文化的有关常识，对古代典范散文的阅读是十分有帮助的。例如，上文提到的《左传·成公二年》记载的"齐晋鞌之战"，其中"矢贯余手及肘"一句，今人有的就注释为："箭就射进我的手和胳膊肘"。显然与古代战争的情形和解张作为驭手的身份不相吻合。

三、古代汉语文选课教学与古代民俗文化的体认

"民俗"是指"民族的风俗习惯"。风俗，用今人的解释，就是社会上长期形成的风尚、礼节、习惯等的总和。

风是指地理环境，俗才是指人们的言行习惯。俗话说"百里不同风，千里不同俗"，也就是说，一个地方，一个民族，其风俗习惯是不同的。不仅如此，随着时代的变迁，社会的发展，不同时代的民俗也会表现出较大的差异。先秦的民俗文化到了今天，自然是有所继承，也有所发展和改变的。有的习俗今天的人会觉得不可理解。比如，古代有侄女从媵（连同姑

姑一起嫁给同一男人）的习俗，今人就不可理解，因为姑姑和侄女不是同一辈分的人，一个男子怎么可能把姑侄二人都娶为妻？所以，有人诟病刘熙《释名》"姑谓兄弟之女为姪，姪，迭也。共行事夫，更迭进御也"这条训释是打胡乱说。其实在上古贵族阶层中，侄女作为姑母的陪嫁丫鬟，是常有的事，不但不是乱伦、违礼的，而且正是封建宗法礼制实施的一条具体措施。有两个方面的文献资料可以证明刘熙的这条训释是合乎上古礼制的。一是《左传》有三条侄女从媵的记载，二是《清史稿·列传一》记载顺治皇帝的生母孝庄文皇后博尔济吉特氏就是清太宗（皇太极）的另一个皇后（孝端文皇后）的侄女，姑侄共事一夫多达十年以上，这是侄女从媵并姑侄平起平坐的一个特殊案例。它进一步证实刘熙所说不虚。从这个例子说明，阅读古代文献，特别是儒家的经典，一定要联系古代的文化背景，一定要熟悉上古的民俗文化。按今人的价值观念去评价古人的思想，以今天的习俗来判断古人的说法是真理还是谬误，都是片面的。而这类例子在我们今人编著的古文注释中比比皆是，不能不引起我们的重视。

古代民俗文化主要体现在婚丧嫁娶方面，尤其是婚姻习俗值得我们注意。《礼记·礼运》云："男有分，女有归。"为什么把女子出嫁称为归？原来，古人以为女子要嫁到别人家以后才算真正成人，女子在没有出嫁之前是没有家的，只不过是暂时寄放在娘家。只有出嫁了，才算有了真正的家。故古文把女子出嫁称为"归"。不懂这一礼俗，我们对一些选文的语句就会妄加评说。例如，《战国策·赵策四》讲到赵太后嫁女儿到燕国做王后的时候，"持其踵为之泣"，用今天的话说，就是握着脚后跟为女儿的远嫁而哭泣。那么，赵太后为什么要握着女儿的脚后跟，不握别处？今人这样注释："燕后已上车，赵太后在车下还要握着她的脚后跟，意思是非常舍不得她离去。"这个解释是不合上古民俗文化和情理的。古代的车离地不到一米，赵太后在车下握车上女儿的脚后跟，除非是侏儒，必然会弯腰或跪着才可以。这与国母的身份不相称。对此的正确解释应该是：女子出嫁为归，因此，婆家在结婚的时候，要给新媳妇预备一双新鞋，这双新鞋一般是由被嫁女儿的亲生母亲给她穿上的，赵太后在给女儿穿新鞋的时候，一边握着她的脚后跟，想到女儿要远嫁到异国他乡，一边为她哭泣。这样既合情理，也与上古的民俗文化吻合。

我们在进行文选教学时，往往会遇到古代的婚俗问题。例如，《左传·隐公元年》："初，郑武公娶于申。"郑武公为什么要到申国去娶妻，难道郑国就没有漂亮女子吗？实际上郑国是有很多美女的。这是因为受到了"同姓不娶"的婚俗礼制约束。古代所谓同姓，与今天的同姓还不是一个概念，是指举国之姓。郑国举国都是姬姓，鲁国也如此。齐国举国是姜姓，申国也如此。因此郑国的贵族就不能在郑国的女子中挑选正妻，也不能到鲁国去选妻。为什么要定出这样的规定？是为了子孙的繁衍。《左传·僖公二十三年》有"男女同姓，其生不蕃"的说法。所以，古代在贵族通婚方面设置了"同姓不娶，异姓不媵"的礼俗规定。同姓不娶，一是重人伦，二是为了子孙的繁衍。"异姓不媵"是指的作为陪嫁的妾，要选择与正妻同姓的女子，最好是她的妹妹或亲侄女。所以，姑侄共事一夫在上古反而是合礼的。而不能选择与正妻不同姓的女子这种制度设计，完全是为了避免后宫的纷争。

古人在人际交往中也有一些礼俗是今人感到陌生的。《礼记·曲礼上》："礼尚往来。往而不来，非礼也；来而不往，亦非礼也。"今天我们也在讲"礼尚往来"，但未必就如古人那样地往来。《论语·阳货》记载了这样一件事："阳货欲见孔子，孔子不见，归孔子豚。孔子时其亡也，而往拜之，遇诸涂。"原来在上古人们互赠礼物，一定要到送礼者家去回拜。孔子本来看不起像阳货这种依仗主子的权势作威作福的人，但又不能违背礼仪规定。因此，瞅准阳货不在家时去回拜，没想到却在半路上遇见了。按我们今天的人看来，孔子这样做纯粹是多余的，或者自讨没趣。要么拒收礼物，要么收下就收下了，哪里用得着亲自到送礼者（又是自己讨厌的人）家中回拜呢？

说到人际交往，还涉及相互之间的称谓问题。古人有名有字，还有号。上古时期，婴儿出生三个月后由父亲亲自命名。男子20岁，女子15岁举行成人礼，结发加冠（笄），这时取字。名和字往往有意义上的联系。比如宰予字子我，予、我都为第一人称代词。有了名和字以后，在人事交往中就定下了一些不成文的规矩。例如，自称以名表谦逊，称人以字表尊敬。古代只有父母和教师才有资格直呼其名，一般人称对方都只能称其字。作者在行文中也往往是称字的。例如，《左传·隐公五年》："臧僖伯谏曰：'凡物不足以讲大事，其材不足以备器用，则君不举焉。'"臧僖伯名彄，字子臧，谥号"僖"，鲁孝公之子，隐公叔父，鲁国大夫。这是将字和谥号再加上排行合在一起称呼文中的人物。像这种情况，如果我们不懂得古人的称谓方式，会误认为该人物是姓臧名僖伯。有时作者也会直接道出人名，那是对一些不配人们尊重的人才这样称呼。例如，《左传·庄公八年》："僖公之母弟曰夷仲年，生公孙无知。"公孙无知是齐庄公之孙，所以称为"公孙"，他的名字是"无知"。由于他造成了齐国的一场政治动乱，作者对此人很反感，故直书其名。直书其名的，在《左传》还有郑庄公的同母弟叔段。二者都是犯上作乱者。

古人崇尚孝道，在尊敬并赡养自己年迈父母方面比今天的人做得到位。反映在民俗中，就是受到别人的饭食馈赠或宴请时总会想到带点好吃的给家里的父母亲。明白这一点，我们就不会误解儒家经典常用到的一个词——"舍"。

《左传·宣公二年》：食之，舍其半。这里的"舍其半"准确地讲应该是"把其中的一半留下来不吃"。为什么这一半不吃要留下来，文中给了我们答案：问之。曰："宦三年矣，未知母之存否。今近焉，请以遗之。"原来是家有老母，要把这一半食物带回给她吃。因此，这里的"舍其半"就不能讲为"舍弃"，更不能讲为"抛弃于地"。《左传·隐公元年》记载颍考叔在接受郑庄公的食物馈赠时，也是"食舍肉"，吃的时候把肉放在一边，不吃。问为什么要这样做，回答也是："小人有母，皆尝小人之食矣。未尝君之羹，请以遗之。"这种礼俗其实在今天的一些偏远地区都还有保存。

我们主张要把古代汉语文选教学与对传统文化的体认结合起来，并不是主张要回到古代而改变我们今天的生活习俗；而是通过对传统文化的体认，更好地理解先秦的典范散文，感悟圣贤之言中的微言大义，避免对经典的误读。同时，我们也可以通过对传统文化的体认，学到古人精神和道德层面的一些有价值的东西，一些有益于构建社会主义核心价值观的元素。

比如，古代的祭祀文化所体现的古人对天地自然的敬畏之心和对人生命的崇敬之情，都是值得我们学习的。古代的军事文化、民俗文化也隐藏有很多合理的内核，我们应该进一步发掘。

参考文献

［1］孙诒让. 周礼正义［M］. 北京：中华书局，1987.

［2］王力. 古代汉语（重排修订本）［M］. 北京：中华书局，2018.

［3］刘兴均. 王力主编《古代汉语》1~5 单元文选注释商兑［J］. 广西师范大学学报，2009（1）：41–45.

［4］司马迁. 史记［M］，北京：中华书局，1959.

［5］段玉裁. 说文解字注［M］. 上海：上海古籍出版社，1988.

［6］朱彬. 礼记训纂［M］. 北京：中华书局，2017.

［7］阮元. 十三经注疏附校勘记［M］. 北京：中华书局，1980.

［8］王先谦. 释名疏证补［M］. 北京：中华书局，2008.

［9］刘兴均. 训诂学原理方法与实践［M］. 上海：上海交大出版社，2019.

［10］郭锡良，唐作藩，何九盈，等. 古代汉语（修订本）［M］. 北京：商务印书馆，1999.

汉字源流知识应用于
古代汉语教学的探索实践

三亚学院人文与传播学院讲师　周素焕

古代汉语是中国语言文学系的基础课程之一，三亚学院汉语言文学专业、汉语国际教育专业均开设此课程。古代汉语重点讲授先秦典籍中的上古书面语，以及通论部分的基本理论知识，帮助学生提高阅读古文的能力。作为一门传统课程，如何基于新的教学理念和信息技术进行革新，目前已有很多讨论和研究。但外在教学形式和手段之下，古代汉语课程仍需注重教学内容的构建，回归课程知识本身。

汉字是汉语的书写符号系统，且古代汉语是以单音节词为主。所以在古代汉语教学中，汉字材料和汉字理论的运用越来越受到重视。汉字源流是有关汉字起源和流变的学问，借助丰富的古文字材料对汉字进行分析，通过把握汉字的本质特点、动态演变线索和演变规律等辅助古代汉语文字的教学，并渗透到词汇、语法的教学，进而深化文选的教学，对于帮助学生理解课程重点难点、提升教学效果大有裨益。

一、汉字源流研究概况

古人已开始探讨汉字源流的问题，东汉许慎所著《说文解字》给出了六书的定义，且有对汉字字形的分析和对汉字字源的考究。古时汉字源流的研究不成系统，自唐之后才开始专题研究。近代以来，不断出土的丰富材料为研究汉字的演变轨迹及发展规律提供了条件，汉字源流相关的研究逐渐完善起来，代表性的成果如黄德宽教授主编的《古文字谱系疏证》。该书从汉字形音义的内在联系入手，排列文字、分析字形构造、指明演变之迹，构建了古代汉字的广义谱系。李学勤先生主编的《字源》以探究字源为宗旨，收录古汉语书中比较常见的字头 6000 多个，梳理字形演变脉络，并以出土和传世文献的实例，说明字的本义、引申义、假借义。曾宪通、林志强先生合著的《汉字源流》阐述汉字起源和汉字结构理论，分析汉字初文，总结汉字偏旁流变，结合具体汉字对汉字的流变进行详细例析，图文并茂。学者左民安《细说汉字》以 1000 个常用汉字为例，分析汉字演变过程及每个字的字义与字形间的关系。目前，汉字源流的研究系统全面、成果丰富，有著述、字典、教材、通俗读物等，这是我们应用到古代汉语教学中的基础。

二、汉字源流知识应用于古代汉语教学的必要性

汉字源流知识应用于古代汉语教学是古代汉语课程的内容特点和课程性质使然。古代汉语要求学生掌握古代汉语文字、词汇、语法、修辞等基本理论知识。汉字是表意性质的文字，汉字记录汉语中的词，而古代汉语以单音节词为主，所以汉字揭示词的本义，帮助分析引申义，区别假借义。语法是组词成句用以记录语言时要遵守的规则。古代汉语课程还需要利用基本理论知识，去分析文选中的文言现象，读懂古书。汉字源流知识沟通古今，可以帮助学生对古代汉语课程多个知识模块的融会贯通和深入理解。古代汉语是基础课，汉字源流知识应用于古代汉语教学，为学生学习后续课程《汉字与汉字教学》《汉文字学》等提供一定的基础。古代汉语是工具课，要求能运用基本理论知识来分析文选中的文言现象，真正读懂古书。古代汉语也是一门语言课，应把文言文当作古代的语言材料来分析，与古代文学课程相区别，学习中落实句中汉字的形音义和词汇、语法知识等，透彻理解句子。所以，汉字的理解和分析是学习古代汉语的重要基础，汉字源流知识的应用尤为必要。

三、汉字源流知识应用于古代汉语基本理论知识教学的探索实践

古代汉语需要学习的基本理论知识中，文字、词汇是最基础的部分，也是课程的难点、重点。借助汉字的古文字形和动态演变脉络，学生可以更加轻松地学习理论知识，理解知识点之间的联系。这里主要结合文字、词汇、语法的教学，论述汉字源流知识在其中的作用和具体实践。

（一）应用于文字教学

1. 帮助学生理解汉字结构，树立汉字发展观

传统六书理论一般采取许慎的名称，其中造字方式有象形、指事、会意、形声。教师授课时可利用汉字源流知识分析汉字的结构。象形是最先使用的造字方法，"未"字甲骨文作"✹"，比"木"字的甲骨文"✹"枝叶长，金文"✹"，是树木枝叶重叠的形象。"末"字甲骨文作"✹"，该字常被学生错认为"未"字，其实它是指事字，用一点指示树梢之所在，是末梢之义。"宝"字甲骨文作"✹"，房下有贝有玉，是会意字，金文作"✹"形，楚系简帛作"✹"，分别增加了"保"和"缶"作为声符，这个时候它就又变成形声字。有些字由于构字部件较多，需要借助汉字源流的梳理才能对其结构进行正确的分析。例如，通过图 2-9-1 中对"畺（疆）"字的演变梳理，我们发现"疆"字本从二田会意，或加横线为田界划线。后又增"弓"为意符，作为丈量土地的工具。后又增"土"或"阜"为意符，突出与土地有关的意涵，所以"疆"从土、弓、畺会意。

古文字书写尚未定型，同一字在不同时期，或同一时期的不同地域，或在不同的材质上，书写出来均有一定差异。汉字构造的讲解，不可避免要借助古文字材料，教师在引用时要标注清楚甲骨文、金文、小篆等，必要时金文还可细化分期，引用战国文字要注明地域，以此让学生对汉字的演变有直观的感知，帮助学生结合时间、空间和书体名称来看待汉字的演变，树立汉字发展的观念，系统掌握一个字。例如，"天"字甲骨文作

"⚡"，金文作"⚡"，前者在甲骨上用刀刻而成，人头是方折的轮廓，后者在青铜器上铸造而成，经过了从容的修饰和加工，人头和上身作填实的笔画。甲骨文、金文均有人头简作一横的写法如⚡、⚡。以上都是在正面而立的人（古文"大"字"⚡"）的基础上突出了头部，都还是"天"字。

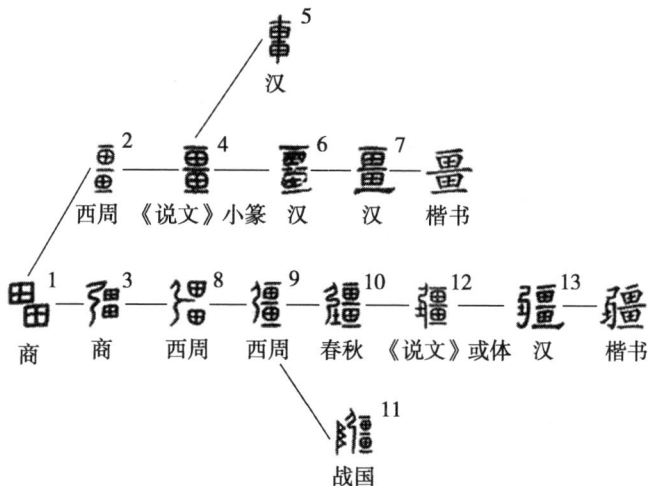

图 2-9-1　"畺（疆）"字源流梳理

2. 帮助理解异体字

异体字是从共时层面对汉字使用情况做出的概括，指一组读音和意义完全相同，只是形体有别的字，这组字在任何情况下都可互相代替。古文字处在汉字发展的早期阶段，书写很不固定，异体字很多。部件写法相同但是排列位置不同，如"物"字甲骨文作"⚡""⚡"，形声，一个上下结构，一个左右结构。造字方法相同，替换义近的形符，如"莫"字甲骨文作"⚡""⚡"，表示太阳落入树林或草丛；"牧"字甲骨文作"⚡""⚡"，放牧的对象是牛或羊。替换音近的声符，如"麓"字甲骨文作"⚡""⚡"，从林，以"鹿"为声，或以"录"为声。此外还有造字方式不同或是同一部件写法不同的例字。通过古文字材料来讲异体字更为生动、形象，可以帮助学生掌握概念，进而去积累、学习传世文献中的异体字。

3. 帮助正确认识汉字繁简现象，快速认读教材上的繁体字

利用汉字源流知识，可以帮助学生明白，简化字不是 20 世纪才有的，

汉字的繁简现象，在早期的甲骨文、金文中就经常遇到。繁简字也是共时层面的概念，繁简字就是一个字，笔画多的叫繁体字，笔画少的叫简体字或简化字。如"车"字甲骨文作"🜨"，或是只留车轴和车轮作"👁"，"册"字甲骨文作"𝍢""𝍡"，代表竹简的竖画数量不一。

识读繁体字，机械记忆不可取。通过汉字溯源，弄清造字理据，有助于学生快速掌握和深刻记忆繁体字。繁体字承袭小篆经隶书楷化而来，但小篆很多已是讹变后的文字，需要上溯到秦系篆文所承袭的西周金文，或是更早的甲骨文，才可进行字形理据分析。如"国"甲骨文作"🜨"，表示以戈守城，后来金文在城垣之形外加上四个短横，表示城界作"🜨"，或省作"🜨"，后有繁加口（wéi）的写作"國"，小篆承袭下来作"國"，这便是楷书"國"（国）字的来源，知道了其中的"或"本就是该字的初文，就容易记忆了。另如"書"（书）、"畫"（画）、"晝"（昼）三字，学生向来容易混同错认。这三个字都有"聿"，表示以手（彐）持笔（丨）之形，区别在于下边。甲骨文"書"作"聿"，从聿，者（楮之初文，作根茎枝叶状）声，后加装饰部件"口"作"書"，战国时口形多有讹变，有一种作"書"，与小篆"書"形同，后来楷书作"日"形。"畫"甲骨文作"畫"，从聿从乂，象手持笔以规划，金文作"畫""畫"，增加了表示田地之形的符号（前者省去了乂，直接替换为田），突出划分田界之义，之后经历复杂变化，到小篆"畫"，田形还在。"晝"甲骨文作"晝"，金文作"書"，均为形声，从日，聿声从日，表示本义与太阳有关，后经过复杂的变化，小篆作"晝"，"日"形还在，隶楷之后作晝，下多一笔（此笔由声符"聿"的横画饰笔下移而成，如《说文》籀文"書"，就有横画饰笔，又有左右指示符号表示光芒）。把握书下为"口"之讹，畫下有"田"，晝下有"日"，三个字就可以区分开来了。另如"穀""谷"在繁体字中是两个不同的词，在今天均简化为谷，前者属于同音代替。根据"穀"字左下有形符"禾"，让学生记住该字表示百谷（穀）之总名，与表示山间水流的"谷"（甲骨文作"谷"）字相区别。

（二）应用于词汇教学

1. 帮助辨析词的本义，分析引申义，辨明假借义

词的本义是通过分析记录词的符号得出并有语言材料证明的意义。汉字是表意体系的文字，字形揭示的是意义信息，汉字记录汉语中的词，古代汉语一个字就是一个词，所以词的本义可以借助字形来分析，并在此基础上分析词义的引申脉络。象形、指事、会意是纯粹表意，形声字的形符指示该字所属的意义范畴。如"月"甲骨文作"☽"，像弯月之形，本义为月亮，月亮运行有明晦圆缺的周期现象，所以可引申表示时间相关的意义。如"年"字甲骨文作"🌾"，人负禾，会意，表示谷物成熟了，有收获、丰收之义。古时天文历法与农业生产关系密切，当时生产水平低下，谷物一年一熟，于是周人便以谷物成熟一季为一年，由此引申表时间概念，如年龄、年代等。"防"的小篆作"防"，从阜方声，"阜"字甲骨文作"𨸏"，为山崖上可供踩踏的石蹬之形，表示地势与升降等意义。"防"的本义为堤坝，根据堤坝的作用引申为堵水，又引申泛指防止、禁止，限制行为便是约束于人，于是又引申为约束，又引申为约束人所制定的依据，即规范、标准。又如"坚"字从土，本义是土硬，固字从"囗"，表示四面闭塞、易守难攻，"刚"字从刀，本义是刀硬，形符的差异显示出了本义的区别。词义中而与该词字形所揭示意义无关的那层意思，便是假借义了，这层词义往往较虚，难以为它造出相应的汉字来记录，所借字形是因为与语言中某个词的读音相同才被拿去表达相应的意思。例如，给出学生"脱"字的8条词义，学生根据汉字溯源，发现其所从的形符"月"表示肉，便很容易判定"倘或，或许"的副词用法与字形无关，是假借义。

2. 帮助理解古今词义的差异

语言的三要素中词汇的发展变化尤为突出，绝大多数词义都发生了不同程度的变化。教师借助文献语料之余，还需借助对字形的溯源、分析，帮助学生科学记忆、加深印象。例如，"劝"（勸）今义侧重于消极阻止，古义侧重于积极提倡。该字从力、蘿声，"力"甲骨文作"🗡"，是农耕工具耒的形象，可引申为气力之力，后又泛指各种力量、能力。故其本义为鼓励、勉励，有积极意义，这也是先秦文献中常用的意思，即古义，与后来的规劝、劝告之义不同。另如"菜"字从"艸"，本指蔬菜类植物，不包括肉、蛋等副食，今天词义范围扩大。"闻"字从耳门声，古义是听到、听见，也可指听说、知道，都是和听觉有关的。后来才转为嗅觉，古今词义发生转移。"誅"（诛）字从言，本义为谴责、责备，成语"口诛笔伐"指口头上的谴责，便是保留了古义，今义表示杀戮，语义程度由轻变重。

（三）应用于语法教学

汉字源流知识运用于语法教学，是在文字、词汇的分析基础上实现的，它可以帮助学生牢记部分语法词汇，系统掌握一个词的用法，避免片面地机械记忆。

1. 帮助记忆部分代词

"我"，甲骨文作"𢧢"，像兵器形。"尔"，甲骨文作"𣁭"，像络丝架，上有锐头，中有器身，下有竖足。二字用作人称代词均属假借，即六书所说"本无其字，依声托事"。假借就是借形表音，为意义比较复杂的词语或虚词解决记录符号的问题。这些词本来没有专门记录它的字，于是借了一个与该词同音的字来代表它。同样的还有"而"，甲骨文作"𠕄"，金文作"𦡕"，本义是人脸上的颊毛，上为脸颊，下垂为毛，西周金文颊毛与脸颊分开，并以竖笔相连，又经演变，到小篆作"𠕄"，借用为第二人称代词。"其"甲骨文作"𠀠"，像簸箕之形，作为指示代词、人称代词都是假借，在先秦典籍中很常见。

2. 帮助理解部分虚词的来源，区别其与实词的用法

借助汉字演变可帮助学生理解词义的发展，区别不同词类的用法。"以"本为实词，虚化变为介词，进一步虚化才变为连词。上述"而"字作为连词在古代汉语中使用频率也很高。另如"为"字，并非许慎所说母猴，因为小篆字形已发生讹变。该字甲骨文作"𤝐"，像人手牵着一只大象，会意劳作，后来出现新的义项，核心义仍是动词做、干，用作介词，可以介进动作涉及的对象、行为的目的、原因等。此时读作去声，与读作阳平时的其他用法相区别。

四、汉字源流知识应用于古代汉语文选教学的探索实践

古代汉语的文选教学，是把文选当作语言材料来学习的，运用文字、词汇、语法等基本理论知识来分析文选中的文言现象，所以汉字源流知识的应用也可以因其对文字、词汇、语法的分析，深化文选教学，帮助学生透彻理解，读懂古书。

教材《左传·隐公元年》中，很多学生把"佗邑唯命"中的"佗"，误读作"tuó"，其实读"tuó"是另一个词，表负荷之义，在这里读 tā，"佗"与"他"是异体字。教师可以对"它"和"也"的源流演变进行梳理对比，让学生明白是因为发展过程中形体相近、混同，才产生了他、佗这组异体字。又如《诗经·豳风·七月》里"九月叔苴"的"叔"字，借助形符"又"在古文字中的右手之形，帮助理解其"拾取"义。又如课外文选《史记·项羽本纪》里"未尝败北"中"败北"一词是打败仗，教师可以利用汉字溯源帮助学生知其所以然，"北"甲骨文作"ᓭ"，表示两人相背，军队打败仗是背向敌人而逃，故叫"败北"。又如《孟子·滕文公上》里"禽兽偪人"中"禽兽"一词，"禽"甲骨文作"ᕱ"，是长柄有网的捕鸟工具，金文加声符作"ᕱ"。该字本义是捕鸟网，在甲骨文中便常用作捕捉之义，后引申出猎物之义，指有羽的飞禽。捕捉之义由后来的"擒"字承担。"兽"字甲骨文作"ᕱ"，左为猎具，右为猎犬，会意狩猎，后来引申指被猎获之物，动词义后来造"狩"字表示。二字均经历了由动到静的引申。这两个字后来凝固成一个复合字组"禽兽"作为飞禽走兽的总称。二者原先都有自身的含义，但发展过程中，在意义发展上具有共同的趋势，所以经常连用，最终凝固成一个新的字组，表示新的意思，属于"异字合流"。体现了古今汉语词汇构成从单音节词向双音节词发展的趋势。借助汉字源流知识，教师才可帮助学生正确理解词汇在先秦典籍中的意思，避免以今释古。

五、汉字源流知识应用于古代汉语教学的意义

（一）增加课堂的趣味性，帮助学生举一反三、融会贯通

汉字的古文字形直观、生动，背后往往蕴含着丰富的文化意蕴，将其融入古代汉语教学当中，可以避免一味地讲解枯燥的理论，大大增加了课堂的趣味性。借助清晰、有条理的汉字动态演变脉络，教师可以帮助学生有效融合相关知识点，做到举一反三、融会贯通。语言和文字是互相影响和制约的。汉语词汇的发展对汉字的结构及其形体的演变有直接的影响。词汇的迅速增长，致使一个词形，也就是汉字，担负了多重意义，造成了兼职过多的现象。这个时候就会增加形符，并以原字为声符，形成形声字，以分担原字的压力。有的是为明确本义而造的形声字，如莫—暮、然—燃、其—箕；有的是为了明确引申义而造的形声字，如取—娶、解—懈、昏—婚；有的是为了明确假借义而造的形声字，如栗—慄、目—眸、辟—譬等。此外，词汇的引申也会促使形声字形成新的意义，于是改换形符形成新的形声字，如振—赈、张—帐—账等。我们在分析时，可通过汉字源流梳理，帮助学生立体化地透彻理解知识。例如，“取”甲骨文作“”，以手取耳会意，与战争或捕猎时以耳计数有关。后来引申为一般意义的拿取、获取，以及娶妻等义。后来为明确娶妻这层意思，增加形符“女”，形成了形声字，该字从女，从取，取亦声。这种字根表示本义的形声字，后起的这个字往往是形声兼会意，与字根之间有同源关系。分析“取”到“娶”的演变，学生综合理解了会意字、形声字、古今字、词的本义、词的引申义等文字、词汇知识，做到举一反三。

（二）提高学生的语言文字功底，提升教学技能

汉字源流知识可以辅助古代汉语基本理论的教学，深层解析文选中的文言现象，帮助学生提高阅读古书的能力，更好地理解和运用现代汉语，为从事文秘、写作等语言文字工作打下基础。此外，汉字源流知识还可以提高学生今后的汉字、汉语教学技能。一方面汉字源流知识的运用加深了

学生古代汉语的掌握程度，提供知识基础。另一方面，教师将汉字源流知识运用于古代汉语理论和文选教学，对今后学生的教学实践提供一定的示范。近年来，将汉字源流知识运用到国内低年级语文识字教学、中学文言文教学和对外汉语识字教学，已经有了比较多的关注和探讨。学生毕业后走向教师岗位，需要综合自身知识储备、教学内容分析、学情分析等因素，运用汉字源流知识进行教学，而古代汉语课程中教师的自觉运用，无疑会给学生带来启发和借鉴。

（三）帮助学生提高文化素养，增强文化自信

汉字是记录汉语的符号，也是文化的活化石。其表意特性使其本身就蕴含着深层的文化意蕴，并体现在饮食、农耕、交通、建筑等各个方面。将汉字源流知识运用于古代汉语教学，可以帮助学生学习汉字中的文化。例如，从"女"之字蕴含了姓氏文化和女性相关的文化。对比"妻"字由甲骨文到金文的流变，可以了解中国古代女性从一开始野蛮地被掠夺，到后来的顺从、奉命嫁给男方，且与夫齐平的社会处境变化。通过"婚"字可以了解古代昏时娶妇的婚礼习俗。又如通过讲解"臣"字，了解殷时奴隶的相关信息。又如通过"各""出"等字了解古人的穴居情况。通过"桥""镜""杯""枕"等字的形符了解古代不同于今天的物质文化。具体分析，如讲解《左传·隐公元年》中的"封人"一词时，需讲清楚"封"字，该字甲骨文作"𡊕"，是植树木于土上之义，金文增加手形作"𡊕"，突出用手培植之义，小篆"又"讹作"寸"，作"𡊕"。因为古时国与国之间的边界是用植树的方式划定的，所以由动到静引申出边界的意思。封人就是管理地方的长官。这里利用汉字源流知识进行教学，很自然地帮助学生了解了根植于汉字土壤中的文化传承，增强学生的文化自信。

六、结语

汉字源流知识辅助古代汉语教学有其理论研究基础和必要性，可应用到文字、词汇、语法等理论教学中。汉字源流知识还可以帮助学生深入学习古代文选。汉字源流知识应用于古代汉语教学，对于今后从事国内的语

文识字教学、文言文教学和对外汉语教学的学生，提供了一定的知识储备和教学启发。此外，汉字源流知识的教学，可以充分利用多媒体技术，将教学设计"活"起来，讲解时分清主次，把握适度原则，不要盲用、滥用，尽量把汉字流变讲得清晰、易懂，避免增加学生学习难度，切实提高学习效果。

参考文献

[1]李学勤，等.字源[M].天津：天津古籍出版社，2012.

[2]曾宪通，林志强.汉字源流[M].广州：中山大学出版社，2011.

[3]刘兴均.汉字的构造及其文化意蕴[M].北京：人民出版社，2014.

[本文系三亚学院校级教学改革项目"'古代汉语'课程考核改革试点项目"（项目编号：SYJGKH2022056）阶段性成果。]

文字教学对线上平台的应用探索

三亚学院人文与传播学院讲师　吴程玉

汉字传承中国文化。汉字演进中不断吸收文化内容，文字的变化记录民族思想的演变。国际中文教育中的汉字教学，不仅要教外国学习者如何书写文字，也要通过汉字教学讲解中国文化。这要求学生除了会使用偏旁部首、笔画笔顺讲授汉字外，更要了解汉字的结构、汉字的演变和汉字中蕴含的文化。国际中文教育专业的学生通过线下现代汉语、古代汉语等课程阶段性地学习古文字、繁简字、汉字的构造方面的知识后，应充分利用线上平台学习和复习古文字、繁体字，将传统学科教学和现代化教学手段联合起来，既可以解决文字教学中需要多看、多练的问题，又能通过线上平台提高学生学习兴趣、提升学习效率。

一、汉字教学现状

国际汉语教学中，文字教学最困难。教师除了要掌握教学方法外，扎实的知识储备是保障教学方法有效实施的重要条件，相对于师范类专业，国际汉语教育专业的现代汉语、古代汉语等课程线下教学存在班级人数多、课时少、基础知识讲授与模拟授课难协调的问题。也就是说，单靠线下教学的 60 学时，很难完成基础知识讲授和学生实践训练两方面的要求。

国际汉语教育专业学生常用到的古文字、异体字、繁简字等知识点多来自现代汉语、古代汉语课程。由于课程的整体设计需要综合所有的知识点，其中关于汉字教学中应用到的偏旁部首、笔画笔顺、汉字的性质、演变等基础知识讲解多偏向用少量案例分析定理定义。

对学生历年试卷的分析发现，学生在汉字的构造、古今字、异体字、繁简字、汉字的演变等几方面失分较高。在古文字方面，对于简单的如日、月、山、水等象形意味较浓且形体简单的甲骨文、金文的掌握情况较好，但对于象形意味较弱且笔画较多的古文字的掌握情况较差；在汉字的构造方面，在分析汉字的造字法上，对指事和会意两种造字方法容易混淆；在繁简字和古今字、异体字方面，由于认识的繁体字较少，对于笔画数量差距较大的两个字，容易误认为是繁简字。

二、充分运用线上平台

在信息时代，智能手机已成为高校师生的必需品，学生作为数字时代的"原住民"，利用手机和网络捕捉信息已是常态。教师可以利用学生的智能手机和线上资源，调动学生学习的积极性，引导学生用手机进行学习。

三亚学院以线上教学平台的资源为主，辅以应用程序、微信小程序等线上资源，结合线下课程，针对不同的学生群体和不同的学习目标，有针对性地开展线上教学。线上平台的运用可以弥补国际汉语教育专业学生课时不足的短板，打破时间和空间的限制，实现线上平台与线下授课互补，为实行多种形式的翻转课堂教学提供一定的条件。

三、古文字教学对线上平台的利用

古文字为学生了解中国古代文化提供了线索。关于古文字的学习，多以《说文解字》为主，讲解小篆对应的甲骨文、金文和战国文字，分析字形、字义的演变以及其在现代字典中部首归类的变化，使学生了解古文字和汉字的演变。但由于案例分析较少，学生通过课堂能学到的古文字有限，对课堂学习的古文字存在易混、易忘的现象。线上平台的使用可以有效解决学生原始积累少和容易混淆的问题。

（一）线上查字网站

针对学习目标明确的学生来说，对古文字知识的需求偏向于系统地掌握汉字的演变，积累古文字知识。教师使用的古文字的线上学习平台应能提供权威字典与辞书的查询、提供原版书籍的影印图片和古文字字形的出处等功能。例如，"国学迷"网站，提供的古文字的字形图片均提供出处，点击后可以直接查看原书图片。如图 2-10-1、图 2-10-2 所示。

2-10-1　网站甲骨文字形

工具书	影印版	备注	文字版
汉语大字典	第48页	第14字 第1卷	
中华字海	第23页	第7字	
汉语大词典	第676页	第1卷 676	
现代汉语词典	第1665页		
字　源	第548页		
中华大字典	第13页	第9字	
康熙字典 (内府)	第173页	第4字	文字版
康熙字典 (同文)	第82页 考证：第1637页	第4字 考证：第10字	文字版
康熙字典 (标点)	第7页	第7字	
异体字	屮 屮 仏 屮 出 亞 屮 坐 之 小 详情		
说文解字注	第1088页		文字版
说文解字 (陈刻本)	第241页		
说文解字 (孙刻本)	第218页		文字版
说文解字 (日藏本)	第209页	左栏	

2-10-2　网站可查询书籍

教师线下授课时，应注意培养学生养成查字典、辞书的习惯。同时，学生可以通过"国学迷"网站上提供的资源，配合线下授课中关于古文字的讲解，有步骤有计划地积累古文字知识。单纯的古文字和词义查找的积累虽然能够满足学生对古文字知识点需求，但如果学生只学不练，学习效果会大打折扣。微信中有很多涉及古文字的小程序，学生可以通过文字游戏进行古文字学习，进一步巩固所学知识。

（二）古文字类网络游戏

随着智能手机的普及，以手机游戏为代表的网络游戏门槛进一步降低。手机游戏提供了传统学习中比较缺乏的奖励、挑战和成功体验，其带来的快感容易使游戏玩家乐在其中。利用手机游戏让学生学习古文字，可以使学生在游戏中复习，学生进入游戏情境，"沉浸式"体验古文字。

目前，与线下授课内容相结合的古文字类微信小程序可以分为两种，一种是甲骨文游戏的小程序，另一种是可查询古文字并含测试的小程序。

学生可以通过微信小程序"甲骨文连连看"游戏学习甲骨文。该小程序由安阳师范学院甲骨文活化利用艺术中心开发，将游戏中的甲骨文和对应的现代简体字相连接即可成功消除图片。游戏分为简单模式、困难模式和挑战模式。其中，简单模式和困难模式每组有 120 秒游戏时间。简单模式中，甲骨文标注了汉语拼音；困难模式取消汉语拼音提示，仅在游戏开始前提供甲骨文和简体字的对照表供游戏玩家学习。游戏开始后，学生需凭借对甲骨文的记忆来完成游戏，每组甲骨文会有两到三个重复，这既方便学生复习已经学过的甲骨文，又能让学生自学新的甲骨文。如图 2-10-3 至图 2-10-6 所示。

2-10-3 游戏开发者   2-10-4 游戏模式   2-10-5 简单模式   2-10-6 困难模式

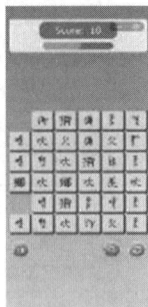

　　小程序中的甲骨文由易到难，游戏关卡中的字数由少到多。如若忘记文字而不能完成游戏，学生可以通过帮助选项找到甲骨文对应的简体汉字。

　　类似的小程序还有"殷墟甲骨文连连看"，该小程序在连连看游戏规划的基础上，将甲骨文分为人体、器官、自然、生活四类，游戏玩法与"甲骨文连连看"基本相同，但分门别类的识文方法是其特别之处。如图 2-10-7 所示。

2-10-7　殷墟甲骨文连连看主页面

　　连连看类游戏凭借着玩法简单、易于入门等特点吸引众多游戏玩家。古文字教学可以利用此类游戏吸引学生通过游戏完成古文字的学习。游戏的过程变成学习迁移的过程，学生将课堂学到的古文字知识应用到游戏的情境中，在游戏中获取更多的有益信息和学习因素。

　　微信小程序"汉字字形"包含检索查询古文字和文字测试两项功能。首页由检索框、说文部首检字、书法集字、热门讨论、汉字选择游戏和汉字拼图五部分组成。检索框可以检索某一文字的甲骨文、金文、小篆、楷书、行书字形；说文部首检字可以用部首查字，内有《说文解字》和《说文解字注》两部字典的解释，也可以看到各种字形。如图 2-10-8、图 2-10-9 所示。

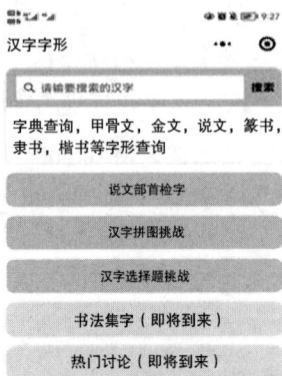

2-10-8　小程序主页面

2-10-9　检索出的古文字

　　汉字选择游戏和汉字拼图是以上两个小程序中包含的文字游戏。汉字选择游戏是将简体汉字对应的甲骨文、金文、小篆、楷书或行书字形选择出来，答对进入下一关，答错则重新开始选择，每组结束后会将选错的文字再测一次，全部通过后进入下一组。汉字拼图是将某字的古文字字形（甲骨文、金文、战国文字）分割为九块的拼图，将拼图中的文字正确拼出即为通关，拼图游戏分为"童试""院试""乡试""会试""殿试"五级，文字难度会逐级加深，如"童试"阶段为"乙、土、尤、幺、犬、己、厅、刃、升"等笔画字形简单的字，拼图完成后，可看到该字的拼音、部首、笔画，在《说文解字》中的解释，并可观看该字的所有字形。即使游戏中途退出，小程序依然保存上次的成绩，重新打开后可以连续通关测试，适合学生利用碎片化时间学习。如图 2-10-10 至图 2-10-12 所示。

　　游戏式学习不是单纯的放任学生沉迷于游戏中。教师需要提前测试游戏、了解游戏，根据学生学习需求和游戏特点设置任务。"强化理论"指出，强化可以分为两个类型，正强化和负强化。正强化就是奖励符合目标的行为，并使这种行为不断出现。正强化运用到游戏式教学中，学生通过闯关、进阶等方式回答问题获得积分和排名。教师在线下课堂公布积分和排名，对取得好成绩的学生进行鼓励和宣传。学生通过完成游戏任务获得线下课堂的学分，由此带来的荣誉感会促使他们为获得奖励而不断地完成新任务，进而实现正向循环。

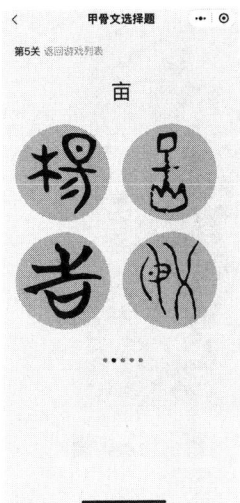

2-10-10　汉字选择　　　2-10-11　汉字拼图　　　2-10-12　汉字拼图释词

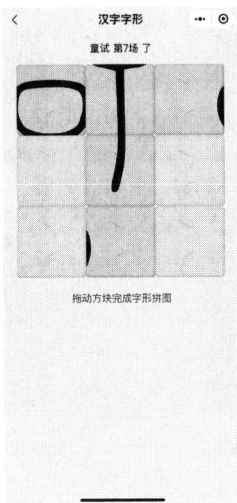

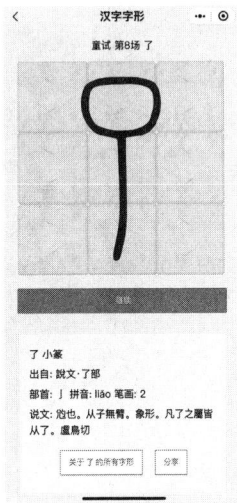

四、繁简字教学与线上平台的结合

线下课堂里，教师可以将板书和课件中的文字改为繁体字，并加入学生繁体字听写；同时，课余时间可以利用繁体字小程序督促学生认识和学习繁体字。目前，关于繁体字的小游戏可以分为两类：一是答题竞赛类游戏，另一类是消除类游戏。

（一）答题竞赛类游戏

答题竞赛类的文字游戏有"繁体字挑战""认识繁体字""30 秒找错别字""简繁识字"等，这类游戏一般都是先给出简体字和几个形体类似的繁体字。游戏玩家在规定的时间内选出简体字对应的繁体字，一旦选错即结束游戏。游戏结束后，屏幕会显示一共选对多少个繁体字。游戏会根据认出的繁体字多少给予不同评价，认识得较少，多为调侃式评价，这可以激发学生对胜利的渴望；认识的繁体字数量超过 500 后，多是夸赞式评价，这会鼓励学生继续学习。如图 2-10-13、图 2-10-14 所示。

2-10-13　繁体字答题模式

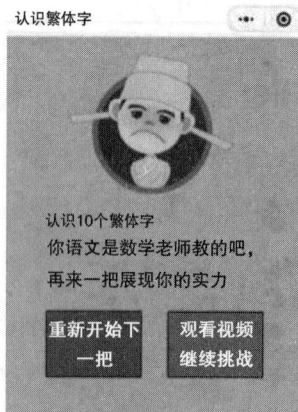

2-10-14　答题字数统计及评语

对繁体字有较深研究的学生可以运用"句读 Pro"小程序。"句读 Pro"页面有"单人游戏""多人对战""榜单"和"个人中心"四个部分："单人游戏"中有"专书模式""主题模式"和"难度模式"，其中"专书模式"收录中华书局出版社的繁体字版《论语正义》《孟子集注》和《史记》；"主题模式"有繁体字的二十四史、古籍中的爱情、诗中草木等模块。游戏开始时，会提示句读符号总数，需要标注句读的文章可以自己选定相应的书籍。文章为竖版繁体字，是在读书认字的基础上为文章断句。断句结束后，小程序会自动批阅，将错误的断句标出。如图 2-10-15 至图 2-10-17 所示。

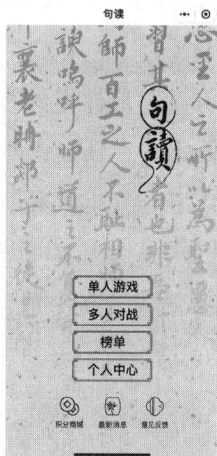

2-10-15　小程序页面

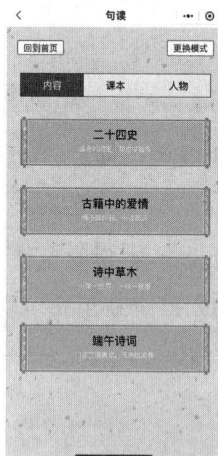

2-10-16　可选句读书籍

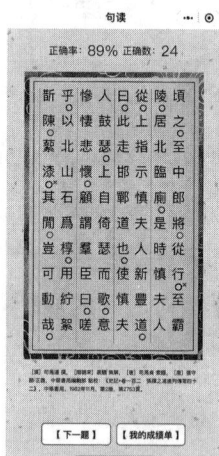

2-10-17　句读批改

"多人对战"方式最多可以进行四人对战。多人竞赛能满足人的社交需求，学生通过邀请好友建立联系，在游戏中学习。句读的文本可以是"单人练习"中的模式和书籍，并设定答题时间，成绩在对战结束后会由系统自动统计。如图 2-10-18、图 2-10-19 所示。

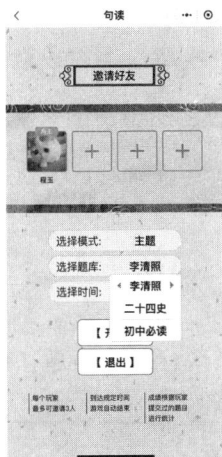

2-10-18　好友邀请

2-10-19　对战题目

(二) 消除类小游戏

电视剧剧名连连看是繁体字消除类小游戏，首页有中国内陆、中国香港、中国台湾电视剧和韩国电视剧四种选择，每种电视剧有 40 关，每一关由 9 到 12 个繁体字组成，将繁体字组成两部电视剧剧名即可过关，通过所有关卡需要认识约 1600 个繁体字。

如图 2-10-20 所示。

2-10-20　游戏内容

对于刚刚接触繁体字的学生来说，繁体字的学习存在难写、难认的问题，这款游戏是在知名电视剧剧名的基础上展开的。游戏可以让学生学习繁体字，并利用学习的繁体字解决问题。通关后，学生会获得胜利的喜悦，进而激发学生继续文字游戏的驱动力，使学生在游戏中完成复习任务。

线上教学实践中，教师应先做演示，教会学生基本操作。教师可以通过数据反馈对学生的学习行为进行正面强化，增加学生的成就感，如分享闯关进度、公布积分排名、课间开展在线 PK 等。排名靠前、完成难度较大项目的学生，得到的奖励也越多。

五、汉字结构教学对线上平台的利用

象形、指事、会意、形声的概念对学生来说背起来简单，但在分析汉字结构时仍常常出错。目前，对外汉字教学仍会用到这些概念讲解汉字的形体和字义，特别是形声中的形旁、声旁常用于汉字字音、字义的讲解，但课堂上能举例讲解的汉字十分有限。教师对学生运用"六书"分析汉字的能力不好把握，微信小程序或应用程序中的文字游戏不由教师设定，多用来学生的课后复习和自学，弥补课上练习不足的问题。而线上教学平台中的测试却可以很好地和线下课堂相结合，配合教师课堂授课内容，帮助教师及时掌握学生的学习情况。

（一）芯位教育平台

芯位教育平台是吉利人才发展集团开发，致力于教育资源共享和建立"千人千面"人才培养新范式的线上教学平台。该平台可以将教学、实训、考试、测评等教学活动紧密融合，包括线上名校名师教学视频等资源。教师可以在每章节视频后设置单选、多选、填空、判断和主观题等多种题型，系统会自动批改并统计错误率，有助于教师通过平台了解教学效果。如图2-10-21所示。

错题 TOP 5

1.通论练习题	
题目	**错误率**
下列各组汉字中，全部是象形字的一组是	35.96%
下列各组古今字中，今字代表古字引申义的是	31.46%
下列各组古今字中，今字代表古字本义的是	22.47%
下列各组字属于通假字的是	22.47%
下列各组字中属于异体字的是	16.85%

2-10-21　错题率统计

（二）雨课堂

雨课堂是由清华大学和学堂在线共同研发的一款智慧型教学工具。该工具可以将教师制作的幻灯片发送到学生端，学生端呈现的幻灯片每一页下方都设置"不懂"按钮，方便学生及时反馈对知识点的掌握情况。一些互动功能可以增加学生在教学过程中的参与感：学生可以发弹幕向教师提问，教师也可以通过线上随机点名和随堂测试活跃氛围。

教师在课前应多准备练习题，并根据学生的实际情况点对点推送。例如，利用雨课堂中的随堂测试功能检测学生运用"六书"分析文字的构造时，发现学生对"六书"概念的掌握比较好，但在用"六书"分析汉字时，容易混淆"指事"和"会意"。于是，教师在授课时可以减少"象形"和"形声"的讲解，重点强调"指事"和"会意"两类造字法的区别。教师还可以通过知识点的测试了解学生对知识点的掌握情况，重点强调易错、易混淆的知识点。学生提交试题后，平台会自动分析测试结果。教师通过结果可以看出在哪些知识模块丢分较高，方便在以后的教学中加强练习。

结合芯位教育平台和雨课堂的功能，教师的教学模式和教学设计、教学课件需要进一步优化。例如，可以加入更多互动的环节：学生对授课内容及时反馈；课堂答题系统提供多种题型供学生测试，答题结束后系统会对学生的测试结果进行自动分析。此外，授课前教师可以通过芯位教育平台提供的数据，了解学生对知识点的掌握情况，并根据学生实际情况对课堂教学的重点难点内容做出适当的调整。

大数据时代，移动网络和智能手机的普及，学生可以在任何时间和地点便捷地利用身边的各种软硬件资源来学习自己感兴趣的内容。利用游戏增加学习乐趣的同时，教师要起到引导作用，强化学生对文字的认识由游戏式向学习式转变。此外，教师可以根据平台提供的教学反馈，在教学内容、教学思路、教学设计等方面做出优化，促进国际汉语教育专业高质量发展。

参考文献

[1]王波．游戏设计中的心理因素研列[D]．武汉：武汉理工大学，2006．

[2]陶侃．从游戏感到学习感：泛在游戏视域中的游戏化学习[J]．中国电化教育，2013（9）．

[3]尚俊杰，裴蕾丝．重塑学习方式：游戏的核心教育价值及应用前景[J]．中国电化教育，2015（5）．

[4]黄伟嘉．汉字域汉字教学[M]．北京：北京大学出版社，2020．

[5]马畅行．对外汉字教学法与汉字字源教学法研究综述[J]．汉字文化，2022（15）．

[6]彭万勇．对外汉字字源教学法构建研究[D]．重庆：西南大学，2009．

[本文系 2021 年度三亚学院线上线下混合式教学改革项目"基于芯位教育平台的古代汉语课程内容建设及教学模式探究"（SYJKH202110）阶段性研究成果。]

海南方言文化融入中文专业语言类课程的教学思考

三亚学院人文与传播学院副教授 龚 韶

一、中文专业语言类课程概况

中文专业的课程大体可以分为文学和语言两类。从实际教学情况来看，中文专业的学生多有近文学远语言的倾向，主要原因在于两类课程性质存在一定的差别。文学类课程的趣味性、发散性强于语言类课程，后者则因涉及理论知识较多，教学体验相对枯燥。而语言类课程作为中文专业课程的重要组成部分，是深入学习中文专业其他课程、提升学生综合素养的基础。

（一）中文专业语言类课程组成

中文专业语言类课程主要由基本语言类课程现代汉语、古代汉语、语言学概论等组成，部分拓展延伸课程如汉文字学则属于选修范畴。各课程内容及教学目标情况如下：

现代汉语系统介绍现代汉语基础理论知识和语言系统的结构规律。知识体系由现代汉语语音基础知识、汉字的性质和作用、汉字的构造和形体演变、构词法、词义的性质、词义的分解和聚合、词汇的发展、语法单位和语法规律、修辞方法及辞格类别等组成。该课程是学生系统了解现代汉民族共同语的结构及特点，形成现代汉语语音、汉字发展以及词汇语法认知的课程。

古代汉语以文言文为语言材料，从古代书面语的语言特点和语言规律出发，介绍古代汉语文字、词汇、语法等方面的基本理论，帮助学生系统掌握古代文字、词汇、语法、音韵、修辞等基础知识。该课程能提高学生阅读古书的能力，提高学生的语言修养，有利于他们形成批判继承古代文化遗产的意识。

语言学概论强调学生对语言共性的认识、对语言结构的关注、对语言发展演变规律的把握，系统讲授语言的功能和结构、语言发展演变的机制和规律。内容包括语音和音系、语法、语义和语用、文字几个部分。该课程能帮助学生掌握语言共性知识并形成语言理论分析语言事实的基本技能。

汉文字学是古代汉语的知识延伸，课程重点关注汉字的结构、汉字字体演变、汉字所蕴含的文化等知识，通过指导学生识读、背写一定数量古文字，形成依据《说文解字》分析常用汉字的形体构造、汉字本义的能力。

（二）中文专业语言类课程现状分析

中文专业的语言类课程组成比较简单，主要由基本语言类课程构成，且基本语言类课程的知识体系由语音、词汇、文字、语法四部分支撑，强化理论性和科学性，在趣味性方面略显不足。同时，课程在内容上还有一定重合，如现代汉语、语言学概论中语音、语法、文字、语义等知识内容，因为理论阐述得近似而容易缺乏新鲜感，还因为课堂上提供的语言事实举例多是汉语的材料，体现出语料不够丰富的短板。古代汉语、汉文字学则因为与日常的语音、文字相去甚远，难于辨认和记忆，理解掌握较为困难，因此中文专业学生近文学而远语言的情况较为普遍。

与之矛盾的是，语言类课程是中文专业课程的重要组成，也是毕业生从业或深造的基础和保障。在中文专业中，语言类课程占据绝对的主体地位，是实现文学能力和水平提升的前提，可以说强化语言知识素养也就是在培养文学能力。同时，语言类课程在中文专业的课程中占据主导地位，中文专业毕业生的就业方向包括语文教育、新闻采写、行政写作等，这些工作都要求学生具有较高的语言文字能力。

综上，语言类课程在中文专业地位重要，但又容易使学生敬而远之，因此有必要在教学内容的组织上深化改革。

二、海南方言概述

方言是一种特殊的语言符号，蕴含大量的地方文化信息，是传承中华优秀传统文化和民族文化的重要载体。汉语方言俗称地方话，指通行于某一特定区域，即局部地区人们使用的语言。汉语方言可以分为七大方言区，包括北方方言、湘方言、赣方言、吴方言、闽方言、客家方言和粤方言区等。

（一）海南语言种类多样

古代百越的分支横渡琼州海峡，来到海南岛，成为海南岛早期居民。后来，历朝历代的民众来到海南，基本按照语言与来源地域群分，各自择地而聚居。这种按语言群居而形成的不同方言的自然群落，促成海南语言种类的丰富性。

海南的语言生态分布颇具特色。作为聚集汉、黎、苗、回等多个民族的省份，其语言构成和分布十分复杂。岛内通行的语言有汉语、黎语、临高语、村语、勉语、回辉语、壮语等。岛内的方言种类也数量繁多，有儋州话、军话、迈话、客家话、疍家话，还有分布在海南岛大部分地区的海南话。海南话在海南有500多万居民使用，主要分布在海口、琼山、文昌、琼海、陵水、昌江、三亚等市县和沿海地区。有学者考证，海南岛内有14种彼此不能通话的语言和方言，可以说海南是全国方言较多的省份之一。

（二）海南方言历史悠久

早在西汉时期，海南岛就有汉族封建王朝的官员、商贾和文人带来汉语官话。随着迁徙海南的汉族人数不断增加，汉语官话在公共交际活动中使用频率越来越高。后来，随着不少文人学士被贬谪海南，他们开始培养当地学生学习汉语和汉字文化，进一步扩大汉语官话的影响力。汉代官话属于汉语北方方言，比较近似于西南官话或本地军话，现在儋州话与古老的汉语官话较为接近。

海南话是唐宋以后从福建迁徙而来的移民的语言，通行于海南岛各地。

海南话属汉语闽方言在海南的分支，海南话按照语音的特点分为文城、海定、万陵、崖城、昌感五个片区。中华人民共和国成立前，海南话主要通行于海南岛的东南部和其他县的城镇，后来以文昌话为代表的海南话普及到全岛。目前，岛内各级机关、学校和各公共场所基本上通行海南话。

唐宋时期一批汉族军士由于战争的原因漂流到海南岛昌化江入口处并定居下来，分布在东方市和昌江县靠近昌化江的地方。他们自称"村人"，人口约十万。村语是村人与当地土著融合后，放弃了原来的语言而逐渐形成的一种独特的语言。这种语言与黎语比较接近，也有汉语的特点，但独有的成分居多。目前，村语里仍可发现掺有某些汉语方言的词语，有些是粤方言的，还有些是客家话或海南话的，说明他们曾经与说这些方言的人接触过。

其他如迈话、疍家话也以自己族群的移民迁徙为背景，逐渐在海南岛延续和发展。历朝历代不同身份的人群携带着不同的语言向海南涌入，为丰富多样的海南方言披上历史悠久的外衣。

（三）文化蕴涵丰富

据调查，目前海南使用人口在 6 万人以上的方言有海南话、军话、村话、儋州话、客家话、迈话。每种海南方言的背后，都蕴含着该族群独特的生存方式，都存储着某个特殊种类的文化。这些文化与它们的载体——方言——在海南这片沃土共生共长：从唐宋时期文人墨客的贬谪流放，及至民众躲避战乱；自发展国内外贸易中转站和军事战略要地，直到 20 世纪 80 年代海南建省并成为经济特区以及 2018 年开启海南自由贸易港建设，海南的文化事业不断取得蓬勃发展。同时，随着海南民族间文化的深入交流，黎、苗、回等民族的文化既保持各自的独立性和稳定性，又体现一定的开放性和包容性。

海南"孤悬海外"的地理优势，使众多方言保留了一些原始的韵味。种类众多的海南方言蕴涵着丰富的文化内容且不断相互交融并焕发生机，为海南向世人呈递独具魅力的文化盛宴贡献力量。

三、海南方言文化融入中文专业语言类课程的价值

鲁迅在《门外文谈》中提到"方言土语里，很有些意味深长的话，我们那里叫'炼话'，用起来是很有意思的。恰如文言地用古典，听者也觉得趣味津津"。

将海南方言文化融入中文专业语言类课程的价值有三点。

（一）丰富语料　提升趣味

语言类课程中的方言文化内容能较大程度吸引学生，使其产生好奇和共鸣。对于中文专业的学生来说，这是间接了解地域文化、激发学习兴趣的有效途径。近年来，海南涌现出许多用方言制作的短视频，这些短视频有岛内不同地区的方言特色，也有用海南方言加油打气的场景，更有"叮咚鸡""大狗叫""袋鼠机"等令人忍俊不禁的笑谈。

以短视频形式呈现的海南方言，展示出海南方言文化与众不同的一面。在课堂的教学中除了引入视频资料，还可借助朗读、音乐、表演等多种艺术形式展示方言文化，挖掘丰富多彩的海南方言内容。这种语料辅助的方式能在一定程度上降低语言知识的理解难度，从而激发学生的兴趣。同样，在语言类课堂实践中，如果教师的讲解方式单一，很难持续吸引学生的注意力。合理地运用海南方言内容，丰富课堂语料知识，可以创造活跃轻松的课堂气氛，进而更好地吸引学生。此外，这种将语言学理论与应用联系起来的方法，能很好地激发学生的探索欲，提升学生的学习兴趣。

（二）促进理论与实践结合

海南方言的种类和承载的文化是丰富多样的，我们通过方言的介入吸引学生对语言类课程的关注，除了在教学内容的组织上下功夫外，还可以帮助学生提升对方言的正确解读和诠释能力，真正实现语言理论与语言生活实践的结合。比如，以语言学理论知识为基础，建立方言研究为重点的兴趣小组；以实地走访形式开展方言调研活动，促进学生对方言和其所承载的文化进行探寻。

课堂之外，教师立足海南方言成立科研团队，让学生积极参与进来，

深入海南各地调研方言的使用以及分布情况，探究海南方言背后承载的传统文化和习俗。这种将理论课程教学延伸到社会语言生活层面的做法，也能在较大程度上提升语言类课程教学的效果。

（三）增强方言文化保护意识

自 20 世纪 50 年代普通话普及推广以来，方言逐渐被边缘化，海南方言更因与普通话差异较大而令其使用者颇有难登大雅之堂的体会。笔者调查发现，海南籍学生能熟练使用方言交流的人数在海南学生总数中占比较低。他们表示，不仅大学校园生活中基本不使用方言，日常家庭生活中的交流也多以普通话为主。

在高校的教学中，方言的使用也较少出现。从某种意义上讲，这意味着方言所承载的地方文化存在传承危机。如果海南方言不能很好地传承保护，它所蕴含的刀耕火种、迁徙移民、海洋渔牧等文化将受到较大的影响。

因此，在高校中文专业语言类教学中融入海南方言文化，有利于培养学生树立保护方言文化的意识，帮助他们坚持正确的文化传承观念。引导学生比较海南方言与普通话的异同，重新审视海南方言与普通话之间的关系，有助于学生增强历史自觉，坚定文化自信。

在语言类课程的教学实践中，教师可以有意识地在课堂上引入海南方言文化内容，并让海南地区学生与其他地区讲方言的学生匹配成对，互相学习对方掌握的方言。同时，教师还可以带领学生开展海南方言调研，接触和了解海南地方文化特色，增进学生对海南方言以及海南方言背后所承载文化的认识，激发学生保护海南方言文化的意识，这对于海南方言多样性的保护是大有裨益的。

四、海南方言文化融入中文专业语言课程教学的可行性探讨

海南方言这种特殊的语言符号，承载着海南的历史文化和民族文化，是海南地方民族文化的深厚积淀。随着"一带一路"倡议提出，海南自由贸易港建设稳步推进，海南方言代表的文化所受重视程度在不断提高。

习近平主席 2018 年在博鳌亚洲论坛年会开幕式主旨演讲中引用海南方言民歌《久久不见久久见》后，更令海南方言受到海内外民众的关注。

（一）语音结构的差别

海南方言（以文昌话为例）共有声母 18 个，发音部位有双唇音、舌尖中音、舌尖前音、舌根音、喉门音等，发音方法包括清塞音、带喉塞的浊塞音、浊塞音、送气清塞音、鼻音、清塞擦音、浊塞擦音、清擦音、浊擦音、边音等。声母数量虽然比普通话声母少，但是发音情况较之普通话要复杂，普通话中没有带喉塞的浊塞音、浊塞音、浊塞擦音等发音方法。

韵母的数量为 55 个，包括：以 a 为主要元音的开口呼韵母，以 o 为主要元音的开口呼韵母，以 e 为主要元音的开口呼韵母，以 i 打头的齐齿呼韵母，以 u 打头的合口呼韵母。从发音特点上体现出以元音收尾的开音节韵母，以鼻音收尾的闭音节韵母，以塞音收尾的闭音节韵母。韵母的数量上要多于普通话韵母，而且以塞音收尾的闭音节韵母也与普通话语音系统差异明显。

从音节数量上看，普通话语音系统包括 22 个声母、39 个韵母拼合而成的 400 多个音节，海南方言则包含可变化的 680 多个音节，二者的语音系统具有较大的差异，这就可以向学生解释为什么许多海南方言可以发出读音，但却无法用汉字拼写的语言现象。海南方言的体系、音韵结构甚至声调，也与普通话有较大区别，这就为语言类课程中汉语语音的演变、汉语口语的教学提供了语料素材。我们通过声韵调各部分的对比，既能从历史的角度引导学生思考语音系统的发展，也能在共时的层面针对海南方言区学生的发音进行辩证训练，以提升他们的普通话水平。

（二）词汇组成的对比

掌握海南方言的群体，在与普通话的词汇进行对比时发现自己日常所说的词语中，有许多无法写不出来，或者含义跟普通话的差距较大。其中的一个原因就是海南方言保存了很丰富的古代语词。例如，"嘴巴"海南方言用的是"喙"，"夜晚"用的是"暝"字，"浇"用的是"沃"字。这为普通话单音节语素多、双音节词占优势，而古代汉语则是单音节词居多的特点提供佐证。

目前，在泰国、新加坡、越南、柬埔寨等东南亚国家也有不少说地道海南方言的华侨。同时，海南方言中还有一些来自华侨和归侨所居国的外来词融入，也有些外语词还辗转借自普通话和粤方言。例如，奥赛（英语 out-side，出界），夹万（英语 cabinet，保险柜），波（英语 ball，球），令（英语 ring，轮圈），迈（法语 metre，米），浪（法语 laine，毛线），柴本（马来语 sabon，肥皂）。这些在语言课程借词的形式、借出借入以及文化传播的方向等知识的介绍中能够发挥重要作用。

（三）语法结构的区别

海南方言构形与组词也颇有特色。海南方言中单音形容词重叠表示程度加深，如乌→乌乌（很黑）→乌乌乌（特别黑），大→大大（很大）→大大大（特别大）。双音形容词重叠成 ABAB 式，也表示程度加深，如，红桃（形容脸红）→红桃红桃（形容脸红扑扑、红通通），乌缺（形容身体黑）→乌缺乌缺（形容身体很黑）。

在单数人称后，海南话常常加上"人"或"人家"，以表示复数，如"我人""伊人"等；在名词前后，海南话常常要加词缀，以限定对象，如"伯三"（阿三），"伯爹"（阿爹），"鸟仔"（小鸟）等。

在句式上，海南话的词序常与普通话有别，如"伊大过我"（他比我大），"去望戏无"（要去看戏吗），"食加一碗"（多吃一碗）等。

普通话中单音节形容词同样有重叠形式，多由单到双，而海南方言的由单至双再三的形式，又能为汉语的形容词的重叠形式研究提供新的角度。单数人称的复数形式、词序与普通话的区别，这些语法特征都从实践角度为语言学课程提供鲜活语料。

五、结语

语言类课程在中文专业中地位较为重要。教师尝试从海南方言中提取鲜活的语音、词汇、语法等语言元素融入中文专业语言类课程的教学中，将有益于语言课程理论联系实际，也有助于学生提升语言文字素养，还有利于海南方言多样性的保护。

参考文献

［1］陈波．海南方言研究［M］．海口：海南出版社，2008．

［2］赵康太．琼剧文化论［M］．海口：海南出版社，2008．

［3］杨泉良．高师中文专业语言类课程的整合与模式建构［J］．教育与教学研究，2013（9）．

［4］萧红．基于国外知名大学语言专业课程体系对中国研究型大学中文院系语言类课程设置的思考［J］．中国大学教学，2017（2）：40-42，96．

［5］王一涛．高校教育中的地方方言文化教学［J］．陕西教育，2018（4）：4，6．

［6］王琳．海南语言多样性的保护与传承［J］．海南大学学报（人文社会科学版），2011（6）．

［7］梅国云．顺应国际趋势　建设海南方言博物馆和国际方言研究中心　以方言事业带动方言产业［J］．南海撷萃，2021（1）．

［8］周萍．开发海南方言资源 保护文化的多样性［J］．新东方，2011（6）．

［9］潘婷玉．浅探海南方言及普通话的音律结构［J］．中国科教创新导刊，2013（13）．

［10］程振兴．抢救方言——论崽崽的海南书写［J］．广州社会主义学院学报，2012（1）：81-84．

［11］刘剑三．海南话中的方言外来词［J］．海南师范大学学报（社会科学版），1996（3）．

［12］黄伯荣，廖序东．现代汉语上册［M］．6版．北京：高等教育出版社，2017．

［13］欧阳觉亚．海南方言岛：移民文化活化石宝库［N］．海南日报，2010-08-24．

［14］王琳．海南语言多样性的保护与传承［J］．海南大学学报（人文社会科学版），2011（3）．

［本文系 2022 年度海南省哲学社会科学规划课题《海南自由贸易港国际化语言环境建设研究》（HNSK（YB）22-126）及 2022 年度海南省高等学校科学研究项目《海南方言多样性保护研究》（Hnkyzc2022-10）阶段性研究成果。］

国际中文教材中汉字知识模块的研究
——以《成功之路》系列教材为例

三亚学院人文与传播学院助教　魏孟君

三亚学院人文与传播学院教授　张美云

　　汉字作为记录汉语的文字符号，是汉语学习过程中不能回避的内容。与拼音文字不同的是，汉字注重以形表意，这一特点也成为大多数非母语者学习汉语的"拦路虎"。受到西方语言教学理论的影响，汉语教材编写和教学实践大都体现"词本位"的理念，这在短期内有助于汉语学习者理解词义。然而，从长远的角度来看，这一理念并不完全适合汉语教学。汉字不仅可以作为书写符号，也可以作为义素表示意义，因此，汉字教学要将其重要性显露出来。

　　本文简要梳理对外汉字教学的现状、教学方法以及汉语教材的研究现状，以《成功之路》系列教材中的汉字教学版块为研究对象，参考《高等学校外国留学生汉语言专业教学大纲（长期进修）》和《汉语国际教育用音节汉字词汇等级划分》两部大纲，讨论该套教材中汉字教学内容和练习设计，并提出一些有关汉字教材编写的建议，旨在更好地促进汉语教学事业的发展。

一、文献综述

（一）汉字教学模式

　　汉语和汉字因其自身的特点，在教学上存在"语""文"分合的问题，根据汉字教学出现的时间，过去大致有四种教学方法："先语后文、语文并进、拼音汉字交叉出现、听说与读写分别设课。""先语后文"不够符合一般学习规律，因此很多学者持否定态度。现在比较流行的是"语文并进"，即随文识字。但这种汉字的学习顺序完全从属于课文和生词，不能根据汉字本身的特点进行系统学习，不太符合汉字的认知规律。"拼音汉字交叉出现"虽然可以有控制、有计划地出现汉字，但还是没能彻底解决"语文并进"的一些问题。"听说与读写分别设课"实际上就是教学模式中分技能教学的一种情况，它的优点是针对不同的技能有不同的授课模式和训练模式，能够定向强化。但是，在实际操作过程中，可能会有各个技能之间衔接不好、产生脱节的情况。

一些学者从"本位观"的角度，对汉语的教学模式和方法提出自己的见解。当前主流教学法基本遵从于词本位。但是，多数学者认为词本位教学不符合汉字的认知规律。当前的语言教学法，包括词本位的教学理念都是借鉴西方语言教学理论和教学方法的，根据印欧语言特别是英语的特点研究出来的。汉语中的汉字是非常特殊的，这些教学法并不能科学地教授汉字。于是，学者施春宏提出一种"综合本位观"。这是一种复合本位，整合对于汉语教学有用的各种本位，完善了汉语的教学模式。

教学要讲究针对性，无论是"词本位"还是"字本位"，其实只是国际中文教学的切入点不同。而国际中文教学实践是一个循序渐进的过程，每一个阶段的教学重点和目标既有所重叠，也有所差别。因此，单一本位是无法贯穿教学全过程的。根据针对性的要求，分层次的综合本位优势就在于它是分目标、分阶段、分内容、分课型地采取不同的本位策略。

（二）汉字教学方法

汉字教学研究起步比较晚，且研究难度相对于词汇语法较大，但是一些学者仍在为之努力。从宏观上来讲，学者王宁提出几种汉字的教学方法：第一种，字理是联系字与词的纽带。也就是说讲汉字要和讲课文结合起来，学习效率才能提高。第二种，本义是词义积累的关键。第三种，变无序的预料为有序的积累。也就是说，要及时通过本义关联其他义项，建立引申的概念。

从微观的具体步骤来说，有学者提出"六书"理论可以启迪外国留学生理解汉字的构形、造意，使他们在记忆汉字的时候形成理解性记忆而非机械性记忆，这有利于学生汉字水平的提高。学者范钦婉认为，象形和指事能引起学生兴趣。需要注意的是，简化字的出现使得"六书"对于汉字的解释能力变弱。因此，在教学实践中，造字法和教学结合要遵循适度原则。笔者认为，在对外汉字教学初期，可以适当运用"六书"理论，对字源进行分析。对于外国留学生来讲，最初看到汉字的印象就是图画符号。汉字有象形文字的构成，但过去的教学中，教师都过于强调汉字是象形文字的特点，导致学生在书写汉字的过程中总觉得像画画，而不是在写字。因此，他们不知道如何下笔，从哪下笔。于是，笔形、笔顺等一系列问题都会出现。适当运用"六书"，可以辅助解释汉字的理据义，这能够打破学生对汉字"难"的刻板印象，对于学生理解性记忆大有裨益。

部件是由笔画组成的具有组配汉字功能的构字单位，根据留学生学习部件时的偏误指出，有必要在汉字教学中强化学生的部件意识。

有学者曾讨论过古文字辅助对外汉字教学的可能性，认为这样有助于快速学习汉字，了解中国文化。具体地说，独体字的教学可以使用"借助轮廓法""对比分析法""字体联想法"；合体字的教学可采用"依形释字""依结构释字"。该方法并没有被实验证明，可信度有待确认。但这确实有助于学生对中国文化的理解。汉字代表的是中国文化，其中蕴含着中国人的思维方式，在对外汉字教学实践中，不能仅仅将汉字看作一个书写符号，教师还需要从文化的角度帮助学生理解汉字。

（三）教材中的汉字教学

从 20 世纪 90 年代至今，国际中文教材数量突飞猛进，质量也有所提高，呈现出百花齐放的状态。但目前仍没有一套令人十分满意的教材，存在的问题大致有两类：一类为硬性错误，主要体现在汉字笔顺不对、语言知识错误等方面；另一类为实用性有待加强，体现在语法和练习不够实用，课文体裁范围狭窄。学者郝程指出："应当考察大纲，编写独立的汉字教材，注意汉字的选择和排序。"这有助于提高汉字教学的科学性和系统性，同时在一定程度上克服随文识字的缺陷。

目前市面上的国际中文教材中,采取"字本位"的教学方法编写的主要有《现代汉语程序教材》《解开汉字之谜》《汉字速成课本》《汉语语言文字启蒙》等;采取"词本位"编写的主要有《新实用汉语课本》《汉语初级教程》《成功之路》《博雅汉语》《发展汉语》《阶梯汉语》等。其中影响力较为广泛的教材,编写都遵循"词本位"教学方法。

二、参照文件简介

确立标准是教学的基础工作。"总体设计、大纲制定、教材编写、课堂教学、水平测试等基本建设,都受标准的指导和制约。"《成功之路》系列教材的编写主要依据《高等学校外国留学生汉语言专业教学大纲(长期进修)》(以下简称《大纲》)。《大纲》按照等级划分,涵盖了初等阶段1414 个汉字,中等阶段 700 个汉字,高等阶段 491 个汉字。它是为来华长期进修的留学生制定的,旨在明确国际中文长期进修教学的性质和特点,规定其教学目标、等级结构、教学内容、教学原则,并对教学途径、教材编选以及测试进行指导。

本文的研究还参考《汉语国际教育用音节汉字词汇等级划分》(以下简称《等级划分》)。一般来说,《等级划分》收字词的情况与汉语教材的用字用词统计结果是非常吻合的。它涵盖普及化等级 900 字、中级 900字、高级 1200 字,是面向全球汉语国际教育的国家标准,是汉语国际教育新兴学科的基本建设,是一种标准化、系统化、规范化、精密化的等级水平划分。

三、《成功之路》汉字教学及练习的统计分析

《成功之路》是一部体系较为庞大的进阶式国际中文教材。全套书按照不同的语言水平,由低到高依次分为《入门篇》《起步篇》《顺利篇》《进步篇》《提高篇》《跨越篇》《冲刺篇》《成功篇》,共计 22 册书。其中,讲授汉字的分别是《入门篇》《起步篇 1》和《起步篇 2》。该套丛书是目前出

版时间较近的一套为母语非汉语的学习者编写的，综合性、单元制国际中文教材。课本成功地结合现代科技手段，编者研制多媒体课件，配备光盘以及纸质版听力原文材料，弥补了传统教材的局限，充分体现"立体化""全方位"的特点。

教材编排从整体来看，每4课为一个单元，每个单元都围绕一个话题或功能展开。课文选材贴近生活，并能够反映中国的历史文化、风俗人情。每节课结束，会有"综合练习"的板块，对学习者的听、说、读、写技能进行训练，且题型多样，涵盖书面训练和会话训练等方式。部分教材单独配有"活页练习"，巩固、强化已学过的知识。每本书的最后附上以音序法排列的生词索引，部分教材还增加汉字索引，便于学习者准确查找。具体地说，教材内容呈现顺序大致为：课文、生词、语言点、练习。

（一）《入门篇》

《入门篇》是针对没有汉语语言基础的学习者而编写的一本教材，书中文字主要以汉语拼音为主，辅助学习者练习正确的发音。该书一共设置8节课的内容。

根据调查，《入门篇》共讲解基本汉字50个，如表2-12-1。

表2-12-1 《入门篇》汉字表

八	贝	车	大	刀	二	火	见	九	口
力	立	六	马	门	米	木	目	鸟	牛
女	七	人	日	三	山	上	舌	十	石
手	水	四	天	田	土	五	下	心	言
羊	一	衣	鱼	雨	月	云	中	子	足

对比《大纲》，笔者发现：47个汉字属于初等阶段，"贝""田"二字属于中等阶段，而"六"字未在《大纲》中出现。另外，参考《等级划分》，46个汉字属于普及化等级，"贝""舌""田""云"4字属于中级。

教材前两课列出几个简单且典型的象形字，展示汉字从图画演变至今文字的历程，能够让学习者对汉字的发展有一个初步的了解。第三课到第八课，系统地讲解汉字的笔画和一些最基本的汉字。

讲解笔画的内容包括笔形、名称、书写方法、例字和英文说明。笔形部分单独展示笔画的形状，让学习者有一个笔画形状的概念。名称用拼音呈现，使学习者在复习认读拼音的前提下了解笔画的名称。书写方法以箭头的方式表现，能够让学习者初步体会汉字笔画如何起笔和落笔，在一定程度上解决学习者遇到汉字不知如何下笔的问题。书中选取的例字也比较典型。比如，在讲解"横、竖、撇、捺"时，都选取"木"字作为例字。因为"木"字涵盖要讲的四个笔画，可以使学习者反复认知，在复习上一笔画的过程中，继续学习新的内容。由于现代汉语的语素绝大部分是单音节的，而且一般一个汉字的读音就是一个带调音节，所以每个例字的下方还附有英文解释，帮助学习者理解字义。说明部分使用英文解释笔画的书写方法、方向并说清楚所讲笔画是例字中的第几笔，再一次给笔顺的讲解做铺垫。

"学习基本汉字"的版块包括"汉字的演变过程""汉字""拼音""英文注释""笔画数""笔顺"和"练习"等内容。"汉字的演变过程"出现在讲解象形字（如"土""木"）的过程中，能够让学习者从视觉感知动态过程，理解字义。拼音的出现明确汉字认读的重要性。从教材中能够看出，每一节课的汉字教学内容大都能够覆盖之前所学的汉字基本笔画。比如，第四课所讲的笔画为："一""丨""丿""丶""乀"；所讲汉字为：一、二、三、人、大、土、木。

（二）《起步篇》

《起步篇》是继《入门篇》之后的初级汉语教材。本篇分为两册，每册配备一个"活页练习"，共 7 个单元，28 课。全篇共教授汉字 476 个，其中"车""见"二字在《入门篇》中已经讲过。具体汉字如表 2-12-2。

表 2-12-2 《起步篇》汉字表

啊	矮	爱	把	爸	吧	白	百	般	班	半	帮	包	报	北	本
比	笔	币	边	别	病	不	步	菜	层	茶	查	差	长	常	场
唱	超	车	城	吃	出	穿	床	春	词	从	错	打	当	到	道
得	的	等	低	地	弟	第	典	点	电	店	调	定	东	冬	动
都	读	度	短	对	多	儿	发	法	饭	方	房	放	非	分	风
封	夫	服	父	复	概	干	感	高	告	歌	各	给	跟	更	工
公	共	古	关	馆	贵	国	果	过	还	孩	海	喊	汉	行	好
号	喝	合	和	黑	很	红	后	候	化	画	话	坏	欢	换	黄
回	会	或	机	级	极	己	几	纪	寄	加	家	假	架	间	见
件	交	饺	叫	觉	较	教	节	姐	介	借	斤	今	进	近	久
酒	局	开	看	考	可	刻	客	课	空	块	快	筷	来	蓝	篮
老	乐	了	冷	离	礼	里	利	练	凉	两	辆	量	零	留	流
楼	路	旅	绿	妈	吗	买	慢	忙	毛	么	没	每	妹	们	面
民	明	名	母	哪	那	奶	男	南	难	脑	呢	能	你	年	您
暖	旁	跑	朋	便	片	票	期	骑	起	气	汽	千	前	钱	墙
亲	轻	清	请	秋	球	去	全	然	让	热	认	容	入	赛	色
商	少	绍	谁	身	什	生	声	胜	师	时	识	食	市	式	事
试	视	是	适	室	首	书	舒	输	属	树	睡	说	司	思	送
诉	算	岁	所	他	她	太	堂	疼	题	体	条	铁	听	挺	通
同	头	图	外	玩	晚	万	网	往	卫	为	位	温	文	问	我
屋	午	物	西	息	习	洗	喜	系	夏	先	现	乡	相	香	想
向	象	小	校	些	写	谢	信	星	兴	姓	休	学	雪	颜	样
要	药	也	业	医	宜	以	椅	易	意	音	银	英	迎	影	泳
用	邮	游	友	有	右	语	育	预	元	园	远	院	运	再	在
咱	早	澡	怎	站	张	找	照	者	这	真	支	知	直	只	种
重	周	住	祝	准	桌	自	字	走	租	最	昨	左	作	坐	座

续表

做	鼻	毕	操	厕	尝	池	迟	厨	淡	啡	肥	附	糕	刮	拐
逛	柜	挤	季	迹	蕉	咖	咳	辣	俩	聊	码	冒	末	胖	啤
革	晴	润	烧	舍	湿	瘦	宿	酸	踢	甜	挑	喂	咸	叶	阴
糟	针	乒	乓	棋	拳	嗓	嗽	涕	浴	燥	哥				

对比《大纲》，《起步篇》中覆盖了 465 个初等阶段汉字，8 个中等阶段汉字和"涕"一个高等阶段汉字。此外，教材中的"篮""咸"二字未在《大纲》出现。参考《等级划分》，教材中所教汉字中属于普及化等级的有 417 个，属于中级的有 51 个，还有 8 个字属于高级。

《起步篇》的"学汉字"板块主要讲两部分：汉字基本结构和偏旁。

"汉字基本结构"出现在第 1~4 课，分别讲了独体字、合体字的左右结构、上下结构、四面包围、两面包围中的左上包围、左下包围、右上包围，三面包围以及多级部件构成的合体字。讲解汉字基本结构时，也有英文注释，帮助学生理解结构名称的含义。每讲解一个结构都会展示一至两个具有该结构的例字，并在例字后给出图解，将结构大致形状抽象出来，用几何图形组合表示，让学生对汉字的基本结构有更深的印象。

本篇共讲 42 个偏旁。教材中展示偏旁的形状、名称、例字和英文说明。其中大部分例字会出现在本课应学的汉字内容中。例如，第一课在讲解"亻"时给出例字"你""他""们"，这三个字都出现在"练习本课汉字"中，属于本课应学汉字。体现知识的复现，有利于学生对所学汉字加深印象。英文说明部分则解释所讲偏旁代表的意义，帮助学生通过偏旁的含义推测相关字义。

除了以上内容外，第八课还讲解了形声字的相关概念，包括"妈""们""期""请""爸""客""架""问""房"这九个字。教材标注了以上字的读音，利于学生自行认读，并把例字的形旁、声旁拆分展示，单独讲解。用英文解释形旁关涉的意义，用拼音标注出声旁原本的读音。教材中展示部件单独成字的写法，以及与其他部件组合成字的变形写法，能够帮助学生更好地理解合体字中部分形旁所代表的意义，进而理解字义。

《起步篇》中的汉字练习部分不再像《入门篇》那样单纯用田字格练习书写，而是涵盖了听、说、读、写各项技能的训练。在"读写练习"板块的题型有排序、连线、书写、朗读等。例如，"听汉字，给所列汉字编号""根据所给拼音，找出本课对应的汉字""描写本课的汉字""在例句中找出所给汉字，并记录该汉字出现次数""在前一练习中找出含有所给结构的汉字""朗读词和短语""将所给汉字与对应的结构连线""给汉字注音"等。教材针对汉字书写练习，在每本教材配备的"活页练习"里，每一节课最后设置"练习本课汉字"版块。该版块将本课所学汉字按顺序排列，并给出笔顺示例，附上田字格以供学生练习书写。可以看出，本教材在一定程度上体现汉字练习题的质量和多样性。每一道题都有明确的训练目标。这些目标都是围绕汉字知识，如认读汉字、辨别结构、书写顺序等展开，具有一定的科学性。

（三）评价与分析

《成功之路》是北京语言大学 2008 年出版的国际中文教材，已被联合国指定为汉语学习教材，受到众多汉语学习者的好评。教材整体难度呈阶梯式递进，针对性、实用性较强，教参编排顺序符合学习规律，练习项目多样。

在汉字教学方面，该系列教材一共包含 526 个生字，并以配图释义的方法展示"口、刀、门、日、山、人、心"等典型象形字的演化过程。汉字教学以部件教学法为主导，介绍 42 个偏旁，分析偏旁的形状、意义，并拿例字解释说明，体现汉字构形的理据性。从汉字构字类型来看，教材单独讲解形声字的概念，主要分析 9 个形声字。笔画顺序的教学以箭头表示书写方向开始，在书写练习前展示每个汉字每一笔的书写顺序，方便学习者对应练习书写汉字。这能够体现出汉字的有理性，极力避免学生将汉字看作图画而不知如何下笔的问题。从汉字的练习设置角度来看，教材至少包括 4 种题型，覆盖汉字的听、说、读、写技能训练目标。并且教材还另外配备了练习册，专门提供练习书写汉字的田字格。整体来说，本套教材在汉字教学设计上体现出一定的趣味性和科学性的。

尽管《成功之路》采用教编软件，对《大纲》的语言点、词汇、汉字等指标进行"穷尽式覆盖",并且也在很大程度上体现出其"融合、集成、创新"的研制理念。但在研究的过程中,笔者发现就汉字部分的编写而言,还有可以提升的空间。

(1)对比相关大纲,教材中汉字教学内容的覆盖率不够高。在本系列教材中,涉及汉字教学的是初级阶段的《入门篇》和《起步篇》,一共包含526个生字。而《大纲》汉字表中初级阶段汉字就出现了1414个,《等级划分》普及化等级汉字也有900个。可以看出,无论参考以上哪本大纲,该教材的汉字教学内容都还不够充足。对于未覆盖到大纲的汉字,教材也并未附上补充字表。

(2)未完全脱离"随文识字"的模式。汉字教学内容主要从课文内容选取,因此,初级阶段的教材出现部分中、高级的汉字教学内容。虽然汉字的教学从笔画、笔顺、结构等体现汉字理据性的知识点讲起,但超过当前水平阶段的汉字知识对学习者来说似乎有点困难。并且,"见""车"二字同时出现在《入门篇》和《起步篇》,属于重复现象。

(3)认读、认写未明确区分。通过调查,笔者发现,该系列教材中的汉字教学方法较为单一,都是以拼读和书写为主,没有严格区分哪些字需要认读,哪些字需要会写,没有体现出"多认精写"的原则。

(4)未细致讲解字义、字词关系。系列教材的汉字板块展示部分象形字的演变,并讲解形声字的知识。但是,该系列教材的重点内容在偏旁、部件部分,《起步篇》仅仅在"读写练习"第一项列出本课生字,没有字义的讲解,也没有介绍字词的关系,而是直接进行认、读、写的练习。这在一定程度上会让学习者割裂字词关系,不利于进一步理解词汇的含义。

(5)汉字书写练习的量不够。《入门篇》每个字只有7个田字格供学生练习,并没有配备另外的汉字练习本。《起步篇》虽然每册教材都有练习册,但是每节课生字量平均只有17个,练习册每行都要展示1个汉字笔顺,10多个汉字左对齐向下依次排列,占据大半纸张。然而"练习本课汉字"仅提供一页纸,包含示例以及田字格,这就导致书写练习只有两到三行的量,若遇上某节课汉字学习量较多,或者笔画数量多的汉字,练习的量就显得不够充足。

四、建议

总体来说，《成功之路》系列教材属于"词本位"的综合课教材，对于汉字方面的教学设计显得较为薄弱。汉字教学不应该仅用"书法"练习式的教学，而是要结合字义、词义和文化背景进行汉字教学。对此，笔者提出一些建议，以供参考。

（1）附补充字表。教材选取的课文内容往往尽可能地靠近语法和词汇大纲，这就会在一定程度上影响汉字教学内容对于汉字大纲的覆盖。可以在课后补充该阶段学习者应学但本节课未出现的汉字教学内容，然后在汉字索引表后附上补充字表，以满足学习者的学习需求。

（2）改变汉字出现顺序。有的教材中出现的必学汉字都是从课文中选取出来的，这种随文识字的方法有时会违背学习者对汉字的认知规律，不利于理解记忆。因此，可以尝试改变汉字出现的顺序，每一节课的汉字教学内容遵循汉字由易到难的规律依次出现，体现教学循序渐进的特点。同时，应避免教学内容完全重复的现象。

（3）认读与认写分类教学。将"认读"与"认写"分离，教材中应适当增加应认读的汉字数量，对于需要认写的汉字则要让学习者有正确的笔画意识、笔顺意识、结构意识等，体现汉字教学的"多认精写"原则。

（4）字词结合教学。笔画、偏旁、部首等元素是汉字教学内容的基础，必须高度重视。同时，汉字本身具有表意功能，可以作为语素。因此，在教材编写的过程中可以尝试讲解字义，由字义拓展到词义，进而增加学习者的词汇量。

（5）附专用生字本。尽管教材提供练习册让学习者练习书写汉字，但篇幅限制了练习量。教材可以配一个专门的生字本，先展示每个汉字的笔画顺序，然后提供足够训练书写汉字的纸张。在实际教学过程中，教师也可以指导学习者购买统一规格的田字格练习本，再要求学习者依据活页练习的汉字笔顺，自行练习书写。

除此之外，汉字教学应贯穿整个汉语教学过程中，而不应该只停留在初级阶段。《成功之路》系列教材在汉字教学方面主要包括初级或者普及化等级的汉字。因此，可以将汉字教学内容继续延伸至中级，甚至是高级。要让学习者意识到，汉字不仅是汉语的书写符号，更是中国文化的精粹。

五、结语

本文简要介绍对外汉字教学的研究现状、汉字的教学方法以及国际中文教材中汉字教学的情况。为了解教材中汉字教学内容的具体情况，笔者参考《大纲》和《等级划分》，选取《成功之路》系列教材进行具体分析。

《成功之路》系列教材以《大纲》为依据，采用教编软件编制。全套书是进阶式的国际中文教材，在力求科学性、系统性、严谨性的同时也注重融入现代技术手段，创新教学方法，不仅适用于正规汉语教学机构的课堂教学，也能满足学习者自学的需求。笔者对该套教材进行统计分析，发现书中关于汉字教学内容的安排及设计方面还存在一定的问题：大纲覆盖率不足，未脱离"随文识字"的教学模式，认读、认写未明确区分，未细致讲解字义、字词关系，汉字书写练习的量不够等。针对这些问题，本文提出一些相应的建议：附补充字表，改变汉字出现顺序，认读与认写分类教学，字词结合教学，附专用生字本等。

参考文献

[1]国家对外汉语教学领导小组办公室. 高等学校外国留学生汉语教学大纲（长期进修）（附件）[M]. 北京：北京语言文化大学出版社，2002.

[2]国家汉办，教育部社科司. 汉语国际教育用音节汉字词汇等级划分（国家标准·应用解读本）[M]. 北京：北京语言大学出版社，2010.

[3]黄伯荣，廖序东. 现代汉语[M]. 5版. 北京：高等教育出版社，2016.

[4]孙德金. 对外汉字教学研究[M]. 北京：商务印书馆，2006.

[5]王宁. 汉字构形学导论[M]. 北京：商务印书馆，2015.

[6]范钦婉. 对外汉字课程设置的思考[J]. 文学教育（下），2018（5）：44-45.

[7]郝程. 对外汉语中汉字教材的编写评估[J]. 现代交际，2017（3）：75-76.

［8］李剑雄，赵晓蕊．试论古文字辅助对外汉字教学的可行性［J］.教育教学论坛，2019（20）：222-223.

［9］李景蕙．《汉语水平等级标准》（试行）对语言技能的要求［J］.世界汉语教学，1988（4）：235-237.

［10］李君．我国对外汉语综合课教材编写状况探析［J］.语文学刊，2017，37（6）：148-152.

［11］梁彦民.论汉字教学大纲与字表及其在国际汉语教学中的应用［J］.国际汉语教育（中英文），2018，3（3）：84-89.

［12］吕必松.汉语教学路子研究刍议［J］.暨南大学华文学院学报，2003（1）：1-4.

［13］施春宏.对外汉语教学本位观的理论蕴涵及其现实问题［J］.世界汉语教学，2012，26（3）：390-408.

［14］唐付宇.部首教学对外汉语汉字教学的意义［J］.文学教育（上），2017（6）：174-175.

中国古代文学经典在汉语国际教育教学中的选用标准研究

三亚学院人文与传播学院助教　王　娲

文明因交流而多彩，文明因互鉴而丰富。文明交流互鉴是推动人类文明进步和世界和平发展的重要动力。

随着国际交流与合作的不断深入，许多学生获得了跨文化交流的机会。为了使汉语国际教育教学规范化，我国与美国、韩国、泰国、缅甸等国家和地区都已合作设立孔子学院，将汉语推广到世界各地，提升我国的文化软实力，让更多的国家感受到我国深厚的文化底蕴和独特魅力，对中国文化的传播起到了很大的推动作用。

正如廖可斌教授所说："强大的文化软实力和文化影响，既来自强劲的文化创新力，也来自雄健的保护、继承和发扬传统文化遗产的能力。"中国古代文化光辉灿烂、博大精深，其中古代文学的发展更是连绵不绝，一代有一代的特色，是中华文化乃至世界文化的瑰宝。

《国际汉语教师标准（2012年版）》规定：教师应掌握中国文化的基本知识，并将其运用于教学实践中，帮助学习者学习中华文化。笔者通过调查发现，在实际教学中，许多中国历史典故和人文故事，以及古典诗歌、小说戏曲等，能够激发国际学生学习汉语的兴趣，可以提高他们的语言技能，提升对中国文化的认同感，使其进一步受到中国文化的熏陶，并能通过自发思考，形成对中国文化的独特见解和认知。所以，研究当下汉语国际教育教学活动中的中国古代文学经典选用标准，可以进一步帮助更多的国际中文教师加强外国学生对中华优秀传统文化的了解，提高外国学生的汉语水平，使他们更好地认识中国文化。

一、中国古代文学对外传播的常见文体

随着中国综合国力和世界影响力的逐步提高，以及近年来大力弘扬、传播中华优秀传统文化的各种举措施行，"中国声音"越来越铿锵有力。于是，中国古代文学不应以个别作家、重点词句这种简单的形式出现在外国人学习中文的教学体系中，国际中文教师尝试在不同年龄段、不同汉语水平学生的教学过程中引入更适宜的中国古代文学文体。除启蒙性的《三字经》外，本文最为常见的四种文体，即诗词、小说、戏曲、散文进行分析。

（一）诗词

诗词属于韵文文体样式，在中国有着悠久的历史，这一类文学作品蕴含着精巧的古典文学艺术手法和中国传统的思想观念，其特征主要有三点。一是抒情性，其中蕴含作者对个人内心情感的投射，尤其是一些对人类共性情感的抒发，这就减弱了不同读者对作品的感知和理解难度；二是形象性，作者在写作过程中会使用许多意象来寄托自己的情感，这些融入主观情感的客观物象具有一定的时空特色，增加了作品的表现能力；三是语言凝练，篇幅短小，节奏感强，朗朗上口，富有音乐美。

有学者研究提出，学习中国古典诗词对外国学生掌握汉语发音、丰富中文词汇、理解汉语语法和感知修辞意境都是非常实用的，尤其是指导学生朗读诗词时，语流的连贯性和节奏感使学生喜欢上朗读诗词，并且激发进一步学习的兴趣，同时会帮助外国学生锻炼表述的语气和语调，避免出现"洋腔洋调"的情况。

（二）小说

小说是具有虚构性的、以刻画人物形象为中心反映社会生活的文体，它主要有三点特征。一是用艺术概括的方法塑造人物形象，由于虚构性，所以作者在刻画人物时可以将不同特点的形象融为一体，有时具有夸张性，在对其进行肖像描写、行动描写、语言描写时也会极具戏剧性；二是一般有完整的故事情节，在故事推进的过程中有开端、发展、高潮和结局，而巧妙的情节安排对刻画人物和表现主题有重要作用；三是要对环境做具体描写，包括自然环境和社会环境，目的是交代背景、衬托人物、发展情节及渲染气氛。由于极富趣味性和感染力，中国古典小说如《西游记》《三国演义》《水浒传》《红楼梦》等在国外有一定的文化基础，尤其《红楼梦》还形成了专门的"红学"，其在国际上的热度堪比莎学（莎士比亚学）。而影视剧、电子游戏等娱乐方式对古典小说的二次传播，也激发外国学生学习中文的兴趣。

（三）戏曲

戏曲是一种艺术表演形式上的体现，其中包含小说跌宕的故事情节和丰富立体的人物形象，其唱段也有韵文的节奏感，再加上表演人员独具中国特色的扮相，成为许多外国学生能够一眼辨认的中国文化元素。而记录戏曲的文本也是中国古代文学的一种文体。它也有三大特征。一是综合性，文本上融合了小说、史实、诗词等文体表达，表演上则融汇唱腔、舞蹈、杂技等，通过演员的表演将之全部表现出来；二是虚拟性，不仅表现在文本故事的虚拟上，也体现在演员运用表演技巧搭建出的虚拟环境；三是程式性，体现在方方面面，如体裁、角色、装扮、器乐、声腔系统等。学生对这一文体的了解更多是在表演形式上，教师在教学实践中也可以适当加入戏曲文本的教学。

（四）散文

目前汉语国际教育更多聚焦在外国学生的言语技能，所以散文这种文体对于教师教学来说并不是主要选择。散文的特征没有上述三种文体那么鲜明，并且常出现书卷气较强的古今异义字词与生僻字，这也导致外国学生对这种文体的兴趣没有前三种大，对其认知也不够充分。但需要指出的是，这一文体更能直接表述中国传统思想观点，也可以直观地展现中国古人的精神和价值观。

二、国内外国际学生特征概述

国际汉语教学的主要对象是以汉语为第二语言习得的学生，采取的教学模式和教学方法与国内其他学科的教学方式有很大的不同，与传统的留学生教育也不尽相同。环境的差异性，会形成各式的思维模式和民族文化，学生在学习新的语言和文字时会出现不同的学习动机，并且学习积极性也会受到各方面的影响。

（一）学习动机

总的来看，不管是来中国留学，还是在自己国家的孔子学院学习中文的国际学生，他们都是热爱中国语言文化、希望了解中国文化的。不同之处在于，来到中国的留学生学习中文也有融入和适应中国文化的驱动力，并且有从事汉语环境相关工作的倾向。在国外学习的学生汉语基础相对比较薄弱，多是在课堂上的被动学习，学习动机没有前者强烈。这就要求国际中文教师不但要对中国文化有比较全面的了解，也要熟悉学生的母语文化，根据学生的心理特点和文化背景，有针对性地选择中国古代文学经典，以此来调动学生学习汉语的积极性和主动性。

（二）语言环境

外国学生学习汉语的难易程度也受客观环境的影响。来到中国学习的留学生除了在课堂上学习中文，还在生活中大量实践运用听、说、读、写等，可能会因为无法熟练运用汉语产生焦虑感，这也促使国内教师在教学中运用多种方式强化学生对汉语的使用。而在国外的学生没有充分的汉语语言环境，也没有迫切掌握中文读写的焦虑，更愿意看被本国语言翻配的中国古装影视剧，比如《西游记》《包青天》等，虽然熟悉其中的人物剧情，但并不了解原著的相关知识，对提高汉语水平也没有太多帮助，这也要求国际中文教师安排额外的汉语学习实践环节。

在两种语言环境下，教师选用教学材料时的难易程度也不尽相同。国内学校如西南大学，从文体和具体作家等方面，已有意识地针对汉硕留学生系统地整理研究中国古代经典选本。而国外学校在中国古代文学经典的选择较为随机，并考虑学生的主观喜好。例如，一位在缅甸孔子学院工作的国际中文教师反馈，学生都喜欢学习《西游记》，因为喜欢里面奇妙玄幻的故事，而在诗歌学习中更愿意去学习与中国传统节日、生活习俗有关的内容。这也促使国际中文教师在教学过程中运用不同的展示媒介强化学生学习成果。这方面国内学校有较为充分的资源，比如在中国传统节日可以带领外国学生体验传统文化氛围，甚至可以邀请专业人士让外国学生直接学习戏曲表演等文化展现形式。相对而言，国外国际中文教师教学资源的选择面则相对较窄。

三、中国古代文学经典在汉语国际教育教学中的选用标准

大部分外国学生学习中国古代文学感觉难度较大，主要是因为其中生字词较多，并且距离现代生活较远。国际中文教师应该在课程设置上针对性地、有选择地加入中国古代文学经典教学部分环节。选用的标准可以从以下三个方面考虑。

（一）思想上帮助外国学生理解中国文化

由于各国的文化习俗不同，外国学生在理解中国古代文学经典时，缺少对中华优秀传统文化的深层次理解，教学过程容易流于形式。一些中华民族的基本精神和价值观念根植于中国人的潜意识内，如为了大义勇于牺牲、"先天下之忧而忧"等。而中国人对人性、伦理、宗教的思考和定义也与许多国家有所不同。这就使得外国学生下意识地用固有观念去解析中国古代文学经典，导致在学习过程中障碍重重从而丧失学习兴趣。所以有学者提出在教学中淡化基础知识部分，通过恰当的论题来引导学生自主学习，综合运用多学科知识，将基础知识内化为个人的文化知识。教师在古代文学经典教学过程中可以作为一个引导者，去帮助学生欣赏作品，深入地理解作品中的思想内涵及文化现象。所以在教学材料选择上应尽量选择文化特征显著的名家经典，并且分专题为学生一一解读，比如在爱国主义这一专题中可以选择陆游、辛弃疾、文天祥等爱国诗人的诗词，为学生详细介绍当时的社会背景和世风民情，适当结合当地历史事件，使学生能够切身体会作者心绪和作品思想情感。

（二）文体上考虑学生群体特征

根据中国古代文学不同文体的特征，以及外国学生的学习水平及所处的阶段，国际中文教师可以循序渐进、由浅到深地引入不同文体作品。面向语言水平低、年龄小的学生，可以先讲解抒情性强、篇幅短小、意象简单、相对容易理解的诗词，或者简单有趣的短篇文言小说。随着外国学生知识的积累和语言学习能力的提高，逐渐过渡至篇幅较长的诗词、小说、戏曲等，让他们的思维逐步适应中国传统文化的内在逻辑性，并且能够准确理解意象、意境，以达到学习目的。另外在教学实践中，也可以根据不同文体的传播方式和表现形式进行辅助教学：借助歌唱形式教授诗词，借助影视剧视频形式教授小说，借助舞台体验形式教授戏曲等。比如，部分亚洲国家引进过《西游记》《三国演义》等电视剧，教师可以在课堂上播放视频片段，激起学生学习文本的兴趣，降低学生的理解难度。当然，选用影视作品进行教学也应适度，在课堂中教师要以文本为主体，处理好原著和改编的关系，切忌以改编代替原著，混淆视听。

（三）题材上注意结合学生所处地域文化

由于各个国家和地区的文化特征、风俗习惯不同，同样的意象对外国学生来说就会有不同的理解。尤其一些传统的中国意象内涵丰富，但学生可能会仅仅停留在字面意思，或者仅从普通物品和寻常景色的角度去看，无法理解诗句的含义寓意。国际中文教师在选择经典作品时，应也在题材上做一筛选。首先是熟知不同国家和地区的风俗习惯，避免选择会让本地学生感到冒犯的题材，比如在一些宗教国家，部分题材是具有神圣性或者禁忌性的；其次是结合当地文化特征选择的题材，如"亲情""爱情""离情别绪"等共通的情感题材，这也是目前国外孔子学院中的国际中文教师常用的教学材料；最后是选择教师十分擅长，并且有条件为学生讲解透彻的题材，这就要求教师平常多积累各种素材，并且针对不同素材设计与之对应的教学环节，同时要尝试多种传播工具，多方面调动学生学习的积极性。

总而言之，在不同文化背景下进行中国古代文学经典教学，对国际中文教师来说不是易事。但为了使外国学生可以感受"一种语言、一种文化"的魅力，教师要带着责任感和使命感不断改进教学方式、不断完善教学材料。而在教学材料选用标准上，需要根据外国学生的思维方式和文化底色及不同文体的特点，结合教师个人扎实的专业知识，制定出最适合的教学方案。

参考文献

［1］李莹，沈薇薇. 对外汉语中国古典诗词教学探究［J］. 长春理工大学学报（社会科学版），2021，34（3）：154-157.

［2］张漾文，毛俊萍. 面向留学生的《中国古代文学》教材编写探析［J］. 长春工程学院学报（社会科学版），2016，17（04）：116-118.

［3］廖可斌. 古代文学研究的国际化［J］. 文学遗产，2011（06）：123-125.

［4］黄爱华. 外国留学生的古代文学教学刍议［J］. 现代语文（文学研究），2010（10）：121-122+2.

［5］吕蔚. 中国古代文学在对外汉语中的跨文化教学［J］. 华南师范大学学报（社会科学版），2010（03）：58-61+158.

［6］殷可瑞. 针对汉硕留学生的《中国古代经典选本》曹操篇目的编写与教学实践［D］. 重庆：西南大学，2021.

［7］卢秋廷. 针对汉硕留学生的中国古代经典选本"关汉卿"部分的研究与编写［D］. 重庆：西南大学，2021.

［8］程蕉. 针对汉硕留学生的《中国古代经典选本》"庄子"部分的研究与编写［D］. 重庆：西南大学，2021.

［9］张霞. 针对汉硕留学生的《中国古代经典选本》"史记"部分研究与编写［D］. 重庆：西南大学，2021.

［10］陈希. 针对汉硕留学生的中国古代经典选本《诗经》部分的研究与编写［D］. 重庆：西南大学，2020.

［11］林碧珊. 面向泰国中学生的汉语古诗词教学［D］. 泉州：华侨大学，2020.

［12］杨佩蓉. 对外汉语教学中古典诗词教学相关研究［D］. 西安：陕西师范大学，2016.

［13］赵美玲. 中国古典诗歌在泰国当代的传播与影响［D］. 上海：上海大学，2010.

海南戏曲融入汉语国际教育的探析

三亚学院人文与传播学院助教　　曾　加

海南戏曲是海南本土特色文化之一，拥有近千年的悠久历史和较高的艺术价值，传承和吸纳海南本土及周边地区的民俗文化，也是海南与东南亚地区跨文化交流的重要载体。近年来，学界对将地域文化融入汉语国际教育课程的讨论较多。海南戏曲融入汉语国际教育的课程中意义较大，不仅能够传承和创新海南戏曲，还能为汉语国际教育提供丰富的教学资源。

一、海南戏曲的历史发展

海南戏曲主要分为琼剧、临高人偶戏、临剧、儋州山歌剧四个剧种，分别以不同的方言体系演唱。海南的居民来自大陆各地，"民夷杂糅"，形成了语言上的纷繁和混杂。海南的固定语言主要有六种，即汉语、黎语、临高语、村语、瑶语、回辉语。汉语是海南使用人数最多的语言，约占总人口的百分之八十。汉语中可分为海南话、儋州话、军话、迈话、广州话等方言。琼剧使用汉语海南话方言演唱。儋州山歌剧用属于汉语粤话方言体系的儋州话演唱。临高人偶戏和临剧用临高话演唱。

海南戏曲最早可以追溯到宋末元初时期，在近千年的历史长河中，海南戏曲经历了曲折的发展过程。

（一）明代的海南戏曲

明初，杂剧随洪武军传入海南。军队实行卫所制，官衙兵营内演戏，由士兵扮演，故称之为"军戏"。军戏早期唱念用军话（也称中州话、官话），配合锣鼓、大字曲牌伴奏，以武打表演为主，没有戏文，按提纲排演。多在迎神庙会或喜庆节日演出或游街。

明代，闽、广剧随客商传入海南。明代海口有三个渡口，分别为列楼嘴（私渡）、白沙律（公渡）和海口（官渡）。闽、广等地的商客奉天后娘娘为海上保护神。天后娘娘的神话发祥于宋朝的福建，后来随着福建人的海上活动，传播到沿海各地，元代传入海口。客商在白沙律西北角建起第一座天后庙。明万历《琼州府志》记载："白沙律的天后庙，元代就已落成。每逢庙会酬神，集资聘请家乡的闽、广剧在庙前演出，通宵达旦。"

明中叶以后，本土文艺尤为兴盛，民间艺人辈出，群众性的编唱山歌活动盛行，在三月三、五月端阳、八月中秋、岁末和元宵等节庆中，还举办赛歌活动，唱得好的人被誉为"歌王""歌圣"。

明末，海南"土戏"脱胎而出。土戏是在民间艺人辈出和外来剧种涌入的特定环境中出现的，是本土文艺和外来艺术水乳交融的产物。土戏的远祖是宗教戏，近祖是闽、广、潮剧混合种。土戏荟萃了各种声腔，这时期参演土戏的琼籍艺人也很多。

明朝时期史书对土戏的记载还不多见，表明土戏还在起步、萌芽和雏形时期。

（二）清代的海南戏曲

康熙至乾隆的130多年中，海南相对稳定，是经济、文化较为繁荣的时期，也是海南戏曲形成和发展的重要时期。这一时期，海南土戏日趋成熟，岛内各地，凡是神会、节日，唱演土戏成风。乾隆二十年（1755）《琼山县志》中记载："正月下浣，乡民竞台本境之神，以与邻所祀者相会，聚会饮酒，唱演土戏。"为了适应演戏的需要，各地的庙宇、街坊、会馆还纷纷建起固定的石戏台。

康熙二十六年（1687）至乾隆二十八年（1763），海口地区先后建起诸多祠、庙和会馆。这些祠、庙、会馆内，都建有结构简陋、大小不等的石戏台。除了唱演地方土戏外，各个会馆还常常集资邀请家乡戏班来琼演出。不少班社的艺人因此留琼设馆教戏，从而落籍海南。此外，不仅民间表演土戏成风，官府也为土戏的演出提供场所、搭建土戏台。这时的土戏已改正土音，用海南方言演唱，很受群众欢迎，标志着海南土戏的真正形成。

明初传入的军戏，在乾隆年前后随着屯田制的废弛，也从原来由士兵扮演改为由民间艺人扮演，在民间流行。军戏剧目内容多为"武戏"，较为流行的剧目有《取安禄山》《陈宫骂曹》《三气周瑜》《秦琼卖马》《杨广》《邓艾阳度荫山》《三英战吕布》《古城会》等。

嘉庆后期，金公仔、白玉娃等艺人组成"琼城梨园班"表演土戏，并于道光十五年（1835）应邀到越南演出《琵琶记》《白兔记》《金印记》等剧目，深受广大华侨的欢迎，首开土戏出国演出的先河，影响深远。

咸丰年间，清政府取缔粤剧组织，捕杀粤剧艺人，不少粤剧艺人辗转来到海南设馆教戏，培养了一批唱演"梆簧声腔"的弟子。随着粤剧逃散艺人在海南不断增多，"梆簧声腔"影响也越来越大，促进了地方土戏和军戏的变化和发展。至此，土戏趋于相对稳定。

咸丰以后，因《天津条约》，琼州被辟为通商口岸，此后的十余年间，清政府又先后与丹麦、意大利、美国订立开辟海南岛为商埠的条约。海南土戏因此出洋旅演更为频繁，到了光绪年间先后到新加坡、马来西亚、印尼、金边、文莱等地演出。

光绪年间，军戏因其衰落，开始与土戏同台演出，俗称文武大班。土戏的蓬勃发展，编演的剧目也越来越多，流行的剧目就多达四五百个，除了外来剧种传入以外，还编演了一大批有地方特色的新剧，许多后来经过整理成为优秀的传统剧目，一直流传至今。

（三）中华人民共和国成立后的海南戏曲

1950 年 5 月 1 日，海南岛解放，戏曲艺人开始了新的生活，海南的戏曲活动进入新的历史阶段。

海南解放之初，职业和业余戏曲团体如雨后春笋般破土而出。至 1950年底，共有上百个职业和业余的戏曲组织，戏曲舞台则是满腔热情地参加各地庆祝胜利的活动，讴歌新的生活，开展慰问部队和革命老区的演出活动。

1952 年 9 月至 10 月间，海南戏曲界派代表参加中南区第一届戏曲观摩会演和全国第一届戏曲观摩会演大会。大会结束后，传达贯彻党的"百花齐放、推陈出新"的文艺方针以及政务院有关戏曲改革工作的指示精神，为戏曲的发展打下了良好的思想基础。

1955 至 1962 年间，中央开始重视、支持并大力发展建设海南戏曲，开办了广东海南艺术学校、广东琼剧院等。这时期还整理出诸如《张文秀》《搜书院》《红叶诗题》等大量优秀的历史剧目，1962 年《红叶诗题》被拍摄成电影在国内外放映，成为琼剧第一部戏曲艺术片，扩大了琼剧在国内外的影响。同年，在中国戏剧家协会主席田汉的提议下，儋县（现为儋州市）组织成立起十多个民间山歌剧团，创作、改编和移植演出剧目 50 多个，使山歌剧风靡全县城乡。至此，儋州山歌剧逐渐走向成熟。

1966 至 1976 年，海南戏曲团体因诸多社会因素全部停止了活动，戏曲舞台凋零冷落，虽然在 1971 年后开始恢复琼剧团并排演革命样板戏，但是整个戏曲舞台凋零冷落。

1976 年后至今，戏曲重获新生，各县剧团逐渐恢复，国家对地方戏曲也开始大力"抢救"，琼剧与东南亚各地的艺术交流也日益频繁。2016 年 8 月，海南省委宣传部与海南省文化广电出版体育厅联合制定了《海南省"十三五"时期琼剧传承与发展规划纲要》，海南戏曲在原有的被保护的基础之上，迎来了新的发展机遇。

二、海南戏曲融入汉语国际教育的价值

2008 年 6 月，琼剧正式列入了第二批国家级非物质文化遗产名录。作为非物质文化遗产的琼剧，经过岁月的洗礼和曲折的发展，仍然传承保留至今，非常难能可贵。而汉语国际教育专业，是中国语言文学类专业下的一门普通高校本科专业，其教学目的，是培养学生通过汉语进行跨文化交流、交际，其中，文化教学是汉语国际教育专业课程中非常重要的一个部分，而海南戏曲作为中华优秀传统文化中典型的海南地域文化，将其融入汉语国际教育专业的课堂中也有非常重要的意义和价值。

（一）传承和创新海南戏曲

中华优秀传统文化，是我们民族宝贵的精神家园。习近平总书记指出："中国传统文化博大精深，学习和掌握其中的各种思想的精华，对树立正确

的世界观、人生观、价值观很有益处。"

作为中华优秀传统文化代表之一和海南本土文化瑰宝的海南戏曲，经过曲折发展，传承至今。目前的琼剧剧目绝大多数是以传统的历史题材为主，不少还是全国戏剧界通演的历史故事，但关注和研究海南戏曲的人较少。而高校，作为文化教育机构，是传承发展优秀传统文化的重要阵地，既具有传承和创新传统文化的历史使命，又具备担当使命的能力与素质。

戏剧和戏曲作为文学的一种表现形式，是文学史中重要且不可分割的组成部分。海南戏曲在不断发展演变过程中，不仅有很高的艺术价值，而且成为传承民俗历史文化、加强海外交流的重要载体。

汉语国际教育专业属于中国语言文学类。培养学生以汉语进行跨文化交流、交际的汉语国际教育专业，是非常适合在文化教学过程中融入海南戏曲文化的。传承与创新中华优秀传统文化，是高校发展过程中的自觉责任。通过在教学过程中融入海南戏曲文化，可以让师生了解海南戏曲，喜欢海南戏曲，从而自觉承担起传承、创新以及推广海南戏曲的责任。

（二）丰富教育教学资源，提升教学效果

就当前高校对传统文化的传承与创新而言，地域性传统文化研究已经成为一个特色研究方向。而在汉语国际教育视野下，不少学者都在尝试构建将一些地域文化融入汉语国际教育的新模式，比如济南泉文化、山西民俗文化、中原文化等。这样不仅可以传承与创新中华优秀传统文化，而且还能丰富汉语国际教育的教育教学资源。

目前，汉语国际教育专业的文化教材较多，有北京大学出版社出版的《中国概况》《解读中国·中国文化阅读教程》《文化中国·中国文化阅读教程》，人民出版社出版的《中国传统文化通论》，北京语言大学出版社出版的《中国文化》等。以《中国传统文化通论》为例，全书以时间为轴，梳理了夏商周至明清的传统文化，并且专题介绍了哲学文化、伦理文化和宗教文化，还分两章介绍了地域文化和传统文化。可以看出，这些教材覆盖的文化范围广，但针对地域文化或某一地区的文化的讲解非常有限。对于来到海南学习的留学生来说，单一的教材讲授以及宽泛的知识面教学所获得的教学效果比较有限。

海南戏曲的悠久历史使它承载了数千年来海南的地域和民俗传统文化，将海南戏曲融入汉语国际教育专业，有利于丰富教育教学资源，提升教学效果。

三、海南戏曲融入汉语国际教育中的应用建议

海南戏曲的剧种和剧目较多，大部分学生和教师对海南戏曲的了解有限，且海南戏曲多是以地方方言的形式进行唱演的，这些无疑增加将海南戏曲融入汉语国际教育的难度。虽然普通话是留学生学习的主要语言和内容，但是方言教学也应当作为汉语国际教育的重要补充。

（一）组织教师进行针对性培训

教师在教学过程中起主导作用，可以将海南戏曲融入汉语国际教育中。而汉语国际教育的教师大都不是戏剧专业出身，对海南戏曲的了解十分有限，应对教师开展海南戏曲的针对性培训。

可以定期开设海南戏曲史的研讨课程，帮助教师系统掌握海南戏曲发展的历史进程；聘请优秀剧团演员，以交流会的形式向教师介绍海南戏曲的各项专业知识以及戏曲演唱中所用到的方言，提升教师的戏曲鉴赏能力；召开海南戏曲教学研讨会，为教师提供交流的平台，借鉴效果良好的教学方式，完善教学过程。

只有当教师了解海南戏曲，学会如何鉴赏海南戏曲以及让学生乐于接受海南戏曲，海南戏曲在汉语国际教育中的作用才能够显现出来。

（二）教学方式的灵活运用

首先，熟悉线上教学流程。教师可以通过视频播放的形式在线欣赏海南戏曲表演，还可以通过邀请戏曲演员实时连线的形式，与留学生交流互动，促进跨文化交流以及海南戏曲文化的深入传播。

其次，海南戏曲是一种现场表演的艺术形式。学生掌握了一定的海南戏曲相关知识，有一定的鉴赏能力后，学校可以组织学生到现场感受海南戏曲的魅力，提升教学效果。

最后，在线下课堂中，可以通过参与式教学，组织学生排演海南戏曲节目，增强学生的参与感，营造浓厚的文化氛围，同时起到传承和创新海南戏曲的作用。

(三) 弘扬海南戏曲的红色精神

中国共产党领导的琼崖红军和各县赤卫队所在的农村革命根据地组织剧团编演文明戏，如《爱国运动》《大义灭亲》《社会钟声》《林格兰就义》《灭种婚姻》等，这些海南戏曲蕴含丰厚的革命精神。

参考文献

[1] 中国戏曲志编辑委员会. 中国戏曲志·海南卷 [M]. 北京：中国 ISBN 中心出版，1999.

[2] 黄守红. 琼学：海南历史文化在海南高校的传承与创新 [J]. 湖南科技学院学报，2017 (4).

[3] 罗晓海. 琼剧现状与发展思路探微 [J]. 大众文艺，2012 (16).

[4] 罗洋. 吉林地域文化在汉语国际教育中的应用研究 [D]. 长春：吉林外国语大学，2022.

第三部分

国际中文教育市场化道路探寻

人类命运共同体视域下汉语
国际传播复合型人才培养探究

三亚学院人文与传播学院助教　曹丽红

2013 年 3 月，习近平主席在莫斯科国际关系学院演讲时指出，各国相互联系、相互依存的程度空前加深，越来越成为你中有我、我中有你的命运共同体。2017 年 1 月 18 日，习近平主席在联合国日内瓦总部演讲时强调，构建人类命运共同体，关键在行动。坚持对话协商，建设一个持久和平的世界；坚持共建共享，建设一个普遍安全的世界；坚持合作共赢，建设一个共同繁荣的世界；坚持交流互鉴，建设一个开放包容的世界；坚持绿色低碳，建设一个清洁美丽的世界。

当今，中国在世界舞台上发挥巨大的作用，中国与世界各国的交流与合作更加密切，中国的国际影响力逐渐增强，对汉语国际传播复合型人才的需求也更加迫切。人才的培养主要依托高等教育，因此高校应更加明确汉语国际传播人才的培养方针，以构建人类命运共同体为出发点，提高人才培养质量，培养跨学科复合型人才，满足中华文化的国际化传播需求。

一、人类命运共同体理念

（一）人类命运共同体的思想内涵

人类命运共同体根源于中华民族"天下观""和为贵"的历史传统。人类命运共同体理念植根于中华民族五千年的优秀传统文化，充分体现中华民族的思想智慧和传统文化的时代价值。

"人类"一词在范畴上超越"世界"，它提倡立足全人类的视角，互相尊重，交流互鉴，各国采取对话而非对抗、结伴而非结盟的方式争取互利共赢，这与中华优秀传统文化中的"和文化"有着深刻的联系。《国语·郑语》中提出"和实生物"，意为阴阳和而万物生，"和"中包含事物的差异性，这种矛盾多样性的统一才使得事物不断发展。孔子提出的"和而不同"正是中国处理国家关系的准则之一，这和世界普遍认同的"多样性"有异曲同工之妙。

"命运"并非宿命，而是荀子所说的"制天命而用之"。世界人民要团结一致，共享未来，这也体现"天下大同"的思想。《礼记·礼运篇》提出"大道之行也，天下为公"。大同社会提倡和平仁爱，安居乐业，各尽所能，共同发展。"大同"是理想社会形态，而人类命运共同体突出全世界命运与共，强调全人类的共同利益，这是对大同理念的创新和升华。

"共同体"是对"地球村"概念的扩展，意在世界各国人民携手同行，理解包容，共同参与全球治理，共同推动世界发展，追求合作共赢，并共同享受世界发展带来的利益，这与中华文化的"公平正义"观念相通。人类命运共同体意在打破各国的文化壁垒，争取在各个领域共商、共建、共享，逐步实现人类建设公平正义的美好世界的愿望。

（二）人类命运共同体理念下汉语国际传播的意义

人类命运共同体理念蕴含的中华优秀传统文化是人类历史的瑰宝。人类命运共同体理念倡导借鉴世界各国的优秀成果，给世界展现兼收并蓄、具有世界情怀的中国形象，这对我国的汉语国际传播有重要的意义。

人类命运共同体理念下汉语国际传播有利于促进中外文明交流互鉴。世界因文明不同而多样，每种文明都有其特色，都是全人类的共同财富。各国语言文化不同，价值理念不同，只有互相尊重、互相包容、取长补短，促进文化的融合共通，各国之间才能达成理解，共同应对国际事务。例如，中国提出"一带一路"倡议、建设亚投行等，就需要深化中国与沿线各国的语言文化交流，从而加强合作，共同繁荣进步。

人类命运共同体是中国智慧的体现。人类命运共同体理念既彰显了中国对和平繁荣发展倡议的维护，又充分体现了中国在把握客观规律的基础上，为应对世界发展困境所给出的中国治理方案。中国通过汉语国际传播积极参与全球治理，获得世界各国的广泛关注，这让世界看到中国愿与各国携手共同发展。

二、人类命运共同体视域下的汉语国际传播人才培养困境

在人类命运共同体视域下，汉语国际传播要致力于讲好中国故事，传播中国声音。但目前汉语国际传播的人才培养仍面临一些亟待解决的问题。

（一）外语语种单一，难以满足汉语国别化传播需求

语言是文化的载体，在汉语国际传播中处于先导性地位。目前汉语国际传播人才大多掌握的是英语，这难以满足汉语国别化传播的需求。面对母语非英语的汉语学习者，仍以英语作为媒介语，不仅会导致"语言态度偏颇"，也会影响学习效果。不了解当地的语言，就无法走进当地文化，中华文化就难以跨过鸿沟，令外国人难以了解中华文化的精髓。中国提出"一带一路"倡议以来，加强与沿线东亚、西亚、南亚、中亚、中东欧等60多个国家和地区进行贸易往来，其中语言在跨国贸易合作中发挥着重要的作用。多数"一带一路"沿线国家与中国的贸易往来均使用英语，但也有一些组织和个人使用孟加拉语、阿拉伯语、马来语、印尼语等语言。英语是通常意义上的工作语言，但在工作之外，了解各地语言与民俗才能较容易实现真正的民意相通。在现行的汉语国际传播人才培养过程中，区域国别化的语言、文化、风俗教学较少。学生在不了解对方国家语言文化的情况下，汉语国际传播的效果将会大打折扣的。

（二）课外实习实践不足，跨文化沟通能力较弱

当前部分国际中文教师在赴海外教学过程中，因为对所在国家的文化背景和风俗习惯了解不充分而产生文化误解，无法灵活运用跨文化交际策略来解决矛盾，影响教学效果，也不利于中国文化的传播。在当前复杂的全球环境下，尽管国外的汉语国际教学志愿者岗位、实习教师岗位和正式教师岗位非常紧缺，但国内能够外派任教的学生数量有限。一部分学生转

为线上实习，但是线上实习时间有限，无法深入了解当地的风俗和文化，也无法更好地传播中国声音。还有一部分学生在国内实习，这对更好地培养学生的跨文化适应能力不利。学生学习汉语传播技能和跨文化交流技巧，在理论上能做到举一反三，但当真正身处跨文化的语言环境时，由于缺少实践经验，仍会出现一些因文化差异导致的误解。

（三）传统文化教育与国际理解教育未达到平衡

1996 年联合国教科文组织指出，国际理解教育是世界各国在国际社会组织的倡导下，以国际理解为理念所开展的教育活动。国际理解教育符合人类命运共同体的理念，强调尊重不同文化背景、种族和宗教信仰，以宽容、理解、尊重、学习的态度加强合作，以便共同处理全球议题。人类命运共同体理念下的国际理解教育包括更多世界议题，如气候变化、环境污染、文化借鉴和科技发展等。

对于汉语国际传播人才而言，首先要内化中华优秀传统文化，然后在互相尊重理解的前提下将其传播到其他国家。但是，目前高校的国际理解教育课程开设不多，学生国际理解能力不足，国际视野不够开阔。因此，协调好民族文化课程与国际理解课程的关系，有利于提升汉语国际传播的力度。

（四）重视汉语国际传播意识和传播途径

在人才培养过程中，学生应学习掌握一定的汉语国际传播的理论知识，如现代汉语、语言学概论、国际中文教学法、传播学概论等。但是，在汉语国际传播过程中，学生对传播的平台不够熟悉，向国外受众传播汉语文化的意识不足。

总体而言，孔子学院在各大洲分布不均匀，中央媒体的汉语教学节目种类不多，难以满足海外学生学习汉语的要求。目前，汉语对外传播平台形式多数是官方媒体，传播的大多是严肃类的话题，传播媒介仍需创新。海外新媒体平台向受众展现中国的衣、食、住、行等日常话题，如包饺子、吃月饼、中国功夫等内容，但是标签化的内容使文化内涵略显不足，容易使海外受众对中国产生"刻板印象"。因此，汉语国际传播人才培养要注重拓展传播途径，全面展示中国提出的人类命运共同体理念相关内容，用海外受众喜闻乐见的方式传播中国的语言和文化精髓。

三、汉语国际教育专业本科复合型人才的培养途径

（一）实践创新：推进"汉语+"复合型实训模式

针对汉语国际传播的国别化需求，在人类命运共同体视域下，汉语国际传播人才培养不能单纯从本学科专业出发，也要满足职业技能的需求，培养"汉语+"复合型、应用型人才，推动文明交流互鉴。

1. 深化校企合作，开设"汉语+专业"课程

与"一带一路"沿线国家交流时，需要既懂汉语又懂当地语言的人才。因此，可开设语言类选修课程，如印尼语、阿拉伯语等，培养的双语或多语人才能够更高效、更准确地传播中国文化。"一带一路"倡议提出后，很多中国企业在沿线国家进行基础设施建设和工业制造，他们需要既懂中文，又掌握相关职业技能的复合型人才，因此开设"汉语+专业"课程符合海外人才的培养需求。

学校应加强与企业的合作，共同规划建设"汉语+专业"课程体系，将汉语教学与其他专业培养相融合，提升学生的专业竞争力，如"汉语+通信""汉语+空乘"等，鼓励企业的专业人才到校开展相应的行业知识培训。

"汉语+"人才培养模式对学校的师资要求较高，高校应高度重视"双师型"教师队伍建设。"双师型"教师既是专业理论方面的名师，又是生产实践的行家里手，能够满足学生就业岗位对理论、技能的双重要求。目前，多数院校的双师型教师比重不大。

高校应打破学科壁垒，组织不同学科背景的教师展开合作，给教师提供技能学习和培训的机会；深化校企合作，根据不同企业的用人需求，培养多技能的教师团队，旨在指导学生在语言与技能上协同发展；积极开展教学和科研工作，筹划实践活动，做好科研成果的转化。在"双师型"教学团队的带领下，学生能够提升核心素养，了解相应行业的技能知识，提升跨文化交际能力。

2. 拓展国际实习资源，共建"汉语+"实践基地

汉语国际传播人才应具备完备的专业知识，并能够参与相应的实习项目。学校可以在海外孔子学院建立实习基地或组织志愿活动，增加外派学生的数量。让学生在孔子学院督导教师的引领下，了解其办学模式、教学环境、教学内容、教学方法等，并在实际的工作中积累教学经验等。

当然，本科生的实习不应仅限于教学方面，开展校企合作也是培养复合型人才的重要举措。通过与海外的企业合作，开设实习基地，可以极大地拓展学生的国际视野，使学生通晓国际规则，在实际工作中进行更多的跨文化交流活动。在建设国际实习基地的过程中，要注重"实质性"，学校与企业共同制定实习规划，让学生在实习中将"汉语"与"技能"紧密结合；要加入特色元素，使海外实习基地体现学校的办学特色，打造校企合作创新品牌；要保持"长期性"，实现校企合作的双赢模式。

（二）课程创新：平衡传统文化教育与国际理解教育

1. 分专题、分模块推出传统文化系列课程

传统文化教育的对外传播不仅仅是简单浅显的表层传播，还是对博大精深的中华文化的深入理解与传播。因此，笔者建议分专题、分模块推出本科生的传统文化系列课程，让学生形成长效的学习机制。专题或模块课程包括但不限于国学经典模块，如儒家学说、诸子百家学说、三字经、道德经等；文学赏析模块，如诗经楚辞赏析、唐诗宋词赏析、戏曲文化赏析、武侠小说赏析等；艺术鉴赏模块，如书法、绘画、音乐、武术、茶艺、刺绣、编织、剪纸、插花艺术赏析等；国际传播模块，如意大利、法国、俄罗斯、日本对中国文化的研究等。这些专题和模块应面向汉语国际教育，贯穿大一至大四各个阶段，结合不同的主题和内涵持续开展且各有侧重，让学生在整体把握中国文化的同时，深入了解中华文化的精髓。

2. 研发区域化、国别化国际理解教育系列校本课程

汉语国际传播人才培养中的国际理解课程研发工作，应从编撰教材入手，立足本省的地方特色，以变革与发展、求同与存异、人本与责任为教育理念；以培养开拓创新能力、团结协作能力、国际理解能力为课程目标，以全球发展过程中人类面临的地区战争、环境污染、气候变化、自然灾害、

病毒肆虐、贫富差距等问题为主线，培养学生的视野与情怀。例如，建议开设"本土文化与异域文化课程"，以介绍海南省与东南亚为主，让学生了解其中的历史文化渊源；开设第二外语研习课程，积极开展区域化、国别化重要议题讨论活动等，并将这些系列校本课程投入到实际教学中。

此类校本课程有利于学生在课堂上对全球化有更深入的认识，提升学生的人文素养和科学素养；有利于学生着眼于全人类的共同利益；有利于学生从全球角度思考问题，认识到有些问题的解决需要全人类共同为之努力，进而对人类命运共同体理念有更深入的理解。

（三）途径创新：打造有竞争力的汉语国际传播平台

1. 适应高新技术，拓展人工智能时代汉语传播新途径

如今，计算机视觉、虚拟现实、机器翻译等传播形式逐渐开展，是人们的视觉在物理空间的延伸。汉语国际传播生态已从由人主导转变为"人机结合"。大数据和云计算可以准确定位传播受众，实现汉语精准传播。传统的信息如文字、图片、音频、视频等需要整合成沉浸式、具有互动性的多模态信息传播结构。因此，人工智能时代对汉语国际传播的复合型人才培养提出了更高的要求，即不仅具备国际视野，还要掌握智能时代的传播规律，适应高新技术的发展，并不断融合不同的学科背景，将中国故事传播到全世界。

学校应转向数字化媒体平台，如开设信息智能课程、海外传媒课程、多媒体与有效沟通课程等，并与国外高端学术智库互联互通。在数字平台中，应加快话语途径创新和话语内容创新，建构有竞争力的多模态信息传播系统，向世界展现多彩的中国。

2. 主动设置全球性议题，组织在线跨文化沟通活动

主动设置全球性议题能够吸引世界各国主动参与相关研讨，有利于突出中国特色，传播中国声音。学校应组织大规模的汉语国际交流活动，同世界各国的留学生商讨目前国际社会关心的议题，如全球气候变化、海洋环境保护、能源危机、非物质文化遗产保护等。学生在国际交流中应学会尊重对方，了解对方的思维方式。在遇到各方观点冲突的情况下，学生既要坚定文化自信，又要理解各方的文化差异，以便达到汉语国际传播的最佳效果。

四、结语

人类命运共同体理念不断深入人心，汉语国际传播应致力于培养复合型人才，为汉语国际传播注入新的动力。针对外语语种单一、传统文化教育与国际理解教育未达到平衡、汉语国际传播意识和传播途径未得到重视等问题，汉语国际传播的复合型人才培养应推进"汉语+"复合型实训模式，深化校企合作，拓展国际实习资源，共建"汉语+"实践基地；分专题、分模块推出传统文化系列课程，研发区域化、国别化国际理解教育系列校本课程；打造有竞争力的汉语国际传播平台，拓展人工智能时代汉语传播新途径，并主动设置全球性议题，提升学生的跨文化沟通能力。在复合型人才培养的过程中要树立人类命运共同体意识，提高学生的综合素养，让汉语承载着中华优秀传统文化走向世界。

参考文献

[1]康佳. 新时代背景下的教育国际化实践探究[J]. 社科纵横, 2019, 34（1）.

[2]习近平. 共同构建人类命运共同体[J]. 求是, 2021（1）.

[3]左丘明. 国语[M]. 北京：北京联合出版公司, 2017.

[4]戴圣. 礼记[M]. 北京：光明日报出版社, 2019.

[5]陈金明, 张艳艳. 人类命运共同体理念国际传播研究的回顾与展望[J]. 三峡大学学报（人文社会科学版）, 2022, 44（2）.

[6]高育花. 基于复合型多语拔尖人才的汉语国际教育本科培养模式探索[J]. 国际汉语教育（中英文）, 2020, 5（2）.

[7]史艳慧, 庄天赐. 汉语国际教育专业人才培养存在的问题及对策[J]. 经济研究导刊, 2020（13）：131, 141.

[8]熊梅, 王敏. 国际理解教育：联合国教科文组织倡导之回顾与展望[J]. 外国教育研究, 2018, 45（12）.

虚拟现实技术背景下儿童古诗词教育教学策略研究

三亚学院人文与传播学院副教授　席晓丽

自 2016 年以来，基于 3I（沉浸感、交互性和想象性）特征的虚拟现实技术在娱乐业、商业、制造业、医疗保健业得到应用。虚拟现实技术在教育领域的应用也日益受到重视。目前，虚拟现实在技术层面实现迭代与突破，终端设备更加轻便，使教学活动具有较好的沉浸式体验和深度的互动式参与感，促使虚拟现实技术的教育应用场景不断增加。虚拟现实技术的教育应用场景主要集中在虚拟实验室、虚拟图书馆、虚拟体育馆、虚拟校园、虚拟教学等，在教学中主要用于课堂教学环节、实验实训环节、教学展示环节，教学应用以立体物体展示及 360 空间展示、虚拟场景营造与构建为主。虚拟现实应用于教育领域得到政策层面的支持，《中华人民共和国国民经济和社会发展第十四个五年规划和 2035 年远景目标纲要》明确将智慧教育作为重要的数字化应用场景之一，虚拟现实技术在智能化学习、教育管理服务和促进教育公平等方面都将发挥重要作用。

一、应用及研究现状

儿童古诗词教育是针对 3 至 15 岁、处于学龄前期和学龄期的孩子，以中国古代诗歌和词曲为内容开展的文学教育。虚拟现实技术在儿童古诗词教育领域应用主要体现在数字化古诗词资源的开发，尤其是虚拟仿真个案的设计和开发等，以单个作品的场景呈现和诵读为主。

最近几年，虚拟现实技术在古诗词教育教学中的应用和研究主要集中在两方面。

一方面是有意识地构建虚拟现实技术下的新的教学模式，学者林韵思以整合理念为统摄，探讨信息技术应用于古诗词的结合点和结合程度的问题，提出信息技术与古诗教学相整合的五种策略。学者时艳、艳江婕结合小学古诗词教学目标和学生学习特征，提出"主导—主体"的教学模式，从课前准备、课堂实施和课后反馈等阶段分析师生在虚拟现实课堂中的角色和分工。这类研究，多以建构主义教育理论为基础，基于目前古诗词教学存在的问题，探讨古诗词教学中虚拟现实技术与教学环节相结合问题，有一定的开创性。但是，总体来看，这些研究对于古诗词文学文本作为文字如何向视觉语言转换思考不足，缺乏媒介传播学和诗学相关理论的支撑。

另一方面是以虚拟现实技术的设计应用为主，从软件开发的角度进行场景设计。比如，针对李白的诗歌从虚拟场景设计与技术实现角度，开展个案研究。其中，学者肖静雅的《基于儿童古诗词教育应用的可视化动态设计研究》一文从视觉转化的角度分析古诗词意象的抽取、视觉语言的表达的特征，对诗歌文本的可视化表达做出了有益的探索。这类研究具有明显的跨学科特色，能够将古诗词教育与信息技术和艺术设计相结合，以单首作品或知名作家系列作品为对象，进行应用开发实践。存在的问题主要表现在对作品选择具有一定随机性，缺乏系统梳理和整体思考。

当前虚拟现实技术在古诗词教育教学活动中的应用缺乏完善的、成熟的理论指导，同时缺少丰富的教学设计和教学模式，仍处于探索阶段。本文以儿童古诗词教育教学策略研究为主要内容，基于教育学、儿童心理学、诗学意境论、媒介传播理论等学科理论，探讨虚拟现实技术运用于古诗词教学的理念与模式，摸索虚拟现实技术在儿童古诗词教育场景中运用。

二、虚拟现实背景下古诗词教学的设计理念

(一) 以智慧教育理念引领儿童古诗词教育改革

儿童古诗词教育作为文学教育的一个分支，经历了从传统的记背为主向互联网时代的情境化学习的转变。虚拟现实技术为儿童古诗词教学带来

新的教育理念的转变，将平面化的情境学习引入立体化沉浸式的智慧教育阶段。

传统的古诗词教学以知识性目标为主，通过背诵记忆的方式进行学习，"熟读唐诗三百首，不会作诗也会吟"，就是这种教学方法的体现。这种以教授者为中心开展的教学，体现了农业化时代和工业化时代的学习特征，学习的重点是知识的认知，侧重字词及思想主题分析。互联网时代的古诗词教学在传统单向知识传授的基础上，通过新媒体的多元化呈现，以图片、视频等形式开启情境化教学的新阶段，在教学形式上以互动式教学为主，逐渐实现"以学生为中心"的教学变革，更加注重诗词情感性特征和创作情境的解读，侧重古诗词美育功能的实现。

但是传统教学模式和互联网时代的情境教学中的儿童古诗词教学都存在一个共同的问题，即"诗歌教育远离诗歌现场"。古人在诗词习得上，没有语境和时代的隔膜，自然不存在语言和场景障碍，但是现代人，尤其是儿童限于生活时代和语言水平，对于诗歌的理解，仅仅依靠"熟读百遍、其意自现"是无法获得诗词的审美体验的。作为抒情文体的古诗词如何让当代儿童体会到作品中情感的灌注，引起共鸣和认同，从而产生审美愉悦，这是古诗词教学的难点所在。

以开放、共享、交互、协作与泛在为特征的智慧教学，依托虚拟现实技术，将为儿童古诗词教学带来一场深刻的变革。虚拟现实技术在空间上突破物理空间的局限，可以实现历史空间的重现，也可以进行上天入地般想象空间的构建，让不同时代的诗词作品以情景再现和身临其境的方式得以呈现，形成可感知的艺术空间，更直观地让儿童感受文字传达出的美感和生命力，从而内化为自我的生命体验。

总之，利用虚拟现实技术，完成教学类型转换、教学手段转换、教学方法转换、教学形态转换以及教学空间的形态转换是未来古诗词教学的大趋势。

（二）基于儿童的特征，合理设置教育目标

皮亚杰的儿童认知理论认为，学龄前的儿童处于"运算"阶段，观察力和想象力发展快，这一阶段的儿童在认知范围有一个由近及远的过程，

对自己及熟悉的事物认知度更高。对事物的外部特征关注度高，更喜欢形象生动、色彩鲜明的具象性事物，对事物形象具备再造、联想与迁移的能力，具备一定的语言运用能力。学龄期的儿童处于"具体运算阶段"，认知开始由具象转向抽象，能够理解事物之间的联系、发展、变化，创造性想象能力得到发展。

目前，儿童古诗词教育教学尤其是在学龄儿童阶段，仍存在一定的应试思维、工具化思维以及成人化、说教为主的教育倾向。对古诗词的教学存在模式化思维，以"字词讲解—串讲全诗—背诵默写—做题巩固"的单一教学模式消解古诗词的情感意蕴和美感。诗意的体悟和诗性感受不足，诗词作品被当成知识性的考试材料而不是鉴赏对象，以单一标准化的答案评价学习效果，使学习的过程变成一个"去诗意的过程"。因此，儿童古诗词教育教学要基于儿童认知特点，确立明确的定位和适合的教育目标。目标的设立要从儿童视角考虑，符合儿童的认知特点和接受能力，保护儿童对世界的敏锐感知，以及观察力和想象力。

具体的教学目标可以从知识层面、能力层面、素养层面来设定。在知识层面，可以从季节、气候、节日等形象知识入手，再拓展到文学文化知识、社会知识等抽象内容。在能力层面，应逐步从观察力、感受力、想象力的培养提升至审美感受力的培养，在对自然之美、生活之美和情感之美的认知和体验基础上，培养儿童写作创新能力和综合运用能力。素养方面，应该通过古诗词让儿童保有真纯自然的童心，具有对美的向往和感知，进而具备丰富的情感体验，热爱传统文化。

古诗词教学目标的达成可以借助虚拟现实技术来实现。虚拟现实技术带来的全新感官体验，重塑古诗词的审美体验，是古诗词教育由应试教育走向审美教育的重要助力。

以往古诗词的文辞只能通过想象结合个体经验，形成头脑中的画面，触发情感共鸣，达成良好的审美效果。虚拟现实技术可以通过"审美对象图像化""审美对象感官化""审美对象身体化"，调动视觉、听觉、触觉，甚至味觉，将文字转换为立体空间中的可视化图像和场景，既可以仿真模拟现实物理空间，还可以呈现虚构的想象空间，从而形成新的审美体验模式。

（三）以融合的理念创新教学模式

儿童古诗词教育资源的开发要实现多种传播媒介的融合，以文字、图像、声音、视频等形式，依托移动通信技术和人工智能技术，发挥不同媒介的功能和传播效果，形成数字化、多媒体的多元化教育资源。

古诗词资源应依据作品的表现形式、主题意蕴等选择不同的媒介形式，运用不同媒介的表现方式实现教育效果的最优化。古诗词文本可以以文字方式呈现，作品的吟诵和朗读以声音的方式呈现，作品中描述的易感知事物，可以用图像呈现，如植物、动物。对于不易呈现的抽象事物、人物情感、心理变化以及场景，应该借助虚拟现实技术来实现。虚拟现实技术可以运用到作品创作现场的全景展示、作品所表现意境和情境，作品所涉及的地理空间和历史背景，作者的活动轨迹甚至社会人际交往等。

我们品读文学作品，常常根据阅读经验去阐释。如果不做实地勘查，很容易误读和误解。借助虚拟现实技术，实现场景的可视化呈现会达到较好的学习效果。比如，王维《使至塞上》的"大漠孤烟直，长河落日圆"表现落日的场景，从语言和生活经验来说，并不难理解，但是阅读体验平平。借助全景展现技术，真实展现这首诗的写作现场，产生视觉震撼的效果，帮助学习者感受作者的创作感受、情感意蕴和作品的审美意蕴，增强身临其境的体验。

儿童古诗词教育教学应实现多学科融合，改变过于强调学科本位的教育模式，打破学科界限，体现教学内容的综合和多学科融合。作为文学教育，儿童古诗词教学的核心内容是感知语言魅力、培养审美情趣，在此基础上，应尝试从艺术、历史、地理，甚至生物、天文、哲学等学科视角开发古诗词资源。

古诗词自诞生之日起，就具有音乐特质，诗词语言的节奏感、韵律感易于吟诵和演唱，古诗词与音乐的结合是最易于普及的融合方式。诗词与绘画的结合，能够更好地呈现作品的画面感，虚拟现实技术能够更好地实现书面语言向绘画语言转化，色彩、线条、明暗、虚实的变化能够让诗词的可感性更强。

从历史和地理的视角学习古诗词，主要基于知人论世的学习方法，深入作品创作的时代，还原历史场景，通过不同年代的人物、事件的再现，甚至服饰、建筑、地理空间等细节的刻画，让儿童切身感受诗词创作的"现场"。

古诗词与科学的融合，主要是借助虚拟现实技术，根据儿童认知的特点，对古诗词中蕴含的动植物、物理现象、天文知识等内容，进行深度理解和延伸阅读。例如，古诗词中常出现的"桃花"，与"梨花""杏花""梅花"在生物特征上有什么区别，为什么代表不同含义，对于大多缺乏自然生活经验的当代儿童而言，很难体会。真实展现不同花朵的形态特征、生长特点等，能够帮助儿童更好地理解古人是如何从花朵的特征和生长习性中抽绎出花朵的文学内涵，进而形成象征意义。

三、虚拟现实技术应用儿童古诗词教学

（一）教学内容设计

古诗词作为一种语言符号，除了具备文学语言情感化、具象化的共同特征外，还具备诗歌语言的特性，即表达的跳跃性和节奏的韵律感。例如，"骏马　秋风　塞北"，三者之间没有清晰的语法关系和逻辑结构，缺少关联词和虚词的连接转承，词语和词语之间是通过文学想象和情感连接实现意义的呈现。因此，虚拟现实基础上的古诗词教学内容开发，要考虑到文学语言到视觉语言再到数字化语言的转化问题，文学语言数字化要考虑跳跃性的文学语言如何实现语言"多元化、立体化、创意化"的数字化转化，从而实现文学语言和文学场景的可视化，提升古诗词的审美体验。

儿童古诗词的教学内容主要以古代诗词选本的作品为主，如《唐诗三百首》《千家诗》《唐宋名家词选》等；以现代学者和文化名人选编作品，如《给孩子的古诗词（讲诵版）》《蒙曼品最美唐诗》《凯叔选给孩子的99首古诗》等学习资源。目前，虚拟现实技术对古诗词内容的开发尚处于尝试阶段，以单个作品的开发为主，尚未对海量的古诗词资源进行有效整合；同时，对不同儿童的基本需求考虑尚不充分，对古诗词文学语言的转化问题认识不足。基于此，以儿童视角对教学内容进行分层分级，构建具有数字化特征的古诗词教学内容是非常必要的。

古诗词教学内容的梳理和重构既要考虑中国古诗词自身的特点，也要注意可视化呈现的要求。以符号学理论为基础，构建古诗词教学内容的结构体系有助于实现古诗词教学内容的可视化。结构语言学认为，语言符号可以分为能指和所指两个范畴，能指是基于客观世界的具体事物特征而言的，所指是基于事物的代表含义而生成的概念。比如，诗词中经常出现的柳树，作为植物的柳树就是其能指，作为离别含义的柳树就是其所指。在索绪尔符号学的基础上，大众文化理论家约翰·菲斯克把符号学分析引入视觉文化领域，认为视觉符号的意义理解可以分为三个层次：第一层次是物质层面的意义，也就是基于物体特征而产生的含义；第二层次是文化层面的意义，即不同社会环境、文化背景之下物的深层含义；第三层次是象征意义，也就是意识形态和世界观层面的"潜在意义"。

古诗词教学内容的体系构建可以分为语言符号表面意义的呈现、语言符号的文化意义的构建和语言符号的象征意义的揭示三个层次。

第一层次的教学内容选取围绕诗词作品中"形象"来展开。诗词中的"形象"，即诗词作品描写的客观世界具象的事物，如骆宾王在《咏鹅》中写动物、贺知章在《咏柳》中写植物、李白在《古朗月行》中写自然现象、孟浩然在《春晓》中写气候节气、王安石在《元日》中写节日风俗等。这一层次的内容主要基于儿童对客观世界的认知，用 3D 技术展示事物的形状、色彩、线条、肌理、空间、形态、明暗等，重点在于以沉浸感体现形象的生动性和可感性。

第二层次的教学内容以诗词中的"场景"为主。古诗词作品中的场景指的是作品所描绘的时间、空间、人的行为、心理感受及情感体验共同构成的诗词文化的内涵，这些场景经由具体的事物和环境得以呈现，共同构成情感和意义的表达。在虚拟现实技术应用中，技术应用场景分为时空维度、情境维度和复合维度。结合可视化的需要，就古诗词内容的场景呈现而言，可以分为真实再现诗词写作现场、虚拟诗词中的想象场景和叙事性场景。如前所述，王维《使至塞上》的写作现场真实地形地貌等地理空间的还原和再现就是对现实空间和环境的真实再现。李清照《渔家傲·天接云涛连晓雾》中的乘云驾雾、天河帝宫的描述就是想象场景，需要对现实空间进行超越性虚拟。《十五从军征》《木兰辞》中的人物和故事构成了叙事性场景，需要进行综合呈现。构建以诗词内容为主的场景，更多的是关注人与人、人与自然、人与社会之间的连接，以"人"的活动和情感作为连接点，让儿童增强对社会、人生的感知和情感体验。

第三层次选取的作品，是基于深层复杂情感和生命体验的表达，从社会、时代与家国的层面，引导儿童理解中华优秀传统文化的情感逻辑、人文精神和审美追求。布迪厄提出的社会生活具有"双重性"特征，既可以基于客观现实，认识社会生活的基本结构和现象，也需要从深层次阐释社会发展的行为逻辑和价值判断。处于第三层次的古诗词作品中，如陶渊明的《饮酒》《归园田居》呈现的淡泊致远的人生观和生活方式，苏轼的《定风波·莫听穿林打叶声》展现的旷达情怀和人生态度，都是中国传统文化精神的典型范式，体现着民族文化认同和价值判断。

（二）教学空间的运用与教学模式构建

虚拟现实的课堂教学模式要充分结合现实教学空间和虚拟教学空间的特点，构建多元立体的教学空间，在此基础上，构建增强体验感和互动性的教学模式。

梅罗维茨的媒介情境论认为媒介不仅是交流的中介和手段，也是环境的一部分，参与空间情景的形成。不同的空间构筑不同的交流情境，产生不同的交流效果。传统的课堂是在教室也就是封闭型物理空间完成教学活动，封闭的空间有利于形成较强的领域感，教师对课堂的把控感更强，师生之间能够更直观地进行人际交流，语言、肢体和眼神的沟通更有效。但是，封闭性空间具有较强的私密性和排他性，容易形成教师主导下的教学空间，会使教学活动带有明显的个人特征，教学效果的呈现有赖于教师个人的教育理念和教学水平。这也是传统教学以教师为中心的弊端所在。

网络时代的课堂实现了线上空间的开拓，线上教学和线上线下混合式教学打破物理空间的封闭性，实现空间的延伸。单纯的线上教学可以提升学习的自由度，但是对儿童的学习自觉性要求很高。线上线下混合式教学有助于提升儿童的学习主动性，能够实现个性化学习和启发式教学。

在此基础上，虚拟现实课堂进一步实现线上线下空间的交互性，增强空间的沉浸感。虚拟现实技术对信息的传递与接收产生深刻的影响，将不同的空间和场景融合在一起，增加课堂的开放性。同时，教学空间的变化也影响人的行为和教学角色。在虚拟现实教学中，教师和学生的角色和定位发生变化。在课堂教学活动中，教师不再处于绝对中心，学生成为教学主体，教师一般起到辅助和引导的作用。但是不同的空间构造出不同的信息系统，虚拟现实技术营造的空间是私人化、虚拟化的封闭空间，借助虚拟现实技术设备，学生可以进入自我沉浸式虚拟体验，暂时从真实的物理空间中抽离。必须指出的是，虚拟现实课堂应兼顾现实物理空间与虚拟空间的统一，学生可以在教室的物理空间和虚拟现实构建的数字空间中实现创造性学习和体验，既能够保障学习的临场感，又能够进行线下的有效交流。

儿童古诗词教学模式的构建，可以基于现实物理空间与虚拟空间的融合，在原有物理空间教学模式的基础上，拓展出新的交流方式，而不是全盘替代物理空间的交流。两种空间的融合可以创造出新的教学交流情景从而产生新的教学模式，实现私密空间和公共空间的协调。通过空间的互联与转换实现知识的分享和美感的传递。具体的教学模式可以分为以下步骤：导入—展示—思考讨论—探究与互动—总结与评价。在教学内容导入部分可以运用虚拟现实技术构筑情境，以作品中突出的物象或场景展示，引导学生进入想象的艺术空间。在展示部分，则以物理空间的线下教学为主，展示古诗词作品，引导学生理解作品的文字，体会作者的情感表达，进而根据知识能力和素养的目标，运用文字、图片、视频等多种教学资源，提出问题，引发思考。可以开展学生之间或学生与教师之间的互动讨论，引导学生结合自身的生活经验和体会，理解体悟作品。在探究与互动阶段，师生可以带着思考与问题，再次进入虚拟空间，进行深入探究，甚至提出不同观点，加深理解。最后则借助虚拟空间，以游戏、表演等体验式活动增强学习效果或进行学习评价，达到愉快学习的目的。

四、小结

虚拟现实技术在儿童古诗词教育中的应用尚处于探索阶段。新技术的应用伴随着教育成本的提高、教学理念的转换、教学模式的更新，这些都会对原有的教学模式带来挑战，但利用虚拟现实技术构筑的智慧社会是未来的趋势。儿童古诗词教育承载着文化传承、价值传递、审美表达的作用，研究探讨针对儿童的古诗词资源的虚拟现实开发或可成为古诗词现代转化的可靠路径，值得各方继续深入探索。

参考文献

[1]中华人民共和国国民经济和社会发展第十四个五年规划和2035年远景目标[Z].[2021-03-13]. http：//www. gov. cn/xinwen/2021-03/13/content_ 5592681. htm.

[2]林韵思. 信息技术在小学古诗教学中的整合运用研究[D]. 重庆：西南大学，2021.

[3]时艳，艳江婕. 虚拟现实技术在小学语文古诗词教学中的应用研究[J]. 教育信息技术，2022（Z1）.

[4]肖静雅. 基于儿童古诗词教育应用的可视化动态设计研究[D]. 杭州：浙江科技学院. 2022.

[5]刘江伟. 孩子需要什么样的诗教[N]. 光明日报，2021-01-03（1）.

[6]李小平，张琳，赵丰年，等. 虚拟现实/增强现实下混合形态教学设计研究[J]. 电化教育研究，2017，38（7）：20-25.

[7]皮亚杰. 发生认知原理[M]. 北京：商务印书馆，2001.

[8]张玉能. 消费社会的审美观[J]. 西北师范大学学报，2009（4）.

[9]王兆鹏. 今后古典文学研究的可视化趋势[J]. 古代文学前沿与评论，2018（1）：10-14.

[10]国家基础教育课程改革纲要（试行）[Z].[2001-06-08]. http：//www. gov. cn/gongbao/content/2002/content_ 61386. htm.

[11]姜国权，李一飞. 数字时代的语言新特征[N]. 光明日报，2022-06-05（5）.

[12]喻国明，陈雪娇. 数字资产：元宇宙时代的全新媒介——数字资产对传播价值

链的激活、整合与再连接[J]. 出版发行研究. 2022（7）：21-29.

　　[13]布迪厄，华康德. 实践与反思——反思社会学导引[M]. 北京：中央编译出版社，1998.

　　[14]梅罗维茨. 消失的地域：电子媒介对社会行为的影响[M]. 李猛，李康，译. 北京：清华大学出版社，2000.

　　[本文系校级教改课题：汉语国际教育（国际幼儿教育）创新人才培养实践项目（SYJZCX202202）研究成果。]

学前儿童传统民族音乐
教学效果提升策略研究
——幼儿琵琶培训课程跟班学习案例分析

三亚学院人文与传播学院助教　云　仙

学前儿童，又称"学龄前儿童"，一般指正式进入小学阶段学习前的儿童。入学年龄在不同国家有不同规定，在我国一般为6周岁左右。参考教育部门对"儿童阶段"的划分，我们可以将"学前阶段"细分为婴儿期（0至12个月）、幼儿期（1至3岁）、学龄前（3至6岁）。本研究中的"学前儿童音乐教育"特指3至6岁的儿童。此年龄段是学龄期的黄金时期，认知和心理都达到一定的水平，对知识的学习与吸收比幼儿期更佳。

3至6岁的儿童处于幼儿园阶段，是儿童接受正规义务教育的启蒙阶段，也是其身心发展的高速期与关键期。教育部印发的《幼儿园教育指导纲要（试行）》（以下简称《纲要》）中将幼儿园的教育内容划分为健康、语言、社会、科学、艺术等五个领域。艺术是实施美育的主要途径，应充分发挥艺术的情感教育功能，促进儿童健全人格的形成。音乐教育是美育的主要形式之一，是对儿童进行品德教育，培养健康人格的有力手段；同时可以启迪智慧、开阔视野、丰富知识，对学前儿童身心健康有重要影响。

一、学前儿童音乐教育相关理论

（一）多元智能理论

塑造各方面均衡发展、身心健康的儿童已经成为现代学前教育研究的共识。这个共识正是基于多元智能理论提出来的。美国哈佛大学的心理学教授霍华德·加德纳在《智力的结构》一书中提出多元智能理论。他认为人的智能（部分学者翻译成"智力"）分为八种：语言智能、音乐智能、数学逻辑智能、空间智能、身体运动智能、人际关系智能、自我认知智能和自我观察智能。每个人都拥有多项智能，个体的优势智能和弱势智能各不相同。通过后期有意识的科学培养与教育，能让人的各方面智能得到有效增长。多元智能理论引发全球教育界的教学理念、教学方法、教学手段实施、教学评价手段和学生潜能开发等方面的变革。

（二）《3—6岁儿童学习与发展指南》

教育部于2012年印发《3—6岁儿童学习与发展指南》（以下简称《指南》）。为帮助教师和家长了解各阶段幼儿学习与发展的基本规律和特点，《指南》提出五个领域的发展目标和相应的教育建议。音乐教育不仅在艺术教育领域中占据较大比重，还在科学教育领域的数学认知部分、语言教育领域的阅读与书写准备部分交叉出现，这印证了多元智能理论在学前教育的适用性。音乐智能需要调动神经系统的认知表象能力，加强幼儿的形象思维和排列组合等逻辑思维能力，可以帮助幼儿进一步提高语言表达能力。

（三）儿童音乐能力发展规律

英国心理学家舒特·戴森对儿童音乐能力发展的一般年龄特征进行了归纳：0至1岁能对声音作出各种反应；1至2岁可以本能地进行歌唱"创作"；2至3岁开始模仿唱出所听到的歌曲片段；3至4岁能感知音乐的旋律轮廓，若在这一阶段学习某种乐器的演奏，可以培养绝对音感；4至5岁能够辨别音高和音区，并且能对简单的节奏进行重复；5至6岁能够理解和区分响亮与柔和的音响，并从一些简单的旋律或节奏中听出相同的部分。

1969年，萨金特对儿童绝对音感能力发展的研究表明，若儿童在5岁前开始进行音乐训练，那么他们成年后获得绝对音感能力的人可达到88%；若儿童在6岁开始进行音乐训练，成年后获得绝对音感能力比例能达到69%；若儿童在9岁时开始进行音乐训练，成年后获得绝对音感的比例就会下降至33%。因此，4到7岁可谓是儿童绝对音感能力发展的关键期。

学前儿童听辨音色的能力发展也有年龄段的特征。3岁的幼儿能听辨出两到三个对比度明显的人声或乐器声，5岁能够辨别更多不同人声和乐器声的差异，6 岁就已经能很好地辨别不同的音色了。而在节奏感的掌握方面，大部分学龄前儿童已经可以准确模仿 3 至 4 个音符组成的节奏型。

综上所述，3 至 6 岁的幼儿已经具备一定的音乐学习能力，能够较好地辨别音色，区分音高，准确模仿基本节奏型。若此时开始乐器学习，还可以大幅提升绝对音感能力。而学龄前的音乐教育又对幼儿的身心能力全面发展起到重要作用，有利于开发幼儿的多元智能。

二、传统民族音乐与学前儿童音乐教育

匈牙利著名音乐家和教育家柯达伊的教育思想中最突出的特点是关注儿童早期教育和善于运用民族音乐。柯达伊认为，音乐教育从儿童早期开始，首先让其使用母语学习歌唱，一定要从本民族的传统音乐入手，简单、纯朴的民族音乐是引领儿童进入音乐世界的最佳途径，是培养儿童热爱民间音乐、传承民族传统的必然选择。民族音乐，又称传统音乐或民族民间音乐，是一个民族的历史文化传承，是民族精神的凝练，是经过时间洪流冲刷后流传下来的文化瑰宝。通过对民族音乐的学习，可以培养幼儿对本民族的深厚感情，加深对民族文化的理解。

柯达伊还主张在音乐教育中一定要遵循儿童自然发展规律。儿童的音域不超过六度，较难唱准半音，五声音阶比七声音阶更容易掌握。五声音阶又称五声调式音阶。我国传统音乐与西洋音乐不同，古代音律中的宫、商、角、徵、羽五个音按照五度的相生顺序，形成了五声调式音阶，分别对应简谱中的 1（do）、2（re）、3（mi）、5（sol）、6（la）。（图 3-3-1）

图 3-3-1 民族五声调式音阶（两个升号调式内）

调查显示，中国学前儿童对我国传统民族五声调式音乐的偏好大于外国儿童歌曲。根据儿童自然发展规律，学前儿童音乐教育更适合从中国民

族音乐开始。

关于民族音乐的分类，音乐界有"五分法"，也有"七分法"。笔者选用传统的"五分法"，将其分为民歌、歌舞、说唱、戏曲音乐、器乐五大类，其中器乐特指器乐教育。中国传统民族乐器中的琵琶、筝、古琴、扬琴、七弦琴、箫、曲笛、梆笛、口笛、唢呐等都是五声调式的，符合儿童音乐能力自然发展规律。

三、学前儿童民族传统音乐（器乐）教学中存在的普遍性问题

广义音乐教育分为学校音乐教育、专业音乐教育、家庭音乐教育和社会音乐教育等。一般而言，学前儿童大多在幼儿园接受音乐启蒙，家庭给予教育支持。传统音乐在幼儿园音乐课程中很少出现，各类儿歌和流行歌曲占较大比重。部分教师觉得传统音乐"古老、陈旧"，跟不上时代潮流，不如《孤勇者》《踏山河》等流行音乐新颖、时髦。同时，部分幼儿园的传统民族乐器配备不足，有的幼师并非音乐科班出身，在校阶段学习的大多是钢琴弹奏基础，并没有接触到传统民族乐器弹奏技法，造成幼儿无法接受优质的传统音乐教育。故而，在学前阶段，校外的乐器培训机构部分担起传统民族器乐教学的重任。但这又出现新的问题：第一，乐器选择的偏好受社会风向影响较大，当某种乐器成为社会热门时，该乐器的培训供给会增加；第二，培训机构的教师水平良莠不齐，有的非科班出身，并不具备扎实的理论基础和弹奏技法，无法为学前儿童提供科学、系统的传统民族音乐（器乐）教学服务。

四、研究设计

笔者为了能够深入探究学前儿童传统民族音乐（器乐）教育实践，在网络上筛选多家少儿音乐培训学校的信息，最后选择三亚市 G 琵琶文化发展有限责任公司下属的 Y 艺术中心作为研究对象。笔者采用参与式观察法，于 2021 年 9 月至 2022 年 7 月在该中心开展为期 10 个月的学前儿童琵琶教

学的跟班学习。该中心是三亚市的一所综合类少儿艺术中心，涵盖少儿琵琶、扬琴、中国舞、声乐等方面的艺术培训，以科班出身的专业师资为支撑，以多年教学经验为基础，在儿童艺术教育行业持续深耕，目前已小有成绩。笔者所在少儿琵琶启蒙班小组七班的教学对象为 6 名 5 至 7 岁的学龄前儿童。根据不同阶段的学习需求，教师间或出现一对一的上课方式。上课频率为学期中每周一次课，寒暑假期间每周 3 至 4 次课。笔者跟班共上了57 节课，其中线下课程 47 节，线上课程 10 节。

本研究采用文献法查阅书籍、期刊、学位论文、教育部文件、网络资源等资料，采用观察法观察幼儿琵琶教学现场并获取研究需要的直观信息，采用访谈法对艺术中心的授课教师和培训班学生的家长进行访谈。此外，笔者选取 2022 年 7 月中下旬的琵琶考级前期对教学现场进行拍摄，再采用案例分析法对收集到的影像进行分析，探索传统民族音乐教学在学前儿童音乐教育中提升效果的策略。

五、琵琶跟班学习案例分析

（一）师资力量分析

Y 艺术中心的琵琶指导教师张老师毕业于山西大学音乐学院音乐表演专业琵琶方向，后师从中央民族乐团的青年琵琶演奏家孟霄继续深造，曾在某高校艺术学院授课，辞职后成立 Y 艺术中心，专职儿童与成人琵琶教学。张老师常年活跃于艺术表演舞台，多次在国家级和省级比赛中获奖。就师资力量来说，该中心器乐方向的教师大多科班出身，基本功扎实，有教师资格证，又有一定的儿童琵琶教学经验。

（二）学情分析

笔者跟班学习的启蒙七班学生均为学龄前儿童，没有乐器基础。此阶段的幼儿已经可以辨别不同的乐器音色，区分音高和音区，能重复和模仿 3 至 4个音符组成的节奏，处于乐器开蒙的黄金时期，特别适合开始学习琵琶这种难度较高、基本功要求"童子功"的乐器。但这个年龄段的幼儿节奏把握不稳，在学习曲段特别是整首曲目时，容易出现节奏紊乱的现象；注意力集中时间较短，多为 10 至 15 分钟；语言能力得到进一步发展，但理解能力不强，不具备成人思维的逻辑性和抽象性，而是具体、单一化的集中性思维。

（三）教学内容分析

此次跟班拍摄的课程内容是中国民族管弦乐学会（以下简称"民管会"）三级、中国音乐学院二级的琵琶曲目《旱天雷》的考级前集训。这也是一首五声调式的琵琶名曲，由广东音乐作曲家和演奏家严老烈根据民乐《三宝佛》中的第二段琵琶小曲《三汲浪》改编而来。该曲谱改编之后"加花"填入大量的十六分音符与八度跳进，使曲子的旋律变得更加轻快活泼，弹奏时展现出的丰富的音色和明显的音高变化体现人们久旱闻雷声时的心潮激荡与喜悦之情。这样的改编使曲调更具特色，体现民间音乐的变奏精髓。同时这也是教学的难点，民管会三级考生一般达不到曲子的正常弹奏速度。《旱天雷》的琵琶指法很有特点，大量密集的弹跳指法正是着重练习琵琶基本功"弹挑"的最好曲目，所以这是教学的重点（图 3-3-2）。

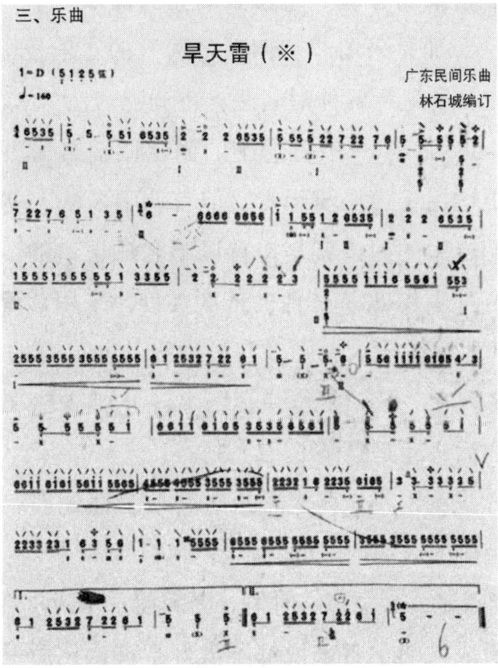

图 3-3-2　《旱天雷》琵琶简谱

（四）教学方法分析

民间有言"三年琵琶一年筝""千日琵琶百日筝"，意指琵琶基本功之难，初学者基本上需要三年左右的时间才够打磨好基本功。Y艺术中心的张老师非常注重基本功的训练，从坐姿、抱琴姿势、准备手型开始抓起，前期课程进度较慢，目的就是夯实基础弹奏技法。每节课都被分解为一半基本功练习，一半曲目演练。

乐理知识在所有乐器教学中都是不可省略的内容。深厚的乐理储备对曲目的理解和弹奏技巧的正确性有正向的辅助作用。针对幼儿的学情，张老师有意使演奏技法先行，乐理后发跟随，而后齐头并进。开始的时候并不要求幼儿唱谱，而是只念节奏"一、二、三、四、五、六、七、八"，以八拍为单位循环。在进行把位音阶练习的阶段，儿童初学者开始接触音符唱名，张老师选择从最常见的D调空弦开始，到按弦难度最低的一弦二把位，也是最容易唱名的中音音域。

启蒙七班的幼儿学习8个月之后，开始左手活指练习曲《二十四指序》的学习，曲谱需要转调到A调。考虑到幼儿的认知水平，张老师并没有教授A调的音阶弹法，而是采用"首调唱名法"的音乐教学方法。目前，我国专业音乐教学中主要流行两种唱名法：首调唱名法（Tonic sol—fa）和固定调唱名法（Fixed—do）。一般概念中的固定调唱名法更适用于器乐演奏者，首调唱名法更适用于声乐演唱者。但首调唱名法在初级识谱阶段有一定的优越性，我们通用的简谱就是按首调唱名法记谱的。无论调性如何变换，首调法的主音都唱作do，其他的依次类推。采用首调唱名法很好地遵循了"i+1"的可理解性输入原则。在该班级幼儿已有的D大调音阶知识中，《二十四指序》在一弦二把位弹奏四个音分别是5、6、7、高音1，采用了首调唱名法之后，还是唱作1、2、3、4。

同样是乐理知识的附点，张老师也进行取舍性处理。在《旱天雷》乐谱第一行最后一节中5后面的附点，她要求幼儿暂时忽略；而曲篇中第四行5后的附点就不能忽略，必须弹够时值。因为前一个附点在八分音符后十六音符前，时值对于成人初学者来说都不太好把握，比后一个四分音符后的附点难度大多了。而在讲解音符时长方面，张老师更是根据幼儿的认知特点，将乐理知识具体化、生活化、生动化。她将四分音符比作一个完整的蛋糕，附点就是幼儿肚子饿了，再多吃半个蛋糕。

在《旱天雷》弹奏技法细化讲解课上，张老师并不是所有技法都要求幼儿掌握，而是针对不同年龄段的特点，同样有取舍地进行教学。从这一曲目开始，幼儿进行弹奏间呼吸法的学习。幼儿被教导着一边数节拍，一边在四分音符间运用加大手臂抬落幅度的肢体律动来展示身体在乐曲中的张弛有度，表达音乐的节奏快慢。在展示曲谱中后段大量连续的十六分音符渐强性时，幼儿在每串结构相同的（ABBB）十六分音符的首音弹奏时小幅度点头，以最简单的身体律动体现规律性的弹奏技法。

即使在小组课上，经验丰富、琵琶功底深厚的老师还是能听辨出弹奏错误的音符和出现错误的幼儿。在对幼儿进行个别纠错环节，运用任务型教学法收效最好。在幼儿进行错误弹奏展示时，教师要求其他幼儿认真听辨，并指出其错误之处。如此一来，既减少幼儿发呆走神现象，又让全体幼儿对易出错环节加倍警醒。

但笔者在此次跟班学习的过程中发现，琵琶集训的课堂大体上还是传统乐器技法教学的课堂，严肃性过之，生动活泼性不足。重视基本功是值得肯定的，但过于强调技能训练的音乐课堂只能保证儿童每天都能动手，但不能保证他们动脑。当音乐教师每节课都在孜孜不倦地要求手型，不厌其烦地纠正指法，尽心竭力地听辨错音的时候，儿童反而离动脑的目标越来越远。器乐素养不仅仅是弹奏技巧的提升，还是旋律、节奏、律动的融合和美感的综合认知。

（五）教学效果评估

音乐教学的效果评估具有即时性，特别是在乐器弹奏技法类课堂上。在"教师演奏示范—学生模仿—教师纠正错误技法—学生修正错误"的良性循环中，教学效果十分明显。在为期一周的密集训练下，班上幼儿《旱天雷》的演奏技法皆有了明显提升。

六、学前儿童传统民族音乐教学效果提升的建议

通过此次幼儿琵琶集训的跟班学习，笔者建议，可以通过以下几种途径提高学前儿童传统民族音乐教学的效果。

（一）建立以传统民族音乐文化为基础的在校学前音乐教育体系

要想提高学前儿童音乐教学效果，首先要丰富教学内容和完善教学体系。幼儿园阶段的音乐教育并不走专业路线，不以培养未来歌唱家、演奏家、音乐大师为教学目的。学前儿童音乐教学目的是营造艺术的氛围，在听觉、发声、节奏、律动等方面给予幼儿正确的音乐启蒙。柯达伊教学法的核心就是应该以传统民族音乐作为学前阶段音乐教育的主要素材。民族音乐如民间小调一类篇幅短小、形式活泼，历经时间考验，流传千百年成为经典曲目，在民间广为传唱。柯达伊认为幼儿园音乐教育体系的建立应立足于儿童的音乐母语，具有艺术价值的音乐才能作为幼儿园音乐教育课程的内容。教师要善于发现和筛选优秀的民间音乐，选择经典的、传唱度高的、与幼儿生活各个方面联系较为紧密、且简单易操作的曲目，以及可以系统培训的民族乐器引入幼儿园的音乐教育体系。鉴于乐器弹奏技巧比单纯演唱的难度要高，可以在幼儿园内开设各类兴趣班，实行小班乐器教学。

（二）教学班级规模灵活化

目前社会层面各类音乐培训班的模式大多是一对一，但这并不适用于所有个体教学对象，也不适用于所有年龄段。在笔者跟班学习的琵琶启蒙班中，有一名幼儿就是经历了 2 个月的一对一教学后，学习效果不尽人意，停学一段时间再转入一对多的小组课从头开始学习。她在小组课上的学习进度反而比一对一的小课更快，学习效果也更佳。笔者建议，在传统音乐（器乐）学习的初级阶段，可以更多地采用一对多的班级规模来开展教学。在科学设置人数上限的前提下，小组课的形式能以"传帮带"的方式提升幼儿的学习效果。

（三）打破课程壁垒，授课主题多样化

学前教师应以教育部印发的《纲要》为指引，以《指南》中的教学建议为参考，遵循学前幼儿学习与发展的基本规律和特点，在进行幼儿五大领域教学时，注重语言、社会、健康、科学、艺术各大板块之间的交叉与融合，加强教学内容的多元化。在学前音乐教育中结合多元智能理论，打破课程的壁垒，音乐课程可以与语言、健康、数字认知等课程有机融合。例如，在唱谱时加入肢体律动（健康课程），在唱词时加入语言学习（语言课程），在节奏模仿时听辨规律性（科学课程），在进行个体弹奏技巧纠错时翻转课堂（社会课程）……

教师在进行教学设计时，不要急于给教学内容、教学模式、教学环境创设增加壁垒，而是应该把开发幼儿的多元智能列为主要的教学目的。在多元智能的指导下，以多种主题设计综合性的多元化音乐课程。一个主题就是一个超越了学科和内容领域的统合概念。课程不再是一堆不相干的技能和内容的碎片，而是源自主题并与主题密切相关的知识。比如，可以按照时间线以节日为主题，也可以根据日常生活各个方面以蔬菜、水果、起居坐卧为主题，在有限的课堂时间与空间内，给幼儿更加丰富、更加立体的内容展示，打造多元化的主题课程。

（四）提升学前教师音乐素养，推动师资交流

学前教师虽然不必走专业的音乐发展道路，但也应具备一定的音乐素养，包括视唱、听音、打节拍、乐器基础弹奏、儿童编舞、音乐鉴赏等多方面的综合素质。若教师自身音乐素养不足，就会导致对传统音乐的审美趣味、音乐特色和艺术表现形式缺乏足够了解。唯有教师充分发挥主观能动性，努力提升自己的音乐鉴赏与教学能力，才能广泛收集、精准筛选幼儿熟悉的、易上手的、感兴趣的民间音乐素材，并以生动活泼的形式有效组织教学。乐器弹奏技法层面的提升不能只依赖教师主体，园方可以出资出力，定期组织乐器培训或师资交流。

（五）降低教学内容的难度，音乐课堂游戏化

3 至 6 岁的幼儿注意力集中时间在 15 至 20 分钟以内，在如此短的时间

内呈现出的音乐内容比较有限。经验丰富的学前教师能够根据不同时期的教学目标，科学筛选教学内容，由浅入深，层层深入。正如 Y 艺术中心的张老师在教授琵琶课程时对同一篇曲谱的附点音符做出不同弹奏要求一样，遵循"i+1"的可理解性输入原则，先易后难，保证学生的学习效果。

《纲要》中明确指出："幼儿园教育应尊重幼儿身心发展的规律和学习特点，以游戏为基本活动"。教育界也相应提出"音乐游戏"的概念，如蒙特梭利音乐教学中强调的游戏性和福禄贝尔学前儿童教育法中的游戏理论。但传统的音乐游戏具有封闭性和限制性，偏重教育性，以具体音乐知识的获取作为教学目标。教师作为游戏的主导者，约束着幼儿的活动，目的是让学生知道一首歌怎么唱，一首曲子怎么弹出来。笔者所说的音乐游戏是指开放性的游戏，教师积极转变角色，由指导者转为音乐环境的创设者、音乐素材的提供者和音乐游戏的引导者，最终的目的是让幼儿在音乐课堂上强化美学认知与音乐记忆，健康、语言、社会、科学、艺术五大领域联动，提升多元智能。

七、结语

学前儿童对世界万物充满好奇心与共情力，他们对音乐的最初兴趣也许在于优美的大旋律、千变万化的和声和层次分明的音色，这一切不应该被枯燥的乐理知识、重复的技能训练、无味的音乐课堂一点点磨灭。音乐教学不应该以具体音乐知识的获取为目标，音乐的认知策略应该是整体的、多元的。人的音乐智能与其他智能息息相关，3 至 6 岁的学龄前黄金时期是进行音乐启蒙与器乐学习的关键时期。中国传统五声调式音乐和器乐的学习符合学龄前儿童音乐能力发展自然规律，还可以培养幼儿对本民族的深厚感情，加深对民族文化的理解。幼儿园与音乐培训机构应该广泛以传统民族音乐为教学素材，积极建立以民族音乐文化为基础的学前儿童音乐教育体系。园方应加大传统器乐师资培训力度，也可以在区域内试行师资共享；任课教师努力提升音乐素养，打破课程壁垒，融合各类先进音乐教学法，降低音乐教学中的知识内容比重，减少技能训练的比例，打造一条自由度高、趣味性强的多元化学前儿童传统民族音乐培养道路。

参考文献

[1]陈晨. 基于认知心理学的学龄前儿童交互式教育产品设计研究[D]. 成都：西南交通大学，2013：13.

[2]教育部关于印发《幼儿园教育指导纲要（试行）》的通知[EB/OL]. (2001-07-02) [2022-09-08]. http：//www. moe. gov. cn/srcsite/A06/s3327/200107/t20010702_ 81984. html.

[3]李桂英. 学前儿童音乐教育[M]. 北京：高等教育出版社，2019.

[4]侯敏. 多元智能理论视角下的学前音乐教学策略研究[D]. 长春：长春师范大学，2016：1.

[5]傅媛蕾. 多元智能理论与学前儿童音乐教育的整合研究[J]. 教育发展研究，2017 增刊：67.

[6]Shuter Dyson, Rosamund. Musical Ability [J]. The Psychology of Music（2nd Ed.），1999：627-651.

[7]阮婷. 3~6 岁儿童五声音乐能力发展的特征及其教育价值的研究[D]. 上海：华东师范大学，2017：88-89.

[8]尹爱青，曹理，缪力. 外国儿童音乐教育[M]. 上海：上海教育出版社，2011.

[9]王秀萍. 学前儿童音乐教育[M]. 北京：中央广播电视大学出版社，2014.

[10]杨立梅. 柯达伊音乐教育思想与匈牙利音乐教育[M]. 上海：上海教育出版社，2011.

[11]李重霜. 论奥尔夫、柯达伊儿童音乐教学法的借鉴意义[D]. 乌鲁木齐：新疆师范大学，2013.

[12]黄瑾，阮婷. 学前儿童音乐教育与活动指导[M]. 上海：华东师范大学出版社，2014.

[13]郎月铃. 学前儿童对于中国民族五声调式的偏好[J]. 音乐时空，2015 (1)：123.

[14]徐天祥. 论"五大类体裁分类法"的源流及影响[J]. 中国音乐（双月刊），2022 (2)：117.

[15]许嵩. 试析广东民间音乐题材琵琶曲——以《旱天雷》《寒鸦戏水》《出水莲》为例[J]. 肇庆学院学报，2019 (1)：53-54.

[16]刘德海，杨靖. 中国音乐学院社会艺术水平考级全国通用教材：琵琶（一级~

五级）［M］. 北京：中国青年出版社，2013.

　　［17］蔡瑾. 琵琶自学入门图解［M］. 北京：蓝天出版社，2009.

　　［18］秦媛. 音乐学习对 4~6 岁儿童认知能力发展的影响——对皮亚杰式守恒及音乐守恒能力的实证研究［D］. 北京：中国音乐学院，2011：18.

　　［19］霍尔. 成为一所多元智能学校 ［M］. 郅庭瑾，译. 北京：教育科学出版社，2003.

　　［本文系校级教改课题：国际幼儿教育专业方向创新人才培养实践项目（项目编号：SYJZCX202202）研究成果。］

产教融合背景下的
华裔儿童线上汉语教学研究

三亚学院人文与传播学院助教　付宇巍

一、绪论

（一）选题背景及意义

近年来，中文线上教育机构发展较快。针对海外华裔进行的汉语教学也逐渐出现了新的特点。本文结合笔者的线上汉语教学经验，针对华裔儿童线上汉语教学平台、线上汉语教学实践等方面提出一些建议，以期丰富华裔儿童线上汉语教学研究，推动华裔汉语线上教学的进一步发展。

（二）国内外研究现状

国外关于线上英语教学的研究比较早。20 世纪中期，英国第一次开设线上函授英语课程。国内线上教学与国外基本同步发展。21 世纪初期，随着互联网的迅速发展，即时通信软件广泛应用，线上英语教学逐渐成为人们关注的焦点。目前，国内学者对线上英语教学的研究主要从两方面展开：一方面是线上英语教学在普通大学、普通职业学校英语教学中的运用，另一方面是基于某些英语教学类科技公司的实际项目。

当下，在线上汉语教学的研究领域，一些学者做了有益的探索。学者郑艳群在《日本早稻田大学 Tutorial 汉语远程教学模式评析》一文中对日本早稻田大学 Tutorial 汉语远程教学进行了研究，将其视为一对多的汉语实时交互教学。学者熊霄发表《基于网络环境下的对外汉语教学模式研究》，对我国目前的汉语教学网站进行分析和研究，并就今后在新的网络环境中开展汉语教学模式进行探讨。该文将线上汉语教学平台划分为：大型汉语教学网站、汉语教学私立机构网站、第三方线上教学平台等。学者祝岩屹的文章《网络孔子学院线上课堂"三教"问题研究》基于一名线上国际中文教师的教学实践，提出教师在实施线上教学过程中应提高运用多媒体软件的能力。

在华裔儿童汉语教育研究领域，有学者致力于寻找适合华裔学生的教学方式，研究并开发华裔儿童汉语教学适用的教材、特定的课程等内容。学者罗庆铭在《谈对华裔儿童的华语教学》文章中指出，"如何建构适合华裔儿童学习汉语的教学模式"是极其重要的。学者赵新燕在《谈对华裔儿童进行汉语教学的若干问题》文章中，就汉语学习过程、语言环境和交流需求等方面进行了深入的研究。

总体而言，近年来，针对线上汉语教学的研究大幅增加，为线上汉语教学实践积累了丰富的理论成果。但是，目前线上汉语教学的研究多侧重于线上教学平台、教学模式等理论研究，研究对象侧重于非华裔成年人，对私立学校的华裔儿童进行线上汉语教学和个人经验的实证研究较少。

为此，本文以在 Lingo Ace 中文教学平台上的教学经验为基础，以华裔儿童作为主要的研究对象，对汉语学习的教学实践进行分析。

(三) 研究目标及研究内容

首先，基于 Lingo Ace 平台，以华裔儿童为研究分析对象，结合汉语教学实践，探讨华裔儿童在汉语学习过程中表现出来的特点，对教学实践中存在的问题、平台对教学的影响进行分析研究，提出教师改进和提升方向，以及平台可优化的建议。

其次，本文对教师在教学活动过程中应注意的环节和可以提升的地方进行了归纳总结，如教师应当将资源利用最大化、教学方式更加多元化、教学活动中贯彻启发式教学等建议。

最后，本文对线上教学平台的优缺点及其对教学的影响进行了分析，并提出相应的改进建议，如完善教学内容与课件研发、健全平台线上教学功能、增加线上汉语测试等。

二、华裔儿童汉语教学研究

(一) 调查对象

据调查发现,在 Lingo Ace 平台学习的华裔儿童主要分为以下两类:一类是出生在中国,并在中国生活过一段时间,后随父母到海外,这类华裔儿童掌握一定的汉语,可以用汉语进行简单的交流;另一类是出生在海外,并一直在海外生活,这类华裔儿童没有自然习得汉语的环境,汉语基础相对薄弱。

英语是大部分华裔儿童的第一语言或是使用率较高的语言,他们习惯在大脑中使用英语构建对事物的认知。换句话说,他们往往会利用英语建立起来的概念、知识和经验来帮助自身习得第二语言。

(二) 儿童语言学习的特点

一般说来,儿童认识新事物、获取新知识的能力较强,想象力、思维活跃程度等方面也均高于成人。儿童受第一语言(非汉语)的负面迁移影响较少,受周边环境的影响较大。但是,由于儿童智力发育程度不够以及认知能力有限,他们对词汇和语法规则的理解能力不强。

按照不同的年龄段进行划分,儿童可以划分为 10 岁以下的低龄儿童和 10 岁以上的大龄儿童。低龄儿童多处于具体运算阶段,所以他们的思考能力较弱,注意力较为分散,自我控制能力较差。事实上,现今的儿童的身体和心理发育较快,大龄儿童的认知、智力水平已经接近成人,其抽象思维能力得到进一步发展,自主学习的能力也得到提高。

(三) 华裔学生学习汉语特点

1. 语言背景特殊

从第一语言的习得上来看,华裔学生的情况主要分为三种:第一语言是居住国语言,第一语言是汉语,第一语言是双语。如果第一语言是居住国语言,那么他们在学习汉语时,容易出现居住国语言的正迁移或负迁移现象。而如果第一语言是汉语,大部分华裔学生的听力和书写能力显著高于阅读和写作，但口头表达水平和汉字的识字率较低。所以，在汉语教学中，教师应当重视儿童第一语言的迁移影响，注重将第一语言和汉语的差异进行比较，有针对性地进行汉语教学。同时，要重视学生的实际需要，在提高汉语口语水平的同时，尽可能地让他们的听、说、读、写水平都得到全方位的提高。

2. 生活环境特殊

从华裔学生的生活背景来看，他们大多是在海外的非汉语环境中生活。一方面，线上教学能够让他们在自己熟悉的生活环境中学习汉语，可以使他们的心态轻松，不至于因为生活环境的变化而对汉语的学习产生负面情绪。另一方面，由于他们生活在海外，缺少汉语交流的环境，所以他们无法将课堂上学习的汉语知识充分运用到生活情景中去，无法达到巩固课堂所学知识的效果。

3. 文化构成特殊

受中华文化和居住国文化的影响，与非华裔儿童相比，华裔儿童在汉语学习过程中，总体上不存在"文化休克"的现象，这对加深儿童对中华文化的认识是有益的。另外，由于华裔儿童长期在海外生活，他们对中华文化并不是十分了解。在双重文化、全球化背景下，有的华裔儿童会产生身份认同问题，如果教师没能正确地进行引导，将会给华裔儿童的汉语学习带来负面影响。

三、教师在汉语教学实践中的反思

（一）适当游戏化教学

教师在教学过程中，应充分考虑儿童在不同阶段的学习特点，认真分析教学内容的难度，设定合适的教学情境。同时，教师要注重挖掘教学内容的趣味性和知识性，可以通过设置游戏环节等新颖的教学方法提高儿童的学习兴趣。

一般来说，儿童的学习方法多采用观察、模仿等方式。那么，教师如果给予儿童多种感官的刺激，可以使华裔儿童学习汉语时取得事半功倍的效果。需要指出的是，对年龄较大的儿童来说，教学内容不能太幼稚，可以使用形象的语言，适当地增加课程的复杂性，培养儿童使用汉语进行思考的能力。

(二) 汉语教学实践反思

1. 加强线上汉语教学中教师的作用

在针对华裔儿童的线上汉语教学中，教师扮演着不同的角色，起到的作用是多样的：教师可以是教学活动的组织者和引导者，也可以是教学活动的参与者。

另外，为了加强儿童的竞争意识，增加彼此的交流机会，教师可以在线上教学中设置一些需要几名儿童共同合作完成的小比赛或者一些小活动，这样可以使儿童在轻松的氛围中学习汉语、运用汉语。

2. 教学方式多样

在教学过程中，教师应该针对不同的教学内容，结合儿童实际情况，采用情境教学法、全身反应法、直接法、游戏法等不同的教学方法。比如，教师可以引导儿童模仿"请进，请坐，请喝茶"等动作，帮助其理解词汇的意思。这些动作能够增加学习的趣味性，同时还可以加深儿童对课文的理解。

3. 贯彻启发式教学

在教学过程中，教师应该着重引导儿童自主思考，主动探究教学的内容。例如，当我们读"请"这个单词时，笔者会询问儿童在这个字当中有没有认识的汉字部件。如果有儿童会把"月"误认为"日"，笔者不会直接给出正确的答案，而是让儿童自己思考。后来，儿童又误认为"目"了，笔者会提醒儿童将"日"与"月"进行对比。接着笔者对儿童进行提问："白天有太阳，晚上有什么呢"？儿童很容易就能想到晚上有月亮，于是就能得出正确答案是"月"。最后，笔者请儿童练习"日""月""目"三个汉字的笔画差别，并给出清晰的答案。在上述的过程中，儿童在教师循序渐进地指导与启发下，不断地思考，探究问题，加深对教学内容的理解，提高儿童的思维能力。

四、Lingo Ace 平台介绍及其教学的影响

（一）Lingo Ace 平台介绍

成立于 2017 年的 Lingo Ace 平台主要提供学前教育至高中期间的中文教育服务，同时专注于 4 至 15 岁海外学生的中文教学。Lingo Ace 的总部设在新加坡，教研团队主要由美国南加州大学及国内外著名的博士及研究生组成。整个机构内部设有多个部门，有与课程相关的教研组和产研部，负责开发客户资源的销售组，负责平台管理的教师管理组，以及负责线上平台维护和应对突发状况的技术支持人员。

目前，Lingo Ace 平台的课程有中文一对一直播课、中文一对多小班授课、中文录制以及中华文化公开课等。课程版本分为高级、中级和国际版本。高级版本的教学内容是以我国编写的教科书为主，适用于有一定汉语听说基础和书写能力的儿童。中级版共分五个等级（五本教材），其课程以寓言、童话、传统文化等为主要内容，注重培养儿童的学习兴趣，提高儿童的文化素质，适用于有一定中文基础和英语听说水平的儿童。国际版主要针对语言和听力水平有限、英语水平不高的儿童。

（二）Lingo Ace 平台的优点及其对教学的影响

1. 正确使用拼音辅助教学

正确使用拼音进行辅助教学，能够帮助儿童减少对拼音的依赖。在平台所提供的基础课件中，拼音的使用频率较低，通常仅在新单词的识读过程中才会出现。教师通过图片、手势等方式，能够让儿童较好地掌握汉字，增强对汉字的敏感程度，减少了儿童不认汉字只认拼音的不良现象。

2. 完善的评估系统

与"华裔中文"等其他网络平台相比，Lingo Ace 平台的学生评估系统较为完善的，能让教师在每节课后对儿童的课堂表现进行阶段性评估。这样得出的评估结论比较系统，能够使儿童更好地了解自己的优缺点和努力的方向，有利于提高教学质量。

（三）Lingo Ace 平台的缺点及其对教学的影响

1. 教学内容不够完善

Lingo Ace 平台上的中级课程从文本的叙述方法到课件中的幼儿绘图，较适合低年级的儿童，而不适用于年龄较大的儿童。这降低了课程的利用率，也不利于教师实施个性化教学。此外，儿童在掌握一定程度的汉字后，容易产生形近字混淆的现象，但是平台没有对形近字进行系统的区分，这为华裔儿童汉语教学的顺利开展带来不利影响。

2. 缺少对儿童学习成果的量化测验

目前，Lingo Ace 平台仅有教师对学生进行主观评估，没有比较规范的线上汉语测试。事实上，考试是检验教师教学效果和学生学习效果的重要方式。平台缺乏对学生的学习成绩进行量化的途径，这对教师准确地掌握学生的学习状况和今后的教学重点的调整是不利的。

五、对线上汉语教学平台的建议

（一）完善教学内容与课件研发

首先，平台应该针对不同年龄阶段的学生，开发适合他们认知特点的课件。其次，要强化形近字的系统教学：一方面平台可以丰富已有的形近字识别训练，另一方面平台可以利用已有的汉字表，统计容易混淆的形近字，并对形近字进行阶段性的归纳和区分。

（二）健全平台线上教学功能

首先，平台可以尝试开发能够实现汉字即时书写和传递的功能，帮助教师观察学生的书写过程，并及时给予指导。第二，健全班级奖惩制度。在云教室的奖品栏里，可以设置在线的小红花、有趣的动态表情等虚拟奖品。此外，还可以设置一些虚拟的机器人或植物，它们通过学生持续的学习获得成长。第三，开发免费的共享资源。比如，可以建立中文图书馆，提供汉语的学习资源，供学生自行选择。第四，云课堂的背景可以考虑更多的沉浸式设计，如通过增强现实技术在云课堂中创造虚拟场景，提高课堂的逼真度和场景还原度。此外，还可以考虑辅助辨识师生脸部技术，对学生和教师在上课前进行验证，以防止他人误入画面干扰教学。

（三）增加线上汉语测试

平台应该增加线上汉语测试功能，帮助教师了解学生的阶段性学习情况，以便教师根据学生的实际情况进行有针对性的测试。线上汉语考试的题目，要有专门的教研团队编写。线上汉语测试可以按一定的时间顺序进行，按照单元顺序进行安排。测试结束后，依据学生成绩，平台可以对教师的教学状况进行定量的分析，同时可以使老师全面掌握学生的学习状况，并对其进行适时的干预。

参考文献

[1]常宝儒. 汉语语言心理学[M]. 北京：北京知识出版社，1990.

[2]刘珣. 对外汉语教育学引论[M]. 北京：北京语言大学出版社，1995.

[3]李宇明. 儿童语言的发展[M]. 武汉：华中师范大学出版社，1995.

[4]黄荣荣. Tutorial 汉语远程教学模式中的教学[J]. 云南师范大学学报，2005（8）：4-5.

[5]韩欣楠，陈佳尔，于蓝婷. 浅论疫情期间对外汉语线上教学[J]. 文学教育，2020（22）：2.

[6]李吉林. 为儿童快乐学习的情境教学[J]. 课程·教材·教法，2013（2）：7.

[7]吕军伟，张丽维. 基于"互联网+"的汉语国际教育在线互动教学平台建设现状研究[J]. 2017（21）：7-8.

[8]罗庆铭. 谈对华裔儿童的华语教学[J]. 世界汉语教学，1997（3）：5.

[9]马燕华. 论海外华裔儿童汉字教学的特殊性[J]. 北京师范大学学报：社会科学版，2003（6）：5.

[10]赵新燕. 谈对华裔儿童进行汉语教学的若干问题[J]. 海外华文教育，2000（12）：8-9.

[本文系课题"四新"研究与改革实践项目"一带一路"背景下国际化幼教专业人才培养体系构建研究（SYJGSX202225）成果。]

商务汉语方向国际贸易课程核心知识点需求研究

三亚学院人文与传播学院助教　魏孟君

一、绪论

在推进"一带一路"建设的大背景下，沿线国家对既懂本国语言又能恰当自如地运用商务汉语与中国商人进行贸易往来的人才需求不断增大，促进越来越多的留学生来中国学习商务汉语。

目前，商务汉语和其他专门用途汉语一样，只是汉语言专业下的一个方向。就未来商务汉语学历教育的发展趋势来看，学习者逐渐低龄化，越来越多的本科学生选择该方向课程。

国际贸易是应用经济学科下的一个二级学科，也是商务汉语的核心课程。掌握一定的国际贸易知识，能够适当减少商务汉语学习者今后在商务活动，特别是商贸交流中的一些专业知识障碍。同时，便于他们理解国际贸易流程以及中国对外贸易的相关政策。遗憾的是，各院校开设的商务汉语方向中的国际贸易课程缺少相对稳定的大纲或者主体教学内容，商务汉语考试也缺乏对学生国际贸易知识的整体要求。此外，根据前人研究情况，现有的课程内容大多偏重理论，不能很好地满足学习者从事相关工作的需求。

在十几年的发展过程中，商务汉语方向在一些大学里已经具备了一定理论与实践基础，师资力量不断壮大。商务英语专业的成功设立，以及适用于中国学生的国际贸易教学大纲也都为本研究提供参考标准和借鉴经验。

二、国内外相关研究综述

商务英语与商务汉语有着一定的相似性，同属于专门用途语言。二者以商务为背景，以语言为技能，培养的是语言和商务知识兼备的复合型人才。商务英语的起步和发展略早于商务汉语，相关研究成果也较为丰富。因此，专门用途语言的部分理论，特别是需求分析理论和已有商务英语的成功经验都为商务汉语国际贸易知识点的规划奠定了基础。

（一）综合性需求分析模式

里赫特莱希首次提出在外语教学中应用需求分析模式。此后，人们逐步深入研究学习者的需求，并提出需求分析的不同模式。需求分析的研究大致经历五个阶段，相应需求模式也主要有五种，分别是目标情景分析模式、目前情景分析模式、以学习为中心的分析模式、综合性需求分析模式和任务型需求分析模式。

综合性需求分析模式由达德利·伊万斯和圣约翰提出。这一模式整合目标情景和目前情景分析模式以及以学习为中心的分析模式，提出需求分析的八个方面：学习者个人信息、学习者专业信息、学习者缺乏的知识、学习者对课程的需求、语言学习需求、目标情景语言信息、在目标情景中如何交际、环境情景。综合性需求分析模式的数据收集范围更广，得出的结果更准确，能够增强课程内容设计的科学性。国内部分学者基于需求分析的理论，对专门用途语言课程建设进行探讨。就笔者可搜索到的资料来看，很少有学者对来华留学生的商务汉语学习进行需求分析。大多数学者往往在通用英语或其他外语领域对学习者进行调查研究和需求分析。商务汉语作为专门用途语言的一种，与商务英语有着一定的相似性。故笔者借用部分综合性需求分析模式的思路，尝试研究商务汉语学习者和商务人士在工作中对国际贸易知识的需求。

（二）国际贸易课程内容研究现状

"国际贸易"可以作为本科的专业名称，即国际贸易专业，还可以直接作为相关专业中一门课程的名称，即国际贸易课程。同时，它也与众多分支学科中的课程名称联系密切，如国际贸易实务、国际贸易理论与政策等。本文中的"国际贸易"主要指商务汉语方向的核心课程。该课程是针对商务汉语学习者开设的，考虑到学习者的特征、需求，以及目前高校在商务汉语方向课程体系中开设这门课程的实际情况，国际贸易课程内容的文献综述也包括贸易实务。

学者唐瑶总结国际贸易应用人才的必备知识框架，认为国际贸易人才不仅要熟悉国际商务流程、国际贸易法律、国际结算与证券业务，还要具备文件处理的应用操作能力、扎实的谈判知识和技能。学者宋丽杰进一步细化国际贸易课程的主要内容：具体讲授从磋商到签订合同以及履约过程中有关商品品质、规格、成本核算以及报价、办理运输和保险、货款收付、检验以及索赔等细节，培养学生的大局观念、灵活应变的能力以及严谨的逻辑思维能力。

作为经贸类专业的核心课程，国际贸易实务的教学改革逐渐引起人们的重视。学者刘洪芹认为，课程的改革应适应国际贸易形势的变化，教学内容的改革应考虑到学生毕业后的就业方向。其实，类似商务英语、商务汉语这些非国际贸易专业也应开设国际贸易实务这门课，但这两类专业学生对知识的需求程度是有所差异的。

（三）专门用途语言教育中的国际贸易内容研究

目前，开设国际贸易课程的专门用途语言教育以商务英语和商务汉语为主。该课程属于商务专业知识课，一般在学历教育中作为必修课。

学者李睿根据常见的商务英语相关教材，对商务英语的商务知识进行分类。其中，国际贸易类的知识有：《国际贸易术语解释通则》（2010 年修订）中的 11 种贸易术语、信用证的种类及使用流程、外贸单证、询盘报盘换盘、贸易壁垒、装运、国际支付、包装、保险等。

在商务汉语中，国际贸易课程的教学目的是了解国际经济贸易方面的基础知识，提高其运用汉语进行国际贸易交际的能力，以适应学生从事国际贸易方面工作的需要。其教学内容主要是讲解国际贸易方面的基础知识，如国际贸易术语、商品的名称和品质、数量及包装、国际货物运输、国际货物运输保险、商品价格、国际货款收支、合同的签订和履行，以及贸易方式等。

商务汉语教学本质是以商务为背景知识的一种语言教学。因此，在规划国际贸易课程知识点时，应注重专业知识与实际工作的紧密结合，避免讲授太过深奥、复杂的理论知识。同时，必须照顾到学生的实际情况和需求。

三、国际贸易课程核心知识点的考察分析

从课程设置的角度来看，国际贸易一般在相关专业，如商务英语专业、汉语言专业（商务汉语方向）中作为核心课，可以增强学科专业性，利于培养复合型人才。该课程内容有助于学生了解国际贸易理论，通晓国际贸易政策，掌握国际贸易体制规则。学生在课程结束后能够理解国际贸易产生的原因、了解国际贸易的模式、国际价格的形成和变化规律、国际贸易的利益来源和分配、国际贸易政策的种类、层次、实施工具等内容。

（一）《国际贸易课程教学大纲》的考察分析

笔者找到了两份可供参考国际贸易课程的大纲。一是原对外经济贸易部人事教育劳动司组织各高校编写的《全国经贸学科教学大纲——国际贸易课程》（简称"大纲1"），二是对外经济贸易大学的《国际贸易课程教学大纲》（简称"大纲2"）。

从知识点结构来看，大纲2比大纲1少了六个章节，并对相关内容做了有效整合。例如，大纲1中第二章"国际贸易的产生、发展及其地位与作用"的内容在大纲2中并未独立成章，而是合理地融入第一章"导论"中，成为该门课程的背景知识。

从知识点范围来看，大纲1偏重国际贸易与社会制度之间的关系及影响。而大纲2则是随着世界格局的变化和国际贸易的发展，对内容做出适当的修订。大纲2删除"苏联东欧国家对外贸易"等内容，在知识点的描述方面，更加体现学科的本质特征。另外，大纲2还将大纲1中"国际劳务贸易"的相关内容，修订为"国际服务贸易和知识产权保护"，有助于培养学生的创新意识和法律意识。

从知识点内容来看，两份大纲中共有知识内容如图3-5-1所示。

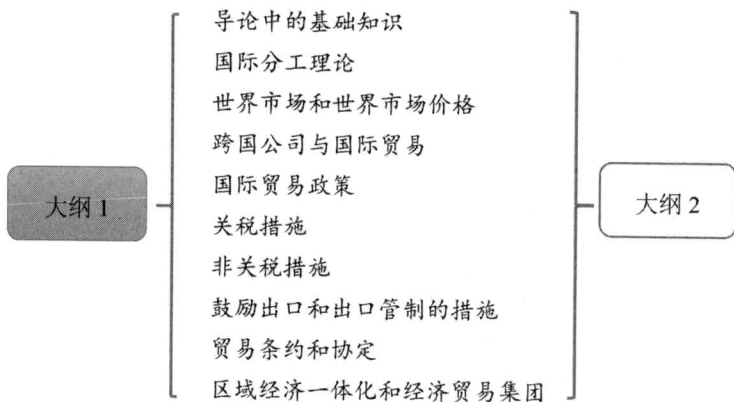

图 3-5-1　大纲 1 和大纲 2 的相同知识内容

两部大纲知识点差异不大，主要知识点均围绕理论展开。

（二）专门用途语言教育中国际贸易知识点的考察分析

在专门用途语言教育中考查国际贸易知识点内容时，可参考的文件有四份。一是《商务英语课程效能评价指标体系（商务知识与技能）》（简称《评价指标》）；二是《高等学校商务英语专业本科教学质量国家标准》（简称《国家标准》）；三是《全国国际商务英语考试（一级）大纲》（简称《商英考试大纲》）；四是《商务汉语考试大纲》（简称《BCT 大纲》）。

《评价指标》对学生在国际贸易方面的基本要求是"初步了解国际贸易的相关知识"；理想要求是"了解与掌握国际贸易有关的知识，如国际贸易基本理论、国际贸易政策、经济全球化与区域经济一体化、世界贸易组织规则与实践、国际贸易实务与惯例"。在《评价指标》相关的理想要求中要求学生"熟悉和掌握公司运行和管理知识"。其中，公司运行也包括涉外工作，如"业务洽谈"，涉及价格谈判、订购货物、货物运送、支付方式、通用商务单证等内容。

《国家标准》由教育部组织编写。其中，商务实践能力与国际贸易知识内容紧密相关。该项能力具体分为通用商务技能和专业商务技能两部分。后者的能力包括商务谈判技能、贸易实务技能、电子商务技能等。

《商英考试大纲》中的商务模块对国际贸易的内容要点做出具体介绍。大纲要求学生掌握 11 个方面的知识：国际贸易基本概念，合同磋商的基本环节，质量与数量的表示方法，包装与运输标志需要的贸易术语的基本内容，折扣与佣金，运输方式的选择和条款订立，运输中的风险、损失、险别，主要结算票据、主要结算方式、检验、索赔、不可抗力、仲裁，服务贸易与知识产权等。

《BCT 大纲》中并没有明确地对学生必备的商务知识与能力做出具体规范。但是，该大纲在附录部分提供了"商务汉语交际功能项目"的考试范围。附录中业务类的交际功能项目出现以下国际贸易的知识点：①谈判，包括产品介绍、折扣、支付方式、询盘、报盘、还盘、品种、数量、包装、运输、保险（投保、索赔、理赔）、交货等；②签约，包括磋商、合同履行等；③海关，包括申报、检验；④银行，包括信用证及资信证明、汇款、转账等；⑤其他，包括商贸政策、商业法律、跨国经营和国际组织、经济特区、知识产权、倾销与反倾销、电子商务等。

（三）商务汉语国际贸易知识点框架

现有的大纲文件及学者对国际贸易课程内容的研究大致可以分为两大类：一类以经贸类专业的国际贸易课程为研究对象，另一类是以语言专业的国际贸易课程为研究对象。相关内容整理后如表 3-5-1。

表 3-5-1　国际贸易在不同专业中的知识内容

国际贸易课程内容		
专业 知识类别	经贸类专业	专门用途语言类专业
理论知识类	国际贸易的历史发展阶段、国际贸易理论与学说、对外贸易政策、对外贸易在不同社会制度、不同发展程度的国家中呈现的特点、国内外的法律与惯例、电子商务	国际贸易基本概念及理论、国际贸易政策、经济全球化与区域经济一体化、WTO 规则与实践、贸易壁垒、跨国经营、知识产权、倾销与反倾销、电子商务
实践能力类	贸易术语、合同条款、合同的签订和履行、国际贸易方式、商品品质和规格、成本核算以及报价、办理运输和保险、货款收付、检验和索赔、国际结算	国际贸易实务与惯例；商品名称/品质/数量/包装、价格谈判、合同的签订和履行、订购货物、国际货物运输、运输保险、国际货款收支、国际贸易术语、信用证的种类及使用流程、询盘/报盘/还盘、贸易方式、海关申报及检验

　　结合《国际贸易课程教学大纲》，笔者发现，针对经贸专业学生的国际贸易课程主要围绕理论知识展开，注重培养学生的专业背景知识和理论研究能力。而语言专业的国际贸易课程知识点综合性较强，实践能力类知识占比较大，着重培养学生的实际应用能力。笔者进而拟订出一份商务汉语国际贸易知识点框架。如表3-5-2。

表 3-5-2　商务汉语国际贸易核心知识表

（1）国际贸易的类型及划分标准	（2）国际贸易的发展和一些基本概念
（3）国际分工理论及其对国际贸易的影响	（4）世界市场和世界市场价格
（5）国际服务贸易和知识产权保护	（6）FDI、跨国公司与国际贸易
（7）国际贸易政策	（8）关税措施
（9）非关税壁垒	（10）鼓励出口和出口管制措施
（11）贸易条约与协定	（12）关税与贸易总协定
（13）区域经济一体化和经济贸易集团	（14）WTO 规则和贸易自由化
（15）世界贸易中的中国	（16）基本的国际贸易术语
（17）国际贸易的开展流程	（18）跨境电子商务
（19）与国际贸易有关的国内外法律、惯例	—

　　这份知识点框架的前15条内容保留《国际贸易课程教学大纲》的基本结构，且未改变原大纲知识点出现的顺序，主要是让学生掌握一些基本的国际贸易概念，了解中国在国际贸易中的地位、作用，以及国际贸易形式等。后4条内容是笔者根据已有研究增添的，属于国际贸易实务的内容，主要目的是培养学生实际应用能力，了解国际贸易实际操作流程，学会解决实际业务问题。

四、调查分析

　　为了解商务汉语学习者期望学到的知识，获悉目标情境中的知识运用情况，笔者根据商务汉语国际贸易核心制作了两类调查问卷。一类针对本科生，这部分受访者没有接触过或者刚刚接触国际贸易知识，对这门课程还没有形成系统的认识；另一类针对国际贸易从业者，这部分受访者以从事对华贸易的外籍人士为主，一般学习过国际贸易知识，并且能够将所学知识运用到实际工作中。根据需求分析理论，有必要通过这些从业者的反馈了解当前国际贸易工作所需要的相关知识。

（一）关于商务汉语学习者的调查结果

针对商务汉语学习者的调查问卷，共收回 223 份，其中 215 份有效问卷，7 份无效问卷。有效问卷回收利率为 96%。调查结果显示，问卷中所有列出的知识点都被选择过。这说明，目前已有的国际贸易课程大纲知识点基本满足学习者的学习期望。概念类的基础知识点编排较为合理，符合商务汉语学习者的需求。其中，受访者最想学习的是第 1 项知识点"国际贸易的类型及划分标准"，接下来是第 4 项知识点"世界市场和世界市场价格"，排在第三位的是第 16 项知识点"基本的国际贸易术语"。

调查中所列第 16 至第 19 项知识点并非原大纲中的，而是笔者结合学科知识和已有研究成果补充进去的。严格地说，这部分属于国际贸易实务方面的知识点。从期待程度的调查结果，以及商务汉语学习者的特征来看，大纲存在"知识点欠缺"。

（二）国际贸易知识点在目标情景中的重要性评估结果

这部分问卷要求受访者根据自己的工作经验，对所列每项知识点的重要程度进行评价，以打分的形式展现出来。0 分表示"不重要"，100 分表示"非常重要"。

针对国际贸易从业者的调查，共回收问卷 109 份，其中有效问卷的数量为 83 份，有效问卷回收率为 76%。整体来看，调查结果表明受访者普遍认为本问卷所列的知识点重要，每项知识点的平均得分都在 75 分以上。这说明，当前针对中国本科生的国际贸易大纲知识点，在目标情景中的实用性还是比较高的，在一定程度上同样也适用于外国留学生。

在所列知识点中，受访者认为最重要的是第 15 项"世界贸易中的中国"，平均得分 80.4。针对这道题，受访者中有 40 人打出的分数为 61~80

分,占比48%。39人打出的分数甚至在81~100分,占比47%。仅有4人打出的分数在41~60分,占比5%。可以看出,大部分受访者认为,在实际工作中,与"国际贸易中的中国"相关的知识点非常重要。越来越多的人开始关注中国在国际贸易领域的动态,期望了解相关信息,与中国加强贸易合作。

第4项知识点"世界市场和世界市场价格"是受访者认为重要性仅次于第15项知识点,平均得分80.28。在这道题中,有42人打出的分数为61~80分,占比51%。37人打出的分数为81~100分,占比44%。其余4人给出的分数为41~60分,占比5%。这项知识点包括国际竞争力、当代世界市场发展的主要特征、世界市场的运销渠道与信息网、贸易条件等内容。以上数据说明,受访者认为从事国际贸易工作最需要对整体的世界市场、市场价格、运销网络等方面有一个宏观的认识,牢记通用贸易条件以指导实际工作。

第9项知识点"非关税壁垒"的平均得分最低,为75.67。该内容涉及的知识点主要包括:非关税措施概述、非关税壁垒种类等。从平均分来看,虽然本项的分值相对于其他题来说较低,但具体数据显示,仍有相当一部分人认为该知识点比较重要。83位受访者中,有38人所打分数为61~80分,占比46%。33人给出的分数为81~100分,占比40%。有11人打出的分数为41~60分,占比13%。仅有1人给出的分数为41,占比1%。这在一定程度上说明,大多数的国际贸易从业者在实际工作中能够用到这部分知识。个别受访者也许由于岗位的不同,对这一知识点的利用率不高。

在本问卷中,最后一题为简答题,让受访者写下他们认为需要补充的知识点。其中,有效答案共有7条:其他国家的国际贸易政策、国际贸易支付方式、进出口贸易税收法律、信用证、保险、相关法律、世界市场、国际市场价格、协议和政策等。对这些内容进行分析后,笔者发现受访者补充的知识点已经包含在问卷所列知识框架内。例如,"信用证"属于第16项中的具体知识点;"保险"属于第17项中的知识点范畴。总的来说,受访者补充的知识点也偏向国际贸易实务类知识,与笔者问卷中补充的知识点方向一致。

结合商务汉语学习者的职业期望来看，无论是个人创业，还是进入跨国企业，绝大多数人都希望从事贸易、商务类工作而非一些研究型的工作。从职场需求的角度考虑，理论和实务相结合的知识结构似乎更符合工作实际。但是，现有的国际贸易课程大纲是以培养理论研究型人才为目的编写的，并不完全适用于商务汉语学习者。另外，像"跨境电子商务"这种能够体现国际贸易进步的知识点，也需要及时纳入教学范围中。

访谈结果反映出，从目标情景的视角出发，现有的大纲知识点并不能很好地满足职场需求，还缺少一部分应用类的知识。另外，"非关税壁垒"在商务汉语学习者和国际贸易从业者的调查中，都被排在了最后一位。这说明，仅从本次调查的结果来看，这一知识点在学习期望程度和目标情景中的实用性都不够高。但笔者认为，该内容涉及非关税壁垒的主要种类、相关措施及其影响等内容，有利于拓宽商务汉语学习者的国际贸易视野，丰富学习者的国际贸易背景知识，提高其专业素养。综合考量后，笔者认为，就实际工作需求而言，现有大纲知识点的编排顺序存在不足之处。

五、商务汉语国际贸易知识点的规划设想

商务汉语教学的起步较晚，还处于发展阶段，其教学内容的设计方面还有很大的提升空间。教学内容是教学总体设计中必不可少的一环，而核心知识点又是教学内容里的重中之重。笔者根据前人的研究，结合调查结果，对规划国际贸易这门课程的核心知识点提出建议，并且尝试构建商务汉语国际贸易知识点框架。

（一）对规划国际贸易课程知识点大纲的建议

首先，要体现大纲知识点的时效性。当前，无纸化贸易逐步盛行，管理贸易发展迅速，服务贸易和技术贸易方兴未艾。电子商务的兴起，使得传统的国际贸易流程得到简化，形式得到改变，从而为国际贸易从业者带来了不少便利。在现有的国际贸易教学大纲中，并没有与电子商务相关的知识点。然而，在调查中，本科生和国际贸易从业者对电子商务的重视程度超过了大纲原有的部分知识点。因此，应将这种变化及时体现在大纲中。

其次，大纲知识点的综合性与通用性相结合。商务汉语的教学对象为外国留学生，并且一般都不具有商务背景。因此，不能通过名词对译的方式向他们讲解商务知识。即便在进入商科课程的学习之前，他们大部分人已有一定的汉语基础，但与中国学生相比，语言仍然是留学生学习商科课程的一大障碍。此外，商务汉语教学的基础和核心是汉语。若国际贸易课程理论知识占比较大，实践类知识就显得不够充足。学生更需要的是一些综合性、通用性较强的国际贸易相关知识。调查显示，无论是商务汉语学习者还是国际贸易从业者，都较为重视实务和法律、惯例方面知识点。因此，应该打破具体课程之间的壁垒，以国际贸易和国际贸易实务这两门课为主，整合商务汉语学习者迫切需要的知识点。在规划知识点的过程中还要坚持综合性、通用性相结合的原则，把握好知识点选取的质和量。

最后，调整知识点在大纲中出现的顺序。作为一门课程，国际贸易重点讲述的是交换规律、政府管理贸易的政策等内容。简言之，国际贸易更注重理论研究，而不是实践性、操作性的知识。但是，考虑到商务汉语学习者的要求，太多复杂的理论知识不一定能在目标情境中直接发挥作用，反而可能会让他们对这门课程产生距离感和畏惧感。建议在重新规划国际贸易知识点时，精简部分内容，并且适当调整其在教学中出现的顺序。在保证大纲各章节知识点内在系统性的前提下，将那些对于商务汉语学习者来说更实用的知识点排在前面。

（二）商务汉语国际贸易知识点的设想框架

根据考察研究和调查分析，笔者建构出适用于商务汉语学习者的国际贸易知识点设想框架。

如表3-5-3所示，笔者初步拟定的商务汉语国际贸易知识点共计16项，与之前的知识清单相比，多了一项"跨境电子商务"。经过调查分析，笔者发现学生对这项知识点的期待程度很高，国际贸易从业者也认可"跨境电子商务"的重要性。因此，笔者认为，有必要将该项知识点单独列出。

商务汉语国际贸易16个知识模块大致可以分为两类：一是国际贸易理论类知识，二是贸易实务类知识。

表 3-5-3　商务汉语国际贸易知识点设想框架

知识模块	核心知识点	知识模块	核心知识点
1. 国际贸易的一些基本概念	国际贸易的类型及划分标准；国际贸易的产生、发展、地位、作用	2. 世界市场和世界市场价格	世界市场概述，国际价值论，世界市场价格的种类和影响因素，贸易条件
3. 国际贸易政策	重商主义，自由贸易政策，新贸易保护主义，国际贸易政策的政治经济学	4. 国际服务贸易和知识产权保护	国际服务贸易的形式和发展，国际服务贸易自由化，与贸易有关的知识产权保护
5. 国际贸易法律法规、国际贸易惯例	国际贸易公约，国内外国际贸易相关法律法规，国际贸易惯例	6. 国际分工理论及其对国际贸易的影响	国际分工的产生和发展，国际分工学说
7. FDI、跨国公司与国际贸易	外国直接投资，跨国公司的形成与发展，外国直接投资和跨国公司理论，跨国公司经营战略，跨国公司对国际贸易的影响	8. 区域经济一体化和经济贸易集团	区域经济一体化概述，区域经济一体化的发展，区域经济一体化理论，区域经济一体化对国际贸易的影响
9. 贸易条约和协定	国际经贸条约与协定概述，双边国际经贸条约与协定，国际商品协定与商品综合方案，国际纺织品贸易协定，原料输出国组织	10. 关税措施	关税概述，关税的主要种类，关税的经济效应
11. 非关税措施	非关税措施概述，非关税壁垒的种类	12. 鼓动出口和出口管制的措施	鼓动出口的措施，出口管制的措施
13. WTO 规则和贸易自由化	WTO 概述，WTO 的基本原则，WTO 的基本规则和贸易自由化，中国加入 WTO 的法律文件体系和权利与义务	14. 基本的贸易术语	EXW、FOB、FCA、FAS、CFR、CIF、CPT、CIP、DAF、DES、DEQ、DDU、DDP
15. 国际贸易开展流程	询盘、报盘、还盘，商品名称、质量、数量及包装，订购货物，合同的签订和履行，国际货物运输及运输保险，国际货款收支，信用证的种类及使用流程，贸易方式，海关申报及检验	16. 跨境电子商务	跨境电子商务概念与基本分类，跨境电子商务流程，跨境电子商务支付，跨境电子商务供应链管理，跨境电子商务法律与规则体系

前 13 项为可归为国际贸易理论知识。在理论知识中，基本概念能让学生清楚地了解这门课程的起源、用途、地位和重要性，让他们准确地辨别不同的贸易类型。一些概述、学说、战略类的知识，能够帮助学生了解贸易的相关条件，基本形成国际贸易的思维方式，并且懂得分析国际贸易带来的一些影响。除此以外，学生还能了解世界贸易组织的相关知识，以及中国在国际贸易中的地位。一些法律法规和相关政策有利于学生加强法律意识，牢牢掌握相关法律法规能够在一定程度上降低他们在实际工作中的法律风险；利用好相关的优惠贸易政策，也能使国际贸易从业者获得更多的收益。一些常见的国际贸易实施措施，可以让学生了解关税、非关税等措施，进而理解各国贸易政策，便于开展国际贸易实践活动。

后 3 项内容主要为贸易实务知识。本文研究的是面向商务汉语学习者的国际贸易知识点，这决定了这门课程的内容不能局限于理论知识。通过调查，笔者发现贸易实务知识不仅是职场所需，更是学生所盼。本知识框架中出现的三项实务类知识能够让学生掌握国际上通用的基本贸易术语，清晰地了解国际贸易开展的大致流程、开展贸易的不同方式、每个贸易环节的具体操作，了解并掌握跨境电子商务的相关知识和操作方法等。

本访谈调查得出的这份商务汉语国际贸易知识点框架图，涵盖国际贸易理论知识和国际贸易实务知识两大类，有利于向外国留学生提供更全面、更立体的国际贸易课程，培养他们在国际贸易领域中分析问题、解决问题的能力，帮助他们更好地融入职场生活。

六、结语

社会的发展，对人才培养提出了更高的要求。单一的语言学习已不能很好地满足职场需要，部分汉语学习者把目光投向具有复合知识背景的商务汉语方向。

国际贸易是商务汉语方向的核心课程，合理规划国际贸易知识点，有利于指导教师的教学工作，提高教学效率。本文考察现有相关文件的内容，结合已有研究初步设计出商务汉语国际贸易核心知识点框架，并借助需求分析理论设计出两份调查问卷，希望了解不同群体对这些核心知识点的看法。最后，根据研究结果提出可供参考的建议，建构商务汉语国际贸易知识点的设想框架。

参考文献

［1］邓静子，朱文忠. 商务英语课程体系研究［M］. 上海：上海交通大学出版社，2016.

［2］李杨. 对外汉语本科教育研究［M］. 北京：北京语言文化大学出版社，1999.

［3］高嘉璟. 专门用途英语需求分析评述［J］. 中国 ESP 研究，2012，3（2）：106-113，119.

［4］伊万斯，圣约翰. ESP 的发展［M］. 剑桥：剑桥大学出版社，1998.

［5］高嘉璟. 专门用途英语需求分析评述［J］. 中国 ESP 研究，2012，3（2）：106-113，119.

［6］刘洪芹. 基于《国际贸易实务》课程建设的对策建议［J］. 产业与科技论坛，2019，18（22）：195-196.

［7］宋丽杰.《国际贸易实务》课程教学改革研究［J］. 现代商贸工业，2020，41（25）：124-125.

［8］唐瑶. 国际贸易紧缺人才需求与培养模式初探［J］. 商场现代化，2018（14）：62-63.

［9］童汇慧. 国际贸易实务课教学内容改革的探讨［G］∥李金昌. 教学改革与创新研究——浙江工商大学教学改革论文集. 杭州：浙江工商大学出版社，2008：126-130.

［10］里赫特莱希. 成人学习现代语言的语言需求定义模型［M］. 斯特拉斯堡：欧洲委员会，1972.

国际中文教育关于"讲好中国故事"的理论思考与实践探索

三亚学院人文与传播学院副教授　周琳琳

语言是交流的纽带，是沟通的桥梁。随着全球化的发展，世界各国之间的联系日益紧密，中国更加深度融入世界，各国民众学习中文的需求持续增长。2019 年 12 月，国际中文教育大会召开；2020 年 6 月，中国国际中文教育基金会宣告成立；2022 年 8 月，《国际中文教师专业能力标准》（T/ISCLT 001—2022）由世界汉语教学学会发布并正式实施，国际中文教育事业不断向前推进。

国际中文教育是一个包容性很强的概念，涉及全球范围的各类汉语教学，既包括国内面向留学生的"对外汉语教学"，又包括国外面向当地居民的汉语教学及面向华侨华人的华文教育，涉及学历教育又涉及非学历教育。因此，国际中文教育承载着传播汉语和中华文化的使命与责任，关涉到中文的国际影响力，意义重大。本文从价值、内容和路径三个维度梳理国际中文教育为何要讲好中国故事、讲什么样的中国故事及怎么样讲好中国故事，以促进国际中文教育的发展。

一、价值之维：为什么要讲好中国故事

党的十八大以来，以习近平同志为核心的党中央高度重视对外传播工作，强调要努力提高国际话语权，加强国际传播能力建设，精心构建对外话语体系，增强对外话语的创造力、感召力、公信力，讲好中国故事，传播好中国声音，阐释好中国特色。2021 年，习近平总书记强调，要加强和

改进国际传播工作，更加充分、更加鲜明地展现中国故事及其背后的思想力量和精神力量。外国来华留学生、学习汉语的外国人及海外华侨华人等作为国际中文教育的教学对象，对他们讲好中国故事，既是国际中文教育事业的使命担当，也有利于提升中国的国际影响力和国际话语权。

（一）强化国际中文教育事业的使命担当

国际中文教育自诞生之日起就担负着这样的使命：对来华留学生进行中国语言文字和中国文化的教育，培养知华友华人士和中外语言文化交流的使者。随着国际中文教育事业的发展，它的目标又扩大到在全世界教授汉语、传播中华文化，在不同的民族和文化之间搭建沟通交流的桥梁，推动世界各国人民之间的交流与合作，促进世界和平。国际中文教育不仅是一个学科门类，更是一项关乎国家发展的文化事业，讲好中国故事是其使命之一。将国际中文教育与讲好中国故事相融合，开展丰富多彩的语言学习与文化交流活动，可以增进中外文化的互通互鉴，为传播中华文化、增强中国文化软实力做出贡献。

（二）促进不同文明和谐共生

在漫长的历史发展进程中，人类创造了多姿多彩的文明。不同的文明没有优劣之分，只有特色之别。文明因交流而多彩，文明因互鉴而丰富。文明交流互鉴，是推动人类文明进步和世界和平发展的重要动力。

中华文明自古就以开放包容闻名于世，在同其他文明的交流互鉴中不断焕发新的生命力。国际中文教育事业可以推动不同文明的交流互鉴与和谐共生。讲好中国故事，不仅有利于增进国际社会对中华文明的了解，更有利于为世界文明的和谐共生贡献中国智慧。每一个国家的发展之路，背后都蕴含着历经时间积淀而来的民族精神和处世理念。中国从古至今都坚持互利共赢，提倡和而不同，构建人类命运共同体和推进"一带一路"建设就是理念的现代体现。

这种双赢思维与西方治世的零和博弈截然不同。通过讲好中国故事，弘扬中华文明所蕴含的全人类共同价值，有助于弘扬平等、互鉴、对话、包容的文明观，以宽广胸怀理解不同文明对价值内涵的认识，尊重不同国家人民对自身发展道路的探索；有助于以文明交流超越文明隔阂，以文明互鉴超越文明冲突，以文明共存超越文明优越，促进不同文明和谐共生。

（三）提升中国国际话语权的有效对策

国际话语权一直是世界各国综合实力的重要组成部分。长期以来，"西强中弱"的话语格局导致中国在国际上陷入"被他人表述"的困境。近些年来，我国无论是在新闻媒体还是民间交往方面都在尽力加大国际传播的力度，但仍然面临着中国真实形象和西方主观印象的"反差"、软实力和硬实力的"落差"等多重难题。

国际中文教育在坚守好国际话语阵地、积极主动地在世界舞台上发声中发挥着重要作用。讲好中国故事，可以面向世界舞台展现当代中国人民生活的故事、奋斗的故事，既让海外民众了解中国在发展过程中取得的成就，也不避讳当下仍存在的问题，让世界看到一个真实立体全面的中国。

二、内容之维：讲什么样的中国故事

为了在国际中文教育中更好地开展文化与国情教学，响应讲好中国故事倡议，教育部中外语言交流合作中心编制了《国际中文教育用中国文化和国情教学参考框架》（2022 年版）。作为国际中文教育领域的第一部中国文化与国情教学的参考用书，这本著作对中国文化与当代国情的教学目标和内容进行了界定，也为国际中文教育"讲什么样的中国故事"提供了参考。

（一）传统中国视角：讲好中华优秀传统文化的故事

中华优秀传统文化是我国最深厚的文化软实力，其中蕴含的思想观念、人文精神、道德规范和独特智慧，对解决当今人类面临的一系列难题有着重要的启示和价值。无数学习汉语的外国人、留学生、华侨华人都对中华优秀传统文化非常感兴趣。2019 年，中国孔子网"海外视角"栏目以海外媒体视角解读中国传统文化热点与焦点，在海外"圈粉"无数，这充分印证中华优秀传统文化的魅力。

　　讲好中华优秀传统文化故事，首先要对故事进行解读和诠释，讲清楚中华优秀传统文化中所积淀的中华民族最深沉的精神追求。例如，精卫填海、夸父逐日、大禹治水和愚公移山的故事体现出中华民族自强不息、不畏艰难的民族精神；金沙太阳神鸟、武威铜奔马等展示出中国人超凡的想象力、精湛的工艺以及昂扬向上的文化精神；长城是中华民族坚韧刚毅、聪明智慧、众志成城的精神象征，也承载着中国人守望家园、祈求和平的美好愿望。讲好中华优秀传统文化故事，还要用新方法讲老故事，借助新媒体，用学生喜闻乐见的优质短视频、经典纪录片等丰富多彩的形式呈现中国传统文化，提高中国画、武术、书法、戏曲、服饰、节日民俗、人物典故等优秀传统文化的知名度与影响力，并为学生提供尽可能多的文化体验活动，引导他们在体验中感受中华优秀传统文化的魅力。

（二）现代中国视角：讲好中华民族伟大复兴的故事

　　讲好中国故事，不仅要围绕优秀的传统文化，还要兼顾与时俱进的时代文化，讲好现代中国故事。而现代中国故事，从根本上来说就是中华民族伟大复兴的故事。中国从近代积贫积弱的半殖民地半封建社会脱胎换骨，走上现代化道路，走向民族复兴，这一历史进程实质上就是中国共产党探索中国特色社会主义道路的过程，是中华民族生生不息追寻伟大复兴中国梦的过程，是中国人民辛勤劳动实现对美好生活追求的过程。中国共产党、中国梦、中国人民构成了中华民族实现伟大复兴的领导核心、目标指向和主体力量，只有讲好这三者的故事，才算讲好了现代中国故事。

　　讲好现代中国故事，其一，要讲清楚中国共产党百年奋斗的故事。通过讲述中国共产党带领中国人民一路走来，书写新民主主义革命、社会主义革命和建设、改革开放和社会主义现代化建设伟大史诗的故事，展示共产党不忘初心、牢记使命的情怀与担当，让更多国家的人民能够尊重并维护世界政治制度的多样性。其二，要讲清楚中国梦的科学内涵、价值意蕴和实现路径。中国梦是中华民族伟大复兴的形象表达，它的本质和基本内涵就是国家富强、民族振兴和人民幸福。中国梦是国家的、民族的，也是每一个中国人的；同时，中国梦与世界各国人民的梦想也是息息相通的。讲好中国梦的故事，就要将中华民族实现从"站起来""富起来"到"强起来"的历史跨越讲明白；将中华民族探索改革开放道路的故事讲述给追求繁荣发展的世界人民；更要将中国在实现自身发展的同时努力带动和帮助其他发展中国家的意义讲出来，将中国梦的实现与世界各国人民的福祉联系起来，推动世界对于中国梦的理解和支持。其三，要讲好中国人民奋斗圆梦的故事。艰苦奋斗、勤劳勇敢、自强不息，自古以来就是中华民族的传统美德，习近平总书记关于"幸福是奋斗出来的""奋斗本身就是一种幸福""新时代是奋斗者的时代"等一系列重要论述，更是让"奋斗"成为新时代的主旋律，开启了人人筑梦、追梦、圆梦的历程。14 亿中国人正在以奋斗的姿态追逐自己的梦想，创造自己的幸福。讲述那些平凡而勤劳、普通而伟大的中国人奋斗圆梦的故事，既能让外国人更全面地了解中国，知道中国人的世界观、人生观、价值观，也可以激发更多外国人讲述自己的中国故事和与中国有关的追梦故事。

（三）世界中国视角：讲好中国和平发展的故事

经过几十年改革开放的发展，中国已经成为世界第二大经济体，成为影响世界、塑造未来的重要力量。为此，国际中文教育必须树立全球视野，以更宏大的格局与胸怀讲好中国和平发展的故事。其一，讲清楚中国倡导的和平发展理念和大国外交政策的深刻内涵，通过国际中文教育平台传播中国"构建人类命运共同体"的目标和坚持"共商共建共享"的原则。其二，讲清楚中国坚持走和平发展之路的文化渊源、历史传统、理论基础和现实要求，通过国际中文教育平台阐释中国坚持和平发展道路的客观必然性。鉴真东渡、郑和下西洋的故事对于很多留学生和"汉语迷"来说耳熟能详，通过讲述类似的历史故事，可以告诉他们中华民族始终坚持协和万邦、惠普四方的价值观念，"崇正义、尚和合、求大同"的理念已深深融化在中国人民的血脉之中。其三，讲清楚中国为世界和平发展做出的贡献。比如，中国对非洲、南美洲等后发展国家实施经济援助，参与高铁等基础设施建设的故事；中国发起"一带一路"的倡议，带动沿线国家经济共同发展的故事；中国坚持走绿色发展、生态富民之路的故事……让始终坚持和平发展战略、致力于维护国际公平与正义的中国形象为世界看到，让世界人民听懂中国的声音。

三、路径之维：怎么样讲好中国故事

精彩的故事内容必须借助适宜的讲述方法才能让人想听、爱听，国际中文教育"讲好"中国故事需找到切实可行的路径。因此，要充分思考讲好中国故事应遵循的原则，以优化讲述效果，提高中国故事的信服力、感染力、号召力和传播力。

（一）宏大叙事与微观表达的统一

国际中文教育要讲好中国故事，需将宏大叙事与微观表达相结合。宏大叙事作为一种充满历史理性主义的整体性叙事，可以帮助学生从宏观的角度上了解当代中国国情、理解中国传统文化的主要内涵等。但宏大叙事往往容易忽略个体感受，远离日常生活体验，缺少"生活视角"和细微描述，导致灌输式教学，不利于受众产生情感共鸣。相反，在故事教学中注重微观表达，以个体的视角来反映中国精神，以个体的命运来折射时代变迁，以生动的细节让历史更立体鲜活，更容易打动受众，产生共情效果。近年来随着国内短视频的迅猛发展，短视频在文化输出上也做出了突出贡献。比如，优质短视频账号"阿木爷爷"，有很多优质的内容输出，在海内外平台受到广泛关注，在传递文化价值、文化出海方面做得较好。阿木爷爷是一位地道的山东农民，干了50多年木匠活。他为孙子制作的手工玩具竹蜻蜓、竹拨浪鼓、会打架的小竹人、会走路的小猪佩奇等被儿子拍摄下来，意外走红网络。阿木爷爷利用传统的榫卯技艺，不用一根钉子、一滴胶水，就能制作出鲁班凳、木拱桥等精美木制品，令外国网友啧啧称奇。有外国网友评价阿木爷爷的手工艺品是来自东方的奇迹，与中国功夫并称。可见阿木爷爷的视频给他们留下的印象之深。阿木爷爷凭借一双巧手在YouTube上"圈粉"百万，视频播放量上亿次，被网友称为"当代鲁班"。"阿木爷爷"就是用普通人的日常讲好中国故事的范例，让成千上万不懂中文的老外通过他的视频爱上了中国。这一案例足以看出个体视角和微观表达也能打动人心，所以在国际中文教育中讲好中国故事，一定要坚持将宏大叙述与微观表达相结合。

（二）情感温度与逻辑认知的统一

国际中文教育讲述中国故事，既要讲清中国故事的内在逻辑和思想精髓，还要注重情感，打造有温度的故事，将情感温度与逻辑认知相统一，将感性与理性相结合，达到以理服人、以情感人、以文化人的效果，增强认同感。在 Youtube 上坐拥千万粉丝的"滇西小哥"其实是一个地地道道的云南妹子，本名董梅华。她的视频以云南当地美食为主线，串起田园风光、风俗习惯、人情往来、家人围坐、灯火可亲。视频内容既富有逻辑性，又洋溢着生活的乐趣和满满的人间烟火。对于很多网友来说，打开"滇西小哥"的视频，就好像进入另一个平行世界。自耕自种、自养自产的云南美食，配上滇西乡村风景，"滇西小哥"就像一个"舌尖上的云南"，为世界送去"滇的味道"。自 2018 年起，"滇西小哥"的视频开始在国外的一些网络平台上传播。一些中国留学生自发地为视频字幕配译多种语言，"滇西小哥"的国外粉丝量随之暴增。2019 年底，"滇西小哥"受邀前往英国牛津大学演讲。在 2020 年 9 月和 2021 年 12 月，"滇西小哥"两次被人民日报海外版大幅报道。通过"滇西小哥"的视频，不少外国网友爱上了云南。美好的田园生活、独特的民族节日、云南的特色美食，无一不展示出中华传统文化的内涵，与当代中国乡村振兴的蓬勃发展。与家人的生活日常是"滇西小哥"视频里的重要部分。视频中，她与家人的温情互动，也引发了外国网友的共情。有外国网友说："你的视频教会我们珍惜脚下的土地，喜欢你们的文化。""来看你的美食，也教会了我和家人温馨互动。""滇西小哥"走红海外对国际中文教育讲好中国故事很有借鉴意义。

（三）多视角展示与跨文化交际能力培养的统一

国际中文教育在讲述中国故事的教学实践中，必须考虑学生的文化、心理、思维方式和认知习惯等因素。因此，在讲述中国故事时，可以适当加入一些外国人视角的内容，也可以使用中外对比的方式作为切入点。如今，越来越多的外国人来到中国，他们在感受中国传统文化魅力之余，也在向世界讲述中国故事。一位酷爱环球旅行的瑞士人奥利弗在新疆旅行时，拍摄系列纪录片《我的新疆日记》，以第一视角带着观众走进真实的新疆。

不仅是奥利弗，还有许多"老外"在"发现"着中国。他们从澳大利亚、日本、英国、意大利、德国、新加坡、西班牙、印度等国家来到中国，走进她宽广肥沃的土地，与这片土地上的普通人面对面交流。《行进中的中国》《相遇在中国》《中国缘》《功夫学徒之走读中国》等纪录片或纪实节目，都是全程以外国人的视角，传递他们所看见的真实中国、所感知的真实情感。这些节目堪称"老外眼里的中国"，它们向世界打开广阔的视角，记录一个真实立体全面的中国。在国际中文教育的教学实践中，可以通过了解外国人的亲身经历，让学生产生共情、看到小视角背后的大时代图景；并引导他们通过故事发现中外文化的差异，思考文化差异背后的原因。

最初的国际中文教育以语言教学为主，文化教学为辅。但随着研究的深入和时代发展的要求，国际中文教育不仅要满足语言学习的要求，更重视文化知识教学，培养学生运用汉语进行交际的能力。因此，在讲述中国故事的过程中，要时刻注意对学生跨文化交际能力的培养。比如，在汉字教学中，讲到"竹"字，可以顺便讲一些和竹有关的典故，让学生了解"竹"字的文化内涵，知道"岁寒三友""梅兰竹菊"的象征意蕴，感悟汉字中的中国品格。在介绍中国美食时，不仅要介绍中国的饮食文化，还要让学生了解中国的做客与待客之道。这种潜移默化的讲述方式和有趣的中国故事，既能让学生更深入地了解汉字和中国文化，又能使他们拓展文化视野，积累跨文化交际知识，提升跨文化交际能力。

四、小结

随着全球化的发展和中国综合实力的提升，越来越多的外国人渴望学习汉语，感受中华文化的魅力。向世界讲好中国故事，传播中国声音，展示真实、立体、全面的中国，是国际中文教育的使命与责任，也对国际中文教师提出了新的挑战。国际中文教师作为中国故事的讲述者，在中国故事和外国来华留学生、学习汉语的外国人及海外华侨华人等学习者之间承担着重要的纽带作用。因此，具备讲好中国故事的能力，既是新时代对国际中文教师专业能力的要求，也是国际中文教育事业培养中华文化海外传播者的使命担当。只有讲好中国故事，才能让各国学习中文的民众从中国故事里真正读懂中国，并成为中国故事的传播者。

参考文献

［1］崔希亮.世界格局剧烈变化背景下的国际中文教育［J］.天津师范大学学报（社会科学版），2022（4）：23-29.

［2］韩升，段晋云.价值·内容·路径：习近平关于讲好中国故事重要论述的三维审视［J］.贵州省党校学报，2022（4）：13-20.

［3］曲青山.从五个维度认识和把握中国梦的创新意义［J］.中国国家博物馆馆刊，2018（12）.

［4］邢梓元.讲好中国故事视角下国际中文教材中国故事元素调查研究［D］.沈阳：沈阳师范大学，2022.

［5］魏梓秋，安文丽.有用，有趣：在国际中文教育中讲好中国故事［J］.语文教学通讯·D刊（学术刊），2022（5）：69-71.

国际中文教育产教融合动力分析

三亚学院人文与传播学院助教　李雅楠

目前，国际中文教育发展既面临难得历史机遇，也面临诸多挑战和困难。一方面，随着我国进入高质量发展阶段和经济实力显著增强、国际地位日益提高，中文实用价值不断提升，各国民众学习中文、了解中国的需求与日俱增，为国际中文教育可持续发展提供了难得的历史机遇。以大数据、云计算、区块链、5G 网络、人工智能等为代表的新技术，赋能中文教学不断创新模式、优化业态，为国际中文教育创新发展奠定了坚实基础。另一方面，国际中文教育开展时间短、底子薄，还面临标准体系不健全、本土化发展不足、师资队伍建设薄弱、教学内容相对滞后等风险和挑战，无法满足现代职业发展的需要。

如何在机遇与挑战共存的情况下找到国际中文教育高质量发展的路径，是当前国际中文教育专业建设面临的重要课题。实践表明，有的高校通过深化行业、企业、学校和政府全面合作推动产业教育融合发展，在职业教育中加强产业指导，有效提升人才培养质量。事实上，以产业高质量发展为方向，实施国际中文教育产教融合，可以积极整合本地资源，准确定位专业人才培训目标，创新人才培养模式，提升国际中文教育专业学生的综合能力。

一、产教融合动力分析

（一）教育与产业

第一，产业逻辑与教育逻辑不同。教育逻辑是面向大众普及专业知识、提高综合素质，而产业逻辑注重市场规律和行业规则。产业研究的目的是提高技术手段、保持市场竞争力，最终获得一定的市场地位和高额利润。而高校肩负着培养人才、普及专业知识的使命，科研成果的公布和学术素养的提升是针对教师外部评价的主要纬度。

第二，产业与教育的融合发展挑战高等教育的公共福利。从公共经济学的角度看，大学具有公共财产和民间财产的属性，兼有公共福利和私人利益。知识是人类智慧的结晶，知识的创新和普及使全人类受益。由于教育和产业的融合，知识可能成为少数人有益的"商品"，造成一定程度的不平等。

（二）大学与社会

高等教育属性问题是一个有中国特色的学术主题。20 世纪 80 年代以来，我国众多高等教育研究者对其倾注了很多精力，提出了很多各不相同的主张。归纳起来，主要有典属性论、专业属性论和文化属性论三种。不可否认，这些主张都是学者们在我国高等教育发展的精英化阶段提出来的，在当时对人们认识和理解高等教育发挥了重要作用。今天的高等教育已经发展成为一种高度复杂的社会存在，大众化和普及化发展改变了高等教育的结构和功能，因此，对其属性的认识需要有新的发展。

一般来说，高校通过培养具有创新精神的人才引导社会发展。高等教育是认知合理性与实用合理性的结合，不仅要完成创造知识、提升人们认知能力的重要使命，还要承担起知识产品输出的责任，以满足社会需求。高等教育与社会的关系越来越紧密，传统的政治、经济、文化体系与高等教育体系之间的界限被打破。

（三）教育目的

教育目的是教育活动要达到的目标和结果。从内容和结构的角度来看，教育的目的一般由两个部分构成。第一，关于人的身体、精神特质是由教育培养的，即在知识、智力、身体方面按设定的发展要求，培养形成特定的人格结构和受教育者的社会价值。教育是面向未来的，人才培养的目的是今后能有更好的发展。如只面向现在的经济状况和学科专业，显然是短期适应，不利于高校的自我突破和高质量发展。第二，基于个人需求的价值取向和基于社会需求的价值取向之间的张力，如何平衡这两种价值取向，一直困扰着教育行业从业者。

二、国际中文教育产教融合的动力分析

（一）国际中文教育产教融合的内在动力

1. 教育者的动力

通常，国际中文教育专业的教师比较注重以下几种需求：物质需求，教师对工资、福利和住房给予更多的关注；精神需求，教师注重实现自我、职称等荣誉的追求；社会需求，教师最关心的是学生的尊敬和领导的认可。

其实，教师的职责旨在向学生传授知识，他们希望从"经济"的角度，像企业的员工一样，满足其以上三种需求。因此，教师的利益获得与产业教育整合的动力之间存在正相关，即利益获得越多，产业教育融合的动力越强。

2. 受教育者的动力

与教师相比，国际中文教育专业的学生将更多的注意力放在了物质需求和精神需求的满足上。学生接受高等教育的主要目的是毕业后能找到一个充分实现其人生价值的工作。一方面，大学生对学习新知识有强烈渴望，希望通过学习提高自身素质；另一方面，大学生也有一定的物质需求，他们会比较在意工作收入等物质条件。所以，学生的利益与产教融合之间存在正相关，其效益越大，产业与教育融合度就越高。可以说，学生是产业与教育融合的主要受益者，对产业与教育的融合具有强大推动力。

3. 科研动力

科研是高校的重要任务之一，高等教育的本质之一是科研与教学相结合。科研是培养人才、为社会做出贡献的基础，是加深产业在教育培训融合、技术人才培养、区域经济社会发展中必不可少的动力。科研成果有助于创造新的社会价值，也有利于提高人才培养质量。

（二）国际中文教育产教融合的外在动力

1. 企业动力

企业是典型的经济团体，获取经济利益是办企业的主要目的之一。因此，企业的核心目标是通过生产和交易使利益相关者的经济利益最大化。

事实上，企业和高校之间的合作并不一定能够给企业带来丰厚利益。比如，企业为实习生提供实践岗位，但也承担诸多风险，如劳动关系、生产安全、教学质量等；海外实习基地的建立，高校和企业共同向海外输送国际中文教育专业的实习生，虽然拓宽了专业实习渠道，但身处海外而可能产生的包括人身安全等不确定因素；涉及国际中文教育的相关各方在利益分配上的不合理导致企业对产教融合的兴趣下降，降低校企合作深度。

2. 政府动力

除了教育行政部门，金融、人力资源和社会保障、商务等行政部门同样具有深化国际中文教育产教融合的推动力。从推进高校产教融合深化发展的政府文件中可以发现，高校产教融合的预期净收益较高，能够有效减轻高等教育的结构性矛盾，改变高等教育发展均质化趋势，一定程度解决国际中文教育专业毕业生就业问题，有利于促进产业结构优化发展，为地方经济社会发展和国家开发提供战略支持。

三、国际中文教育产教融合实施策略

（一）教育资源倾斜

资源是高校深化产业与教育融合的不可或缺的保证，资源是所有类型组织生存的基础。进一步促进产业与教学融合发展，首先要鼓励各种社会资源向高校倾斜，拓宽面向高校的资金来源。其次，地方政府可以设立专项基金，支持地方高校产业与教育深度融合。最后，高校可以本地产业开发为目标之一，强调学校服务社会的属性，从本地企业和其他社会力量中募集资金。

政府为高校提供政策支持，应优先建立针对不同类型高校和科研水平的评估体系；同时，政府根据学科建设的规律，支持高校积极申报"一流学科领域"项目。此外，高校应进一步加强师资建设，积极吸引来自产业的资深对外汉语教师等专业人才到高校就业，鼓励来自国际中文教育研究机构的资深专家定期在高校授课。

（二）提高企业对高校治理的参与度

通过产业与教育的整合提高地区经济和社会发展，高校必须吸收企业的知识、技术、资金等资源。从生产和消费关系的角度来看，消费是生产的目的。高校属于人才和社会服务的生产者，企业是人才和社会服务的消费者。企业参与高校的管理，可以通过为高校专业调整和国际中文教育人才培养提出建议。从高校和企业合作的前景来看，大学和企业合作能够产生红利，两者可以通过资源共享的方式促进教育与企业协调发展。

（三）加强政府引导

根据公共财产理论，公共财产完全交由市场能够在短期提高效率，但市场对公共财产的供给会引起不可预测的风险，所以公共财产的供给必须由政府管控。教育服务是一种既具有公共财产又具有私人性质的产品。事实上，政府不仅是高等教育的主要投资者和重要的资源输入主体，还是高等教育的管理者和评估人。因此，政府要发挥好引导作用，鼓励企业与高校特别是职业院校联合培养高技能人才。

（四）校企共同制订人才培养计划

高校要深化教育改革，加大人才培养力度，探索实行高校与企业联合培养高素质复合型国际中文教育专业人才的有效机制。而企业要把培养环节前移，同高校一起设计培养目标、制定培养方案、实施培养过程，实行校企"双导师制"，实现产学研深度融合，解决人才培养与实践脱节的突出问题。

参考文献

[1]王艳. 中国当代大学生就业问题对策研究——基于学术资本主义的背景[D]. 南京：南京理工大学，2014.

［2］周巧玲. 大学战略管理研究［D］. 上海：华东师范大学，2007.

［3］邓锐. 产学研联盟形成的动因分析［D］. 上海：上海交通大学，2009.

［4］付俊超. 产学研合作运行机制与动力评价研究［D］. 武汉：中国地质大学，2013.

［5］方国威. 政府在产学研结合模式中的角色与对策分析［D］. 武汉：武汉大学，2010.

［6］王燕华. 大学科研合作制度及其效应研究［D］. 武汉：华中科技大学，2011.

［7］赵京波. 我国产学研合作的经济动力研究与模式、机制分析［D］. 长春：吉林大学，2012.

［8］唐荣德. 试论我国教育目的研究中常见的问题［J］. 当代教育论坛，2003（9）：32-34.

［9］周慧文. 高校产教融合困境及其突破———一个综合性的理论分析框架［J］. 中国人民大学教育学刊，2021（1）：59-72.

［10］李忠成. 高校产科教融合协同育人对策研究［M］∥胡赤弟. 产教融合：制度·路径·模式：2017宁波高等教育研究论坛论文集. 杭州：浙江工商大学出版社，2018.

［11］中国高等教育学会专题研究组. 走向2030：中国高等教育现代化建设之路［J］. 中国高教研究，2017：1-14.

［12］白逸仙. 高水平行业特色高校"产教融合"组织发展困境———基于多重制度逻辑的分析［J］. 中国高教研究，2019（308）：90-95.

［13］应卫平，李泽泉，刘志敏. 优化高等教育投入全面推进新时代应用型大学建设［J］. 中国高等教育，2018（608）：50-52.

［14］郭媛，敬世伟，魏连锁，等. "新工科"建设背景下地方高校产学合作协同育人模式的研究［J］. 高师理科学刊，2019（39）：88-91.

［15］张旸. 互联网背景下校企合作在汉语国际教育专业人才培养中的应用［J］. 文教资料，2019（4）.

［16］刘轩. 校企协同人才培养困境及出路———以苏南地区高职院校为例［J］. 中国高校科技，2018（21）：61.

［17］张力. 产学研协同创新的战略意义和政策走向［J］. 教育研究，2011（7）：18-21.

智媒时代我国传统文化
传播与创新型人才培养研究

三亚学院人文与传播学院助教　　刘　琴

一、"零点"智媒时代来临

近年来，随着人工智能技术迭代及其在传媒行业的运用，传媒业在信息采集、生产流程、传播理念与方式等方面都发生了较大变化。

人工智能是智能媒体得以实现的底层支撑技术之一，其与媒体相结合，形成智能媒体。人工智能技术成为传媒业数字化、智能化转型的引擎和助推力量，它帮助传统媒体实现重构与升级，在信息传播领域掀起新一轮媒介革命。学者彭兰在网络媒体趋势研究中将网络媒体的进化过程描绘为四个阶段：门户时代、web2.0时代、众媒时代、智媒时代。

人工智能技术加速多元媒体之间的深度融合，进一步催化媒体生态的重构，这标志着人机共生、智能互补的"零点智媒"时代的来临。

智能媒体以物联网、传感器、云计算、大数据等技术为基础，优化信息内容的采集、筛选、数据获取与处理、内容生成、场景应用、内容分发等流程，使人类的信息传播需求更高效、全面地得到满足。不仅如此，人工智能和低功耗、低时延的第五代移动通信技术全面赋能信息内容与信息传播形态上的创新，虚拟现实、增强现实、混合现实、移动直播等沉浸媒介技术的诞生使信息传播形态的多元化呈现成为可能，受众可以通过使用虚拟现实头盔、虚拟现实眼镜、可穿戴设备、车载虚拟现实系统、智能屏幕等硬件设备获得身临其境的360度影像世界带来的临场感，受众足不出户便可以跨越时空限制，通过虚拟现实、增强现实、混合现实等技术体验极致的视听盛宴，感受虚拟在场、虚实交融混景带来的高沉浸、强互动式体验。

智能媒体的主要特征可总结为以下两点。

（一）人机共生、人机协同、智能互补

智能媒体可根据用户画像进行用户特性分析与精准信息匹配，并能够对人隐藏的情绪、生理状态进行追踪，通过可穿戴生物传感器设备将人的情绪和生理数据进行即时捕捉，以便数据和"智能大脑"进行信息交换，及时调整人机交互策略，使用户获得更好的交互式、沉浸式体验。

（二）万物皆媒体

越来越多的物品都会成为物联网中的智能节点，物品中会被嵌入传感器和智能装置，可以随时随地获取、处理分析我们日常生活中的数据，并与我们进行不同程度的交互。

智能媒体改变过去由人主导的媒体空间，物联网上的每个智能节点都有可能被媒体化，成为信源与信宿。所有智能节点最终将相互勾连在一起，构成一个大的信息环境，这使我们的生存空间变成越来越智能化的场所。不同于以往的单向传播和互动传播，智能化传播以其沉浸式体验的传播形态及个性化、场景化推荐等特质，极大拓展传播的内涵和外延，让传播实践变得更精准，更符合用户心理、行为习惯和心智状态，让传播更具临场感与穿透力。

二、智能科技与传统文化的融合与联姻

中华优秀传统文化源远流长，包罗万象，蕴藏着深厚的哲学思想、审美情趣和科学智慧。张岱年认为传统文化有价值观层面、物态的文化层面和现实生活的文化层面三个层面。传统文化主要由物质实体文化、人类在实践中建立的社会规范、精神文化这三种要素构成，具体包括汉字汉语、中华诗词、传统文学、书法、绘画、戏曲、棋艺、民间工艺、民俗节日、戏剧等。中华优秀传统文化以中原文化为基础，历经上千年的发展嬗变，

孕育出根深叶茂、丰富多元的鲜明文化品格。数字科技和智能媒体的出现让文化传播有了更多的内容创作空间与多元化传播形态，为文创产业的升级和智能化改造起到助推作用。

（一） 中国现象级国潮 IP 孵化与数字化传播

智能技术可以将传统文化和潮流趋势有机整合，用具有时代感、科技感、临场感的表现形态将传统文化元素重新进行解构、组合与再创造，从而满足当代受众的文化消费需求。在产品的制作环节，可通过虚拟现实、增强现实、全息互动投影等技术实现人机智能交互，通过数字信息的嵌入使当代人的审美趣味和传统文化的内核实现有机融合与共存。

譬如，河南卫视 2021 年春晚的舞蹈《唐宫夜宴》提炼出传统文化元素，将唐朝服饰、妆容、古代名画、国宝级文物有机整合在一起。通过创新型的表现手法，实现唐朝侍女与古代文物、艺术品的梦幻联动，打造出现象级文化产品。通过虚拟现实和第五代移动通信技术的应用，观众在节目中可以看到唐朝时期的审美趣味，可以观赏到虚拟现实技术呈现出的莲鹤方壶、妇好鸮尊、唐三彩等历史文物，以及描绘唐朝贵族妇女闲逸生活的《簪花仕女图》。虚实混景的呈现方式唤醒文物和绘画的灵魂，拉近观众与古典艺术作品的距离，让观众体验科技和古风相结合的视觉盛宴。《唐宫夜宴》的成功出圈还带动了一系列衍生产品的销售。因此，将科技元素和传统文化相结合，可以让优质文化得到更好的传播与传承；也只有尊重和敬畏传统文化，才能找到适合传统文化的科技表现形态，让传统文化不断焕发生机。

在智能媒体背景下，传统文化知识产权孵化正逐步形成一条完整的产业链。大数据通过挖掘、分析用户的兴趣点、浏览历史、文化消费习惯，迅速分析出用户的内容阅读偏好、媒体使用习惯，从而筛选出有传播价值和特色的传统文化资源进行孵化。文化传播者需要对传统文化元素进行抽取、加工、组合，并赋予传统文化以崭新的传播形态。在技术的加持下，智能媒体可通过个性化、场景化推荐将数字化文化产品和系列衍生品进行跨媒体传播及推广与营销。

如何通过智能化技术更好地储存、呈现与传播中国传统文化，让传统文化以一种更具吸引力、趣味性、知识性的形态出现，是文化传播者的使命担当，也是文创产业进行创造性转化、创新性发展的迫切需求。唯有植根于中华优秀传统文化的土壤，将极具智慧的文化思想和东方哲学深度挖掘，提炼出符合中华民族价值观和审美趣味的文化内核，向世界讲述具有深厚文化积淀和底蕴的中国故事，才能满足受众不同层次的多样化需求。

智能媒体时代，人工智能和数字化技术可以赋予传统文化以崭新的传播形态和时代特色，让传统文化以一种全新的样貌出现在大众的视野中，满足大众多层次、全方位的文化消费需求，使传统文化得以传播和推广。

（二）文博机构的数字化转型

近几年，文博机构通过自身的数字化转型和媒体矩阵的宣传，使优秀的传统文化重新焕发活力并得到广泛传播。大数据、云计算、第五代移动通信和人工智能等技术成为文博机构转型的重要推手和引擎。一些博物馆、文化体验馆、艺术展览搭上数字化和人工智能发展的快车，逐步实现数字化、网络化、智能化转型。数字化技术将传统文化资源以图片、视频、三维全息影像等形态予以呈现，满足不同受众群体的文化消费需求。

1. "沉浸式交互"模态提升传播效能

博物馆是一个城市的地标，是城市文化历史的缩影，也是现代人与历史进行跨时空对话的媒介。目前，各地博物馆都在探索一些新的创新发展模式，以"视、听、触、嗅"为主导的文化传播形式逐渐被应用到文博业态创新当中。文博展馆不断地开拓、创新文化传播路径，探索数字化建设方案，试图找到一条满足传统文化传播需求的创新之路。

一些展馆中除了运用虚拟现实、增强现实、混合现实和三维全息投影技术，还使用眼动追踪、动作捕捉等技术，这使得观众在体验 3D 虚实混景之余，还能实现与环境的沉浸式交互。"沉浸传播"的概念由传播学者李沁在《沉浸传播：第三媒体时代的传播范式》中提出。"沉浸传播"是以人为中心，以连接所有媒介形态的人类大环境为媒介而实现的无时不在、无处不在、无所不能的传播。沉浸式体验让人、媒介、场景化为一体，触、听、视、嗅等各种感官被充分调动，人成为整个传播过程的中心，每个传播过程都是一个动态的个性化定制的传播。观众在沉浸式的体验中，能够专注地感受环境，身心完全聚焦于所从事的活动当中，并因此获得兴奋感和充实感。在这样的文化体验活动中，观众可以放下生活中的压力和烦恼，心无旁骛地遨游在虚拟现实或虚实融通的情境当中。

沉浸式体验与沉浸传播是以"具身性认知理论"为理论依据的。具身性认知理论认为心智和认知来源于身体与环境的互动过程。当感官沉浸于一种情境当中，身体和环境不断产生交流和互动的时候，认知就会动态生成。人的感官从环境中直接获取刺激和经验是大脑进行信息认知和加工不可或缺的一环。

环境对人感官的刺激会形塑和影响人的认知。基于这样的理念，很多文博机构没有选择用说教式的文化符号来表现传统文化的内涵，而是通过新技术来塑造一种更容易被大众所接受的文化形态，为参观者营造一种沉浸式体验。并且，在沉浸体验中添加身体与环境的交互环节，希望参观者能够在高科技呈现出的文化氛围中，既能感受和体验沉浸式文化氛围之美，又能通过与环境的交互将他们对传统文化的认知提升到更高的维度和层面。

数字诗路文化体验馆，作为首个沉浸式新型文旅融合数字化体验展馆，以"富春山居"为主题，采用虚拟现实、增强现实、大数据、人工智能短视频生产、3D 全息投影等技术，为公众营造一个充满了高科技元素的观览环境。除了让公众拥有一个虚拟现实空间，文化体验馆还在一些展陈空间中设置二维码和智能互动任意门，让公众在沉浸式互动体验中通过扫码与智能装置进行交互，获取更多信息，接收更多体验馆传递出的文化信号。

沉浸式交互技术+虚拟（混合）现实技术将是数字化博物馆、文化体验馆、沉浸式艺术展的创新发展方向，这样的技术组合可以提高文博机构的信息传播能力和内容承载量，拓展文博机构的文化传播和教育功能。

2. 虚拟博物馆建构超时空体验

除了虚拟现实+沉浸式交互模态的文博场馆，虚拟博物馆和云展览作为线下物理空间最有效的延展和补充，将虚拟现实技术和中华优秀传统文化相结合，构建线上线下联动的传播体系，为一些不便出行的用户带来便捷的参观体验。虚拟博物馆中的展品、展厅、人工智能讲解员通过 3D 扫描和 3D 建模技术实现，虚拟场景和数字化展品都存在于服务器中，用户可以漫游于由虚拟现实技术打造的虚拟空间之中，可以自由缩放 360 度全景虚拟场馆，零距离"触摸"电子藏品，放大藏品比例，既不用担心造成文物的损害、丢失，又可以观察到藏品的细节和相关文字介绍。通过虚拟现实技术，用户可以充分了解文物的历史渊源、朝代背景、制作工艺、背后的故事等，在参观过程中获得多维立体的超感官体验。

譬如，故宫博物院拥有宏伟的建筑群和各类珍贵藏品，"数字故宫"的线上小程序可以让宅在家中不便出行的用户获得便捷的故宫游览体验。高分辨率的 3D 建模技术对故宫中重要的宫殿建筑和文物进行 360 度全景虚拟再现。用户在使用数字故宫小程序时，可以选择自己喜欢的路线和方位进行游览。用户点击导航提示的宫殿名称就能前往目的地。线上游览的区域涵盖线下已开放和未开放的区域。用户走入宫殿后，可以对室内的细节一探究竟，能任意点开各种珍稀藏品，也能放大物品并 360 度观察其细节。

虚拟博物馆可以将历史文化跨时空展现在大众眼前，让国家级文化资源活起来。比如，三星堆博物馆在线上举办云展览，参观者可以坐在家中参观馆藏珍品。

虚拟博物馆和云展览通过虚拟现实技术、3D 环物技术为观众带来身临其境的感官体验，展品中植入的语音播报、文字解说可以让观众通过科技感十足的沉浸式体验增强对中华优秀传统文化的兴趣。虚拟文博场馆为公众提供的"云游"观展方式，让传统文化的内涵通过高品质的技术形态得以呈现，既提升公众的文化意识，又升级公众的参观体验。

三、传统文化传播融入高校教育教学实践的意义

中华优秀传统文化是中华民族独特的标识，是中华民族的精神命脉。中国的文化软实力是综合国力的重要组成部分，而人才战略是打造中国文化软实力的基石和根本。高校在延续中华文化基因，赓续中国传统文化文脉，增强文化自信、文化认同，建设社会主义文化强国等方面肩负着重大使命。

在全球化背景下，随着媒介技术的不断发展演进，全球各民族文化以

社交网络为载体，以网络文学、短视频、移动直播等传播形态迅速在国际文化传播的舞台上抢夺受众的注意力资源。电子媒介逐渐消解人们在获取信息、知识文化方面的时空阻隔。

一方面，在教学实践中，高校应加强学生的传统文化教育，可结合学生的专业特色，增设传统文化特色类课程。此外，教师可以组织学生参加国学知识竞赛、专题沙龙和讲座，引导学生鉴赏植根于中国文化的数字化文创产品，带领学生参观、游览博物馆、文化体验馆，增强学生的文化认同，让学生感受中华优秀传统文化的魅力。

另一方面，可以通过增强校企合作，将优质的传统文化创意项目引入高校的教学科研实践当中，让人工智能、新闻传播等专业的学生参与传统文化项目的创意设计与建设中来，借此将中华优秀传统文化的价值理念、文化精神以及社会主义核心价值观潜移默化地融入学生的学习和生活中。还可以通过曲艺、武术、文学等社团组织培养学生对优秀传统文化的兴趣和热情，带领学生阅读文化典籍，培养学生的审美情趣与文化鉴赏力。同时，高校也应为学生多提供国际文化交流机会，鼓励学生参与其中，吸收外国文化之所长，培养学生国际文化传播的大局观。

高校培养出的跨文化传播者应具有挖掘、创新与重塑中华优秀传统文化资源的能力，能够通过多领域技术合作，结合时代要求对传统文化进行创新与重构，让传统文化的内涵和时代性得到提升，让传统文化在多媒体和智能技术的赋能下呈现出多样化的传播样态和高辨识度的风格，在一个动态变化的国际化文化语境中实现中华优秀传统文化与异质文化和谐共生。

四、结语

智媒视域下，各地文博机构和媒体平台都在探索创新发展模式。在对发展理念、游客体验、技术解决方案的不断摸索下，多样化的文化传播形式逐渐被应用到文博业态中，文博展馆不断开拓文化传播路径，构建数字化方案，试图找到一条满足传统文化传播需求的创新之路。

文博机构和媒体平台能否让传统文化走进公众的内心取决于其能否挖

掘出中华优秀传统文化的真正内涵。高校人才的培养战略一定程度上决定未来文化传播者能否通过智能技术打造中国文化软实力，使传统文化血脉得以赓续。因此，高校应结合专业特色，将中华优秀传统文化、价值理念、文化精神融入教学实践中，让学生切实感受到中华优秀传统文化之美，让传统文化传播在技术赋能下不断焕发生机和活力。

参考文献

[1]彭兰. 泛传播时代的传媒业及传媒生态[J]. 新闻论坛，2017（3）：24-26.

[2]段鹏. 智能媒体语境下的未来影像发展初探[J]. 现代传播，2018（9）：4-7.

[3]张岱年，方克立. 中国文化概论[M]. 北京：北京师范大学出版社，2004.

[4]李沁. 沉浸传播：第三媒体时代的传播范式[M]. 北京：清华大学出版社，2013.

[5]李沁. 沉浸传播的形态特征研究[J]. 现代传播，2013（2）：116-119.

[6]孔朝蓬，刘婷. "球土化"背景下中国文化身份的转向——基于新媒体传播的视角[J]. 文艺争鸣，2014（10）：174-178.

[7]胡翼青，赵婷婷. 作为媒介性的具身性：对具身关系的再认识[J]. 新闻记者，2022（7）：11-21.

[8]孟庆峰. 基于受众心理新媒体时代中传统文化的传播途径分析[J]. 智库时代，2019（38）：251-252.

[9]孟建. 视觉文化传播：对一种文化形态和传播理念的诠释[J]. 现代传播，2002（3）：1-7.

[10]韩伟，布莉华，康丽莹. 新媒体时代高校传承弘扬中华优秀传统文化的实践路径[J]. 牡丹江教育学院学报，2021（1）：28-30.

[11]渠佳敏，丁雅琴. 新媒体时代中华优秀传统文化的传承[J]. 大观（论坛），2020（11）：88-89.

游戏化思维在国际中文教学环境中的融合策略

三亚学院人文与传播学院讲师　张　浩

一、绪论

中文作为第二语言教学已有较长一段时间的发展历程，从最初传统的输入型教学法到如今的倡导以学生为主体、教师为主导的教学法，教学模式不断发展。如何提高国际学生的中文学习效率成为教师关注的话题。于是，游戏化思维教学方法应运而生。

德国文学家席勒在《美育书简》中提出"游戏说"：游戏冲动可以将人的"感性"与"理性"结合起来，以激发人的潜能。受此启发，国外学者一直尝试将游戏化思维运用到课堂教学，尤其是在语言课堂教学中。实践表明，游戏化思维教学在拓宽课堂广度、提高学生词汇量等方面起到了非常重要的作用。近年来，国内学者在语言教学课堂中也引入了游戏化思维的理念，在国际中文教学和国内本土英语教学中均不同程度地使用游戏化思维，游戏教学法凭借着灵活、有趣、多变的特性受到越来越多的语言教学者关注。

二、游戏化思维的定义

近年来，网络游戏引起了教育研究者的关注，越来越多的学者开始探索游戏在教学实践中的应用。其中，游戏化思维学习成为近十年来的研究热门课题，国内的研究主要集中在游戏理念与教学整合的研究、教学游戏在各个学科中的应用研究、游戏化教学设计研究三个方面。

对于游戏化思维学习的定义，学者王大平指出，游戏化思维学习就是在教学设计过程中培养目标与发展、评价手段、学生心理特征与教学策略等方面借鉴游戏，设计、选择适当的发展工具、评价方法、教学策略。学者牛玉霞认为，游戏化教学借鉴游戏的设疑、挑战、自主等理念，把教学目标隐蔽于游戏活动中，根据学生的特征以及教学内容，采取相应的游戏化教学策略，从而使学生在放松的状态下，从乐趣中获得知识、提高技能、陶冶情操。这里的游戏包括电子游戏和学习中的游戏活动等。

其实，游戏化思维学习就是采用游戏化的方式进行学习，主要包括数字化游戏和游戏活动两类。教师利用游戏向学生传递特定的知识和信息。教师根据学生对游戏天生的兴趣和对新鲜的互动媒体的好奇心，将游戏作为与学习的载体，使信息传递的过程更加生动，从而脱离传统的单向说教模式，将互动元素引入沟通环节，让学生在轻松、愉快、积极的氛围中学习，进一步培养学生的主体性和创造性，提高学生的多元智力素质。

三、游戏化思维的核心

游戏化思维一词在 2002 年由英国计算机程序员尼克·佩林提出。在 2011 年的全球游戏者开发大会上，"游戏化"作为一个热门词汇被广泛讨论。宾夕法尼亚大学教授凯文·韦巴赫认为，游戏化是指在非游戏情境中使用游戏元素和游戏设计技术，它能在互联网、教育、培训等领域影响到用户的心理倾向，引导用户参与、互动与分享。布隆伯格大学教授卡尔·卡普认为，游戏化的目的是在课堂教学或电子化学习的内容中加入游戏元素，营造一个游戏化的学习机会。未来学家、未来研究所游戏研发总监简·麦格尼格尔认为，"游戏满足了日常无法满足的真实人类需求，以现实做不到的方式教育我们、鼓励我们、打动我们；游戏代表了 21 世纪的一种思维方式，它正在改变我们的现实生活"。事实上，游戏化思维是将游戏特征、游戏元素应用于非游戏领域的思维方法，在学习中借鉴游戏设计方法，可以激发学生的参与热情。

游戏化已经渗入日常生活，如公司的考勤签到积分、奥运会奖牌榜 PK（Player Killing）等均带有明显的游戏元素，游戏化在社会中扮演越来越重要的角色。2023 年 3 月 1 日，中国互联网络信息中心发布的第 51 次《中国互联网络发展状况统计报告》显示，截至 2022 年 12 月，网民中网络游戏用户规模达 5.22 亿，占网民整体的 48.9%。高校国际中文教学的知识相对抽象，有的学生缺乏学习动力。鉴于游戏对学生的强大吸引力，若能合理将游戏化思维用于课程教学，将有助于提高学生的学习兴趣和学习效果。

游戏化思维的核心指的是抛开游戏类型的差异和复杂的技术，在塑造游戏体验上的独有特征。依据简·麦格尼格尔的游戏化理论，所有的游戏化活动都具备下列核心特征：目标、规则、反馈系统和自愿参与。目标，指的是玩家努力达成的具体结果，它为玩家设定了一个自我实现的追求方向。规则，为玩家如何实现目标作出限制，它可以在限定范围内激发玩家的创造力。反馈系统，告诉玩家距离实现目标还有多远，并作为衡量自身能力的参照。自愿参与，要求所有玩游戏的人都了解并愿意接受目标、规则和反馈，保证游戏是一个较为安全且愉快的活动。其他诸如交互、图形、叙事、奖励、竞争等在谈到游戏时最常想到的对象则属游戏的副特征，均为上述四个核心特征服务。目标、规则、反馈等核心特征，在教学领域同样具备，表现为教学目标、教学规则、教学反馈，只不过在自愿参与方面有时存在问题，但通过有效的教学设计可以改善此问题。游戏化思维与教学设计思想在本质特征上存在相似性，为游戏化思维应用于教学研究提供理论支持。

四、游戏化思维在国际中文教学数字化教学中的应用价值

游戏化思维运用到教育教学中并不意味着在日常教学中以玩游戏为主。我们要深刻理解游戏化思维的核心——如何能够保持用户的活跃度，如何让学生保持较高的学习热情。

第一，让学生成为主角。今天，我们并不缺少先进的教育理念。但是，

在国际中文教学实践中很难把先进的教学理念落地，教师讲授、学生听讲仍是当下课堂教学的常态。因此，改变学生听讲的被动学习状态，是国际中文教学改革的关键策略。教师要具有用户思维，把课堂变成学生的舞台，让学生主动探究难题。这样的教学不仅深受学生欢迎，也会取得较好的教学效果。

第二，让学生获得成就感。国际中文教师设计教学目标时要充分考虑学生的接受程度。不能因为教学内容太多、难度太大影响学生的自信心。如果学生完成学习任务后能像网游那样获得即时奖励，那么学生可以获得很强的成就感。学习评价也不必以完美为标准，而应以进步为原则，体现一定的层级性，让每名学生都有较强的获得感。就像网游那样，既有年龄分级制度，也有能力分层机制，这样能让每一个参与者都能找到适合自己的游戏，并在游戏中体验到成就感。

第三，设计有意思的课堂。有人说"每一个游戏设计者都是高级的心理学家"，教师也应该做深谙学生心理的心理学家，而不只是一个知识的传授者。爱因斯坦说，游戏是人类最佳的学习方式。教师从国际学生感兴趣的视角设计课程，用有趣的方法，教有趣的知识，比单纯准备一大堆枯燥的中文知识灌输给学生更加有效。国际中文教师要与时俱进，积极提升课程开发与教学设计能力，使课堂教学更符合学生的需求。有趣的学习就是玩，有意义的玩就是学习。拥有游戏思维，可以让教学变得更有趣、有意义和挑战性，让学生多一分想学，少一分厌学。

五、游戏化思维在国际中文教学中的应用模式

我国对游戏化思维长期保持跟进研究的以北京大学、南京师范大学、陕西师范大学等院校为代表，在基础理论与教育实践结合方面取得了一定进步，提倡将游戏元素、游戏动机等游戏化思维理念融入教学，获得了许多教育工作者的认同。但随着信息技术的发展也出现了一种不良的认知倾向，即过分追求数字化媒体，甚至将游戏化思维学习等同于数字化游戏。这种思维将游戏化思维学习限定在规划好的游戏空间中，易导致教学模式

僵化，造成人力和物力资源的浪费。

卡尔·卡普认为，游戏化思维不应是单一的数字化游戏；游戏化是一个元概念，它包含数字化游戏、游戏活动等具体子集。对于游戏化思维的教学应用，应着重强调游戏化思维的共性，即游戏元素、游戏机制等，遵循"教学效果最优化"施行原则，不单一追求数字化游戏的表面效应，而是关注整个教学活动的成本与绩效。某些学者对游戏设计中有趣体验的研究认为，竞争、挑战、合作、发现、故事、放松、表达、幻想、解决谜题、收集等游戏元素能有效激发用户游戏动机。这些游戏元素对于游戏化思维学习中的学生参与动机的激发与保持同样具有重要作用。

游戏化思维的教学应用，可从两个维度展开，一是传统游戏活动，二是数字化游戏。两者同属游戏化思维学习范畴，虽然载体不太一样，但在游戏化思维上存在共通之处，对于游戏动机的激发以及教学目标的推动具有一致性。

游戏化思维应用于国际中文教学，需借助主流游戏元素，提升游戏设计对于用户的吸引力。游戏化思维的引入，并非意味着滥用"游戏"，在所有环节一味采用游戏将引发学生动机的下降。国际中文教学知识目标明确、逻辑性强、反馈清晰，与游戏核心特征存在重合，加之多数学生对游戏接受度高，相对易于开展游戏化思维对教学的应用创新。

在游戏化思维教学应用模式中，借鉴史密斯·雷根教学设计思想，首先通过分析重点难点的知识结构、特性，对比教学活动中是否有适合的游戏元素与其匹配，评估该知识点采用游戏化思维学习的可能性，一般从游戏运行机制与课堂教学运行机制的相似性、类型知识的可移植性等方面考量。比如，国际中文教学中随机数的知识点与游戏对象的刷新点存在共通之处，就可以尝试游戏化思维学习。当存在游戏元素与教学活动匹配，再考虑游戏积件的实现以决定采用何种游戏化思维学习形式，反之则沿用原有非游戏化思维学习形式。评估当前人力、物力等实际成本条件，若资源库具备相应知识点的游戏积件或短期内可实现游戏积件的开发，则采用数字化游戏进行教学，反之则选择传统游戏活动。而无论采取何种形式的游戏活动，都需要对教学效果进行评价，以帮助学生巩固知识，以及了解学习活动的可能存在问题。若教学效果有所改进则记录归纳该游戏活动以便对下次教学有所指导，若改进有限则对教学活动、游戏积件进行重新设计，解决存在的问题。经过多次游戏化思维的教学应用，逐渐将成熟可行的游戏化教学方案编写成文档，为推广到其他学科做好储备。

六、游戏化思维与国际中文教学的融合策略

笔者曾就游戏化思维与国际中文教学的融合做过试验。假定班级人数为 34 人，对每名学生进行计分制，引进游戏等级系统，把每周得分汇总，达到多少分便可以相应地升到多少级。我们在此假定设计一款网络游戏，学生可以在这个游戏里注册实名制账号，方便教师在后台查询学生的真实身份。游戏人物在游戏中其实就是学生的替身，在这个游戏里，他们可以完成一些任务，或者互相竞争，但人物的等级却是由他们在学校的实际得分来决定。其实，这个实验关键并不是把教育（教学）的内容装到游戏这个大框架里去，而是要学习借鉴游戏中的激励机制去设计一个教学激励机制。

第一，均衡分组。为了保证公平，按成绩分为四档，每组四人，成绩正态分布，每个组都有足够的实力争取胜利。

第二，基于小组（团队）的奖励机制，而不是奖励个人。成绩好的学生，个人得到满分也不会得到奖励，他必须帮助小组其他成员提高成绩，争取团队获得胜利。无论是谁，只要有所进步，就会被小组成员认可，进而会促使他产生更强的学习动力，形成良性循环。

第三，添加任务式的作业系统。想额外获得积分的小组可以向教师领取新的任务，任务一般要求连续 5 天或者 7 天完成，每天半小时以上（如书法练习），完成任务可以为小组获得积分。

第四，确立升级制度。达到一定的积分可以升级，"白丁—书童—书生—秀才—举人"以此升级模式一直往上形成可视化的成绩单。以柱状图表等形式每天或每周向大家展示一次积分排名情况，激励团队进步。

第五，在课堂活动结束后，教师需要根据学生的表现和游戏运行的过

程，对本轮教学的实施进行总结，找出成功的地方和不足之处，为下一轮的教学实践做好准备。

七、挑战与总结

将游戏化思维应用在国际中文教学中，知识的传授在课前完成，知识的内化通过课堂游戏完成，这种教学方式使学生在轻松愉快的环境里完成了学习。然而，在实际情况中，教师在运用游戏化思维学习的过程中，仍有一些不足与挑战。

（一）教学游戏多为程序性游戏，学生缺乏主观能动性

有的教师设计的教学游戏形式比较单调，多为程序性游戏，即学生按照游戏规定步骤逐步进行即可完成游戏。这样的游戏也许可以激发学生的学习动机，但容易忽视激发学生的主观能动性。优秀的教学游戏并不是去完成一些指令性的动作，而是能充分发挥学生的主体作用，使学生能按照自己的思路，创造性地解决问题。因此，在游戏化教学的设计过程中，教师应该根据学生主体性原则，把握游戏的目的性，合理定位师生关系，教师既要对游戏的进展进行调控，又要充分发挥学生内在的潜力。

（二）游戏性与学习内容结合不够紧密

游戏化的教学是要把游戏的设计理念用到教学中，通过教学内容与游戏的自然融合，使教学活动变得生动有趣。而在实际的国际中文游戏活动教学中，教师把教学内容与某一种游戏形式简单结合后就投入实施。这样的教学游戏往往有量无质，在应用中自然会效果不佳。教师只有对学科的内在规律以及游戏本身所渗透的理念进行深入研究，才能实现游戏与教学的真正融合，使游戏成为有效教学不可或缺的一部分，而不是为了游戏而游戏。

（三）教育类游戏的专业性有待提高

在课堂活动中运用游戏化思维的理念来提高学生的兴趣与积极性，需要考虑游戏的难易程度与新鲜度。然而，在游戏活动中，可用的游戏数量较少而教育作用不大，久而久之，学生便失去了新鲜感，甚至产生厌恶情

绪。目前我国教育游戏无论从数量上还是质量上还有待提高，而国外开发出来的教育游戏大多都不适合国际中文教学的实际情况。因此，在游戏化教学中，教师要注意根据不同的教学内容设计不同的游戏，并注重学生的特征，结合他们感兴趣的热点，真正调动起学生的热情。

（四）需要教师具备较高的设计、组织能力

教学游戏的设计除了需要国际中文教师掌握学科规律与游戏的设计理念，能够将其很好地融合之外，对教师的组织能力也是一个挑战。教学游戏的开展需要教师花费大量的时间进行设计、组织并在游戏过程中观察记录学生的表现。此外，数字化游戏对教师的计算机能力是一项考验，游戏活动的组织则对参与人员、场地、道具等都有一定的要求。游戏化思维学习需要一些特定的程序和规则，所以应用起来较传统的课堂讲授困难得多。在游戏过程中，学生的配合程度等因素也影响着教学成果。这就对教师提出了更高的要求：教师要具有较强的组织能力、应变能力、掌控能力，能适时调控游戏的进展，使之按照既定的教学目标顺利开展。

八、结论

基于游戏化思维的国际中文教学的应用，强调将游戏的趣味性等作为内在驱动力去吸引学生注意力，改善教学效果。本文所研究的"游戏"是广义上的概念，囊括数字化游戏、传统游戏活动等各种蕴含游戏化思维的组织或载体形式。有别于普通的游戏化教学模式，它弱化了不同游戏组织形式的界限，直指多种游戏教学模式的内在共性——游戏化思维，较之传统教学更能激发学生参与动机，在知识点自我建构以及问题解决中效果更好；较之单维度游戏化教学，它能够保证在较短时间、较低成本实现游戏活动的施行，提高国际中文教学应用的可行性。

教学游戏化是试图将教育回归人发展的自然形态，要求我们根据学生的学习规律来设计我们的国际中文教学活动，而不是简单盲目地运用游戏。亚里士多德认为，"理性是人类的本性，理性的沉思能带给人们最大的幸福"，强调课堂教学游戏化并不排斥深刻思维和研究的严肃性，反对"为了

游戏而游戏"的形式主义。"习之于嬉"的游戏化教学要避免走向另一个误区，即必须有游戏才能学习，游戏才能使学习"有趣""轻松"，从而动不动就进行角色扮演、情景剧、小组竞赛等。采用生活化的语言本质上是从教学风格上考虑的，不能为了哗众取宠而盲目采用，必须与教学情境和教学内容紧密联系，否则就容易误入无厘头纯搞笑的怪圈，不但不能起到增进学习兴趣的效果，反而分散学生注意力。所以，教师要把握好游戏教学的分寸，处理好"教育性"与"游戏性"的平衡关系。

值得一提的是，虽然游戏提供了沉浸感、趣味性，可为学生创设自发学习的情境，但是国际中文教师的作用仍不可替代，尤其是在过程引导、总结评价等环节，国际中文教师身为教学过程管理者，可以将游戏化思维更好地进行衔接、引申与发散，有助于整个学习过程知识构建效率的提升。随着游戏化思维的引入，游戏化思维在国际中文教学的教学应用将变得更为完善，对于高校国际中文教学研究方向提供一种创新性的借鉴。

参考文献

［1］［美］韦巴赫，［美］亨特. 游戏化思维：改变未来商业的新力量［M］. 周逵，王晓丹，译. 杭州：浙江人民出版社，2014.

［2］［美］卡普（Kapp，K. M.）. 游戏，让学习成瘾［M］. 陈阵，译. 北京：机械工业出版社，2015.

［3］［美］麦戈尼格尔. 游戏改变世界：游戏化如何让现实变得更美好［M］. 闾佳，译. 杭州：浙江人民出版社，2012.

［4］胡延新. 游戏在外语课堂教学中运用的理论依据和实践［J］. 牡丹江教育学院学报，2008（6）.

［5］张婧，傅钢善，郑新，等. 教育技术领域中的游戏化：超越游戏的学习催化剂［J］. 电化教育研究，2019（3）：20-26.

［6］尚俊杰，庄绍勇，蒋宇. 教育游戏面临的三层困难和障碍——再论发展轻游戏的必要性［J］. 电化教育研究，2011（5）：65-71.

［7］邵秀娟. 游戏教学法在对外汉语口语教学中的应用［D］. 长春：吉林大学. 2012.

海南自贸区特色文创品牌发展与国际化传播策略研究

三亚学院人文与传播学院助教　刘姝妤

一、海南自贸区开展文创设计背景

自《海南自由贸易港建设总体方案》（以下简称《方案》）发布以来，海南自由贸易港的建设让海南岛逐步成为对外交流的重要窗口。《方案》指出，建设海南自由贸易港，需充分发挥海南岛自然资源丰富、地理区位独特等优势，大力发展海南岛旅游业、现代服务业等。海南岛的旅游业是海南岛经济体系中重要的一环，大力推广特色旅游产业、促进海南旅游业可持续发展是海南岛的重要任务之一。清华大学国家金融研究院院长朱民在博鳌亚洲论坛2022年年会上表示，海南的旅游业有很大的发展空间，可以进一步发挥海南本土的自然生态优势。

海南岛位于北纬18度，四面环海且有着独特的地势地貌，这让海南岛有着独特的自然优势：海南岛地形呈穹隆状，地势中间高，四周低，其中山地、丘陵占海南岛面积38.8%，台地占32.6%，其余28.6%为平原地区，众多河流以五指山为中心向四周延伸，汇入大海。这种独特的地形地势直接影响着当地的文化分布：尚未经历过开发、建设的山地和丘陵地区有丰富的动植物资源和传统民俗文化，沿海的平原地区如海口、三亚、万宁等地交通发达，人口相对密集，成为海南的经济、贸易和文化中心。

二、文创在对外交流中的优势及其意义

文化创意产品（以下简称"文创产品"）是文化的实体化表现形式之一。换句话说，文创产品是艺术的衍生产品——提取文化特色，再由艺术家设计重构，将艺术创作与文化结合，使抽象化的概念具象化，成为具有艺术价值和商业价值的产品。如今的文创产品兼有艺术美学、历史性、趣味性和实用性，可以作为传播文化的媒介，也可以带动经济发展。

2022 年 2 月 5 日，摩纳哥元首阿尔贝二世亲王参观人民大会堂"庙会"时表现出对北京冬奥会吉祥物冰墩墩面塑的喜爱，并请工作人员做了两个要带给他的子女们，体现了国家元首亲民、慈爱的一面。第二日下午，习近平总书记会见阿尔贝二世时说选一对冰墩墩带回去，送给双胞胎。并赠言希望他们可以同亲王一样对冰雪运动感兴趣，并且成为这方面的健将。

2022 年 2 月 11 日，在北京新闻中心举办的"外国领导人登长城"微视频发布仪式上，延庆区负责人送给乌拉圭驻华使馆副馆长、参赞马丁·奥兰多和尼泊尔驻华使馆二等秘书舒缇长城文创产品"'明小兵'长城滑雪笔筒"，舒缇说，"要把这个礼物带回家，送给家人"。

全国政协委员、国家一级美术师、广州雕塑院院长许鸿飞在其两会提案中强调艺术的重要性，表示要"充分发挥民间艺术的外交力量""讲好中国故事，助力文明交流"。艺术是一种可以打破文化、社会壁垒的世界性语言，将艺术家的思想和情绪很好地传递给人们，比如许鸿飞的"肥女"系列雕塑自 2013 年起就在世界各地的艺术空间进行展览，明朗又有趣的风格吸引了世界各地的人民，提高了许鸿飞在国际艺术圈里的知名度，也让"肥女"成了一个极具个人风格的、可以"打破固化眼光"的艺术知识产权。

有趣、亲民的文创产品即使是在严肃的外事场合也可以迅速拉近人与人之间的距离。不管是"冰墩墩"还是"明小兵滑雪笔筒"，这类带有明显中国特色的文创产品有助于建立起跨国沟通的桥梁，帮助海外消费者了解中华优秀传统文化。同样，通过有效开发海南地方特色文化资源，生产满

足大众审美需求、有文化底蕴、实用的文创产品，有利于实现海南文化产业和旅游产业的可持续发展。

三、文创产品对于文化旅游产业的意义

北京冬奥会吉祥物冰墩墩曾在冬奥会期间"一墩难求"，成为全世界的热议话题。据统计，冰墩墩及其附加文创产品带动了包括体育设施、体育用品、交通、住宿、餐饮等冰雪经济发展。据悉，截至北京冬奥会闭幕式当天，100 万个冰墩墩及其周边商品售罄，其主要销售渠道奥林匹克官方旗舰店特许商品销售量达 160 余万件，销售额近 1.8 亿元。此外，北京冬奥会期间，冰墩墩及周边产品在亚马逊海外店销售火爆，成为海外网络的热议的商品。

兼具实用功能、审美价值和新颖创意的文创产品可以帮助文旅产业实现知识产权化，带来一定的"流量"。有数据表明，在某购物网站购买具有地方特色文创产品的用户，有近五成同时预订了往返该地的机票以及门票、酒店等。

例如，由故宫博物院创作的文创产品遵循了"文化+"的方式，以清代传统文化为基础，结合实用性、功能性创作文创产品。故宫的文创产品包括文具、丝巾、茶杯、化妆品等，在传统文化的基础上为文创产品增添了实用性和趣味性，极大程度上增加了目标客户群。曾一度火遍网络的"朕知道了"胶带，就是将康熙皇帝批奏折时所写的"朕知道了"四个字复制下来印到胶带上。这样，在欣赏清代皇帝的书法作品的同时，也能初步了解清代的"奏折制度"。

相关数据显示，故宫博物院文创产品的销售额呈逐年攀升的趋势，其销售额 2013 年为 6 亿元，2016 年为 10 亿元，到了 2017 年则达到 15 亿元。文创产品带来的收益可以反哺文化旅游产业。故宫博物院原院长单霁翔表示，故宫博物院为非营利机构，所有的销售利润都会用到故宫今后的发展上。

此外，四川三星堆博物馆开发的"三星堆面具冰淇淋"采用了独具特色的馆藏文物青铜面具原型，以浓浓的"出土味"和"青铜味"引领博物

馆文创的潮流，逐渐构建起包含动漫、电影、小说、网游等文创产品在内的三星堆新文创体系。甘肃省博物馆以铜奔马为原型，开发出"马踏飞燕"主题文创系列产品，轻松、搞怪的"丑萌"风格成为博物馆界的爆款文创产品。这些博物馆文创实践探索，代表了博物馆叙事的表现方式和博物馆业务的展现形式，是对大众文化消费意识觉醒的积极回应，彰显了一种日常生活状态下的"博物馆力量"。

四、海南文创产品的创作方向初探

近年来，随着我国经济社会的不断发展，文创产品的种类衍生繁多。文创产品的创作导向性越来越符合大众口味，社会需求度相比以前更高，在满足群众基本需求的基础上，也不断地向特色性、地域性及稀缺性方面发展。群众的需求从物质消费转向精神需求，文创设计团队也从设计、创新方面往元素混合与艺术欣赏方向发展。因此，应大力开展海南岛的文化旅游宣传工作，不断推陈出新创造出符合海南岛特色的新的高价值文创产品。

海南岛拥有丰富的文化资源和珍稀动植物资源，其中黎族的传统纺染织绣技术、黎族竹木器乐、黎族服饰、黎族树皮布制作工艺等都被列入第一批国家级非物质文化遗产名录。2009 年，黎族传统纺染织绣技术被正式列入联合国教科文组织《急需保护的非物质文化遗产名录》。在文创产品中加入海南的非物质文化遗产可以起到推广和传承非遗文化的作用。

海南很多高山地区未经城市化、工业化，自然资源丰富，成为野生动物的乐园。这些地区地理位置特殊，保留着许多完好的原始森林系统，这让海南岛目前拥有非常多的珍稀动植物，如濒危动物海南孔雀雉、海南长臂猿，濒危植物海南蝴蝶兰、海南海桑等。以动物为原型创作文创产品已有成功的范例，如 2008 北京奥运会的吉祥物中，晶晶和迎迎分别为濒危物种大熊猫和藏羚羊。创作者两种濒危动物为原型，将多种元素融合，才有了深入人心的奥运吉祥物的形象，也让喜爱这些文创产品的人了解到动物保护工作的现状，引起更多的群体关注动物保护事业。

用文创产品将非遗文化和濒危动植物知识带入群众的日常生活，既有利于宣传濒危物种的保护、非遗文化的传承，也可以将销售文创产品获取的收益投入相关事业中。

五、目前已有的文创产品的不足之处和改进方式

（一）缺乏新颖创意

当前，文创产品普遍存在产品种类单一、缺乏创新的问题。在"文创"一词出现之前，全国各大景区、博物馆、商店就已经售卖所谓"当地特色纪念品"，但这些"纪念品"缺乏特色，消费者在大多数景点都能找到相似乃至相同的产品。其实，这些"纪念品"大都产自同一地区，由商家分开销售，同质化明显。在"文创"一词出现之后，纪念品同质化就摇身一变成为文创同质化。只要一提文创产品就离不开T恤衫、马克杯、钥匙扣等，虽然可能花色有少许变化，但款式雷同，并无明显特色。再加上大批量的生产，在生产过程中一味追求利润而降低成本很容易出现粗制滥造的现象。海南以旅游业见长，游客希望购买一些具有当地特色、实用性高、有文化内涵的文创，而不是千篇一律、随处可见的廉价"纪念品"。

（二）加大推广力度

文创产品对外推广不可急于一时、一蹴而就，需要先小范围试用，再逐渐扩大。在将特色文创产品推广至世界之前，需要在海南本地做好宣传推广工作，做到海南本地人耳熟能详。比如，建设线上官方推广平台，构建包括微博、微信公众号、抖音等在内的新媒体传播矩阵。线下从实体店经营做起，从多方面入手，如在海南各大高校举行以海南岛特色为主题的文创设计比赛、在各大高铁站、汽车站、机场和各大景区的特产商店等人流聚集地宣传和售卖海南特色文创产品。此外，政府应在文创产品开发推广上制定支持政策，对优秀文创产品给予一定的补贴，这样不仅可以鼓励文创开发者，也可以集思广益吸引更多的人参与文创事业的发展。

（三）避免过度溢价

价格控制俗称定价，产品进入市场销售必然需要确定各段的销售价格，

包括零售价、各级的供货价等，文创产品也不例外。定价的主要依据是市场同类产品价格。包括同类产品的品牌价值、销售地区、功能差别、材料变化、不同价格产品销售量等，归根到底是以市场为主。现实中，文创产品普遍存在零售价定价过高的问题，很多文创产品严重超过市场同类商品价格。

文化可以是吸引物，但文化不是大众必然购买文创产品的理由。创意和设计出来后，再根据市场、成本、价格调整设计，进而制造出让人们喜爱的、销量可观的文创产品，才能够使文创产品变成文创商品，最终实现文创产品的市场化。

参考文献

[1]苏庆明. 清华大学国家金融研究院院长朱民：海南旅游业还有巨大潜力可挖 [N]. 海南日报，2022-04-22（12）.

[2]朱竑，司徒尚纪. 海南岛地域文化的空间分布研究[J]. 地理研究，2001（4）：463-470.

[3]强晓玲. 许鸿飞委员：中国故事"走出去"，要充分发挥"民间艺术外交"的力量[OL].（2022-03-08）. https：//baijiahao. baidu. com/s？id＝1726710867697025700&wfr＝spider&for＝pc.

[4]沈忱，王鹏飞，邢彬，等. 习近平会见摩纳哥亲王：选一对冰墩墩带回去 送给你的双胞胎[OL].（2022-02-06）. https：//baijiahao. baidu. com/s？id＝1724022520219928263&wfr＝spider&for＝pc.

[5]班娟娟. 冰墩墩持续火爆 顶流 IP 产业化潜力巨大[OL].（2022-03-06）. https：//baijiahao. baidu. com/s？id＝1726545763364090019&wfr＝spider&for＝pc.

[6]人民网. 故宫文创年售 10 亿 赚的钱花哪儿了？[OL].（2019-11-27）. https：//baijiahao. baidu. com/s？id＝1651305861537206504&wfr＝spider&for＝pc.

[7]王曦. 三星堆博物馆：考古热带动文创热[OL].（2022-05-16）. http：//www. gov. cn/xinwen/2022-05/16/content_ 5690717. htm#1.

[8]新华社. 习近平：决胜全面建成小康社会 夺取新时代中国特色社会主义伟大胜利——在中国共产党第十九次全国代表大会上的报告[OL].（2017-10-27）. http：//www. gov. cn/zhuanti/2017-10/27/content_ 5234876. htm.

终身教育视角下海南地区
成人普通话水平提高策略研究

三亚学院人文与传播学院助教　李　珺

一、终身教育概述

终身教育是指人们在一生各阶段当中所受各种教育的总和，是人所受不同类型教育的统一综合。其包括教育体系的各个阶段和各种方式，既有学校教育，也有非正规教育。终身教育主张在每一个人需要的时刻以最好的方式提供必要的知识和技能。

数字化时代，技术革命的冲击几乎覆盖了所有行业和组织。陈旧的教育观念显然无法帮助人们更好地把握这场巨大变革带来的新机会。学校的教学内容相对于社会发展具有滞后性、空间固定性以及提供教育培训时间的有限性，已经无法满足受教育者的学习需求，更无法满足当今社会对劳动力的知识和技能要求。

终身教育思想提倡突破传统教育本身在时间、空间、形式上的限制。从教育者角度来说，提供终身教育资源和多次受教育的机会，帮助其达到不断提高个人素质的目的；从受教育者角度来说，每个人都是教育的第一责任人，理想的教育结果是每个人都成为终身学习者，并能够根据各种变化趋势，寻找学习资源和机会，完成自我的持续发展。因此，终身教育更多地强调国家或政府及其教育机构给公民提供教育机会和教育服务，以满足社会成员人生各个阶段多种多样教育的需求。

终身教育的目标是培养终身学习者，激发个人综合素质不断提升从而更好适应社会发展和变化。成人不同于正处于学校教育阶段的青少年，他们能够接受到的成体系的正规教育机会较少，学习时间呈现碎片化的特点。这和终身教育突破空间和时间范畴的特性相统一，也是本文将海南成人普通话水平提升策略放在终身教育的视角下去研究的原因。

终身性是终身教育最重要的特征之一，也最能体现终身教育的本质特征。海南地区成人普通话培训需要标准的、稳定性较高的语言环境和应用场景，这就需要成人接受正规的学校教育的同时，接受以片段式自主学习为主的非正规教育。

受教育者是教学活动的主体，一切教学目标的设置和教学流程的设计和把控都要紧紧围绕教学主体的特性展开。海南地区成人普通话的提高策略也要立足实情，从海南地区成人普通话水平基础较差，学习者时间分散等实际情况进行教学设计，充分以兴趣为导向，让学习者可以按照自身意愿找到合适的学习方式，愿意接受更多培训，并为此投入大量时间和精力。

在终身教育中，每个人都能按照自身的需求找到适合的发展道路，因为它提供了适合个体个性、独创性和职业的教育和培训。一个好的教育体系建设应该是让不同教育背景、不同社会层级、不同年龄段的人都能够找到适合自己的学习方式，而不是固定在某一种方式上。海南地区成人普通话提升策略的制定不应该千人一面，而是根据每个人的个性特点和需求差异提供适合他们的学习方案。政府部门和高等院校应该为成人制订不同的教学形式和提供终身学习的机会，帮助其解决工作和学业间互相冲突的困难，使学业与工作、教学与发展相互促进，进而提升海南地区成人普通话水平。

二、海南地区成人普通话现状及问题探析

讲普通话是社会文明程度的标志，是了解社会主义精神文明建设的窗口，同时它涉及全社会的每一个成员，是一个人文化素质、道德修养和精神面貌的体现。所以，一个国家和民族的社会用语规范工作做得怎样，标志着一个国家的文明、进步和现代化的程度。因此，我们要大力开展推广普通话工作，让社会用语朝着正确、健康的方向发展，使之既能达到交际

目的，又能取得良好的社会效益；既促进民族文化素质的提高，又加强全社会的经济建设和精神文明建设。

海南属于典型的多语社区。在这个社区内存在许多各具特色的语言社团，每个语言社团都具有相对独特的文化内涵。

海南岛作为一个移民岛，其主体语言是由闽南方言转变而来。海南话作为闽南语的一个分支，保留了很多古汉语中语音，这对中国古汉语研究具有重要意义。海南方言是指海南大部分汉人的共同语言（不包括儋州话、迈话、军话、涯话、客家话、黎话、苗族话、回样话、村话和未形成地方特色的粤语、容家话、潮州话等语种的语音）。它包括 15 个声母、43 个韵母、8 个声调，还有轻声、音变、重读，但无儿化音。

普通话和海南方言，普通话语音和海南方言语音，都有共同的基础，也有不少差异，因此会出现所谓"海南普通话"。在主客观条件的共同作用下，海南地区成人缺少使用标准普通话的条件和能力，长期混用海南方言。

2022 年海南省地区生产总值 6818.22 亿元，其中第三产业增加值 4089.49 亿元。第三产业发展是以人力密集型为特点，对于从业人员的数量和素质有较高要求，海南省的第三产业高质量发展造成大量服务行业劳动力供需缺口。一方面需要通过人才引进的方式弥补缺口；另一方面需要挖掘本土劳动力资源，通过合理的资源配置及针对性培训完成传统行业从业人员向现代服务业从业人员的转变。而今，海南成人劳动力转型升级过程中面临的现实问题是海南地区成人习惯使用方言，普通话不标准，在工作中存在沟通困难的现象。因此，如何提升海南成人普通话水平应当作为重要以及长期任务去研究及实践。

海南地区成人普通话水平的问题并不像其他地区那样存在非常明显的城乡差异，而是呈现出一种普遍的低水平状态。比如，海口作为海南省会城市，是 2001—2010 年没有通过语言文字评估工作的一类城市之一。

目前，海南普通话推广工作比较重视对学生群体尤其是高校学生的普通话水平提升，针对成人普通话的教学研究处于相对滞后状态。在一项针对在校大学生普通话水平考试的了解中发现，80% 以上的学生有计划参加或者已经参加了普通话水平测试。与之对应，很多 40 岁以上的成人不了解甚至没有听过普通话水平测试。这表明，海南地区成人对于普通话的重要性存在一定程度认知上的缺失，尤其在海南一些偏远的农村地区，许多成人的普通话水平无法完成日常生活的交流。以往推广普通话活动往往通过单位组织开展，一些没有固定工作场所的群众则成为推广普通话的盲区。

对于个人而言，语言能力对于劳动者收入、婚姻家庭及社会融入等都有重要的影响；对于社会层面，普通话水平滞后会影响信息交流和沟通，不利于海南自由贸易港建设和文明城市建设活动的开展，不符合其旅游城市定位，普通话使用的不标准不规范现象正在慢慢成为海南省乡村地区旅游经济发展的基础性制约因素之一。

一般说来，教育担负着提高劳动者综合素质和促进经济社会发展的功能。舒尔茨率先提出将劳动力视为一种和土地、资本等实体资源同样重要的人力资本，并指出教育对于人力资本提升的重要作用。

海南自由贸易港建设是我国从高速发展阶段向高质量发展阶段迈进的一个窗口和缩影，而海南地区成人普通话水平偏低会在一定程度上对自贸港建设造成不利影响。

三、海南地区成人普通话培训存在的问题

（一）缺少规范用语意识，学习动力不足

一般认为，语言习得是在一个人的幼儿时期开始的，他们迫切需要和这个世界产生联系，因而对于语言学习动力充足。对部分成人来说，相同或者相似的语言社群，非强制性的语言学习环境，无论是内部还是外部都没有足够的压力让他们主动开展普通话的学习。即使有相关学习或者培训任务，他们也只是消极应对。

有研究表明，学习动力有三种：来源于主体切身急需和深刻认知的内驱力，来源于政策法规约束的外推力以及来源于舆论或媒体倡导的牵引力。这三种动力中，内驱力的力度最大，外推力的力度有限，牵引力的力度最小。而且，外推力与牵引力要通过内驱力才能发挥作用。如果内驱力微弱，

光靠外推力与牵引力，是很难取得成效的。实践证明，成人学习普通话最缺乏的恰恰就是内驱力。因此，推动海南地区成人普通话培训走实走心，首先应扭转其消极认知，强化普通话使用意识。

（二）方言使用惯性，缺少标准语言环境

由于本地成年居民长时间使用方言对外交流，在学习普通话的过程中会不自觉地受到方言的语法、语音和语调等的干扰。很多人即使学习了标准普通话，但由于长期生活在方言社区中，缺少普通话的使用环境，经常使用方言造成普通话水平逐渐降低。

（三）培训模式单一

不同于正在接受学校正规教育的青少年，成人可用来学习的时间呈碎片化特点。而高强度、长时间的普通话培训容易让他们倍感精力不够，进而丧失学习兴趣。

四、终身学习视角下海南地区成人普通话水平提高策略

（一）强化普通话使用理念的宣传，减轻培训阻力

终身学习首要的是培养终身学习者，也就是培养受教育者内在的学习动力。而海南地区成人普通话学习动力中最为关键的是强化认识，让其对学习效果产生期待，从而产生主动学习的动力。

地方政府应该经常开展推广普通话的宣传活动，通过宣传片、广播电视公益广告、专题会议或演出等形式向群众展示使用普通话的意义，有利于在全社会实现语言文字规范化，营造文明、和谐、美丽的语言环境。

（二）明确培训目的和方向

2021 年，教育部、国家乡村振兴局等三部分联合印发的《国家通用语言文字普及提升工程和推普助力乡村振兴计划实施方案》强调，要坚持"系统谋划、统筹推进，突出重点、精准施策，尊重规律、协同创新"的工作原则，经过五年努力，实现国家通用语言文字普及程度和质量全面提升。

并提出全国普通话普及率具体目标是：到 2025 年，全国范围内普通话普及率达到 85%；基础较薄弱的民族地区普通话普及率在现有基础上提高 6~10 个百分点，接近或达到 80% 的基本普及目标。

海南在制定培训目标时应深入基层开展调查研究，全面掌握全省普通话普及现状，按照"聚焦重点、全面普及、巩固提高"的工作方针，分类指导各地结合实际科学制定普通话普及率提升目标和措施，明确时间表、绘好路线图，精准施策全面提升全省普通话普及率。同时，整合行业和部门资源，协同开展"职业技能提升+普通话培训"融合工程，以青壮年劳动力、农村基层干部等为重点，分层分级开展普通话培训。

(三) 职业教育中融入普通话培训

在各类职业技能培训项目中，把普通话培训作为重要内容，纳入职业技能课程，帮助学员提升普通话水平，提高就业竞争力。

海南可以在全省城乡利用社区教育、村民夜校等载体，把普通话推广与职业技能培训相结合，既提高成人的国家通用语言文字应用能力，又提高职业技术技能水平。此外，还可以结合当地产业发展、劳务输出等需求，对成人进行普通话水平提升专项培训，有效提高他们国家通用语言文字基本沟通交流能力。

参考文献

[1]舒尔茨. 论人力资本投资[M]. 北京：北京经济学院出版社，1990.

[2]朱敏，高志敏. 终身教育、终身学习与学习型社会的全球发展回溯与未来思考[J]. 开放教育研究，2014，20（1）：50-66.

[3]刘丽. 终身教育视域下高职院校"三教"改革的方向、难点与路径[J]. 河北大学成人教育学院学报，2022，24（3）：64-71.

[4]袁善来. 经济因素对广西粤语和普通话使用的影响及广西推广普通话的策略[J]. 南阳师范学院学报，2019，18（2）：43-48.

[5]胡佑章. 成人普通话学习的特点及其策略[J]. 达县师范高等专科学校学报，2003（4）：55-57.

[6]王玉清. 海南"推普"研究之历史、现状及思考[J]. 海南热带海洋学院学报，

2018，25（6）：117-123.

　　[7]陈善．海南方音与普通话语音的异同比较[J]．海南大学学报（社会科学版），1995（1）．

　　[8]刘洪梅，刘志丽，陈延君．普通话水平对农村劳动力转移就业影响的实证分析——基于湖南省农民工的调查数据[J]．湖南社会科学，2013（4）：82-86.